作者简介

汤　建　男，1970年2月生，法学博士，研究员，江苏科技大学党委副书记。长期从事马克思主义中国化及大学生思想政治教育教学和研究工作，主持或参与江苏省社会科学基金等项目10余项，公开发表论文10余篇，出版《中国共产党人的全面发展思想之历史考察》等专著3部，主编教材《大学生职业生涯发展与规划》1部，荣获国家级教学成果二等奖、江苏省教学成果奖一等奖、江苏省社科应用研究精品工程二等奖等荣誉。

周春燕　女，1969年3月生，博士后，教授，江苏科技大学党委常委、宣传部部长。主要从事主流价值观及思想政治教育研究，主持完成教育部人文社科基金、江苏省社科基金、软科学项目、高校人文社科重大项目10余项，获国家级教学成果二等奖、江苏省科技进步三等奖、教学成果一等奖等，在《光明日报》（理论版）《马克思主义与现实》等发表论文20余篇，出版专著2部。

高校校园文化建设成果文库

铸魂育人·兴船报国

江苏科技大学之"大思政课"育人实践

汤　建　周春燕◎著

光明日报出版社

图书在版编目（CIP）数据

铸魂育人·兴船报国：江苏科技大学之"大思政课"育人实践 ／ 汤建，周春燕著 . -- 北京：光明日报出版社，2023.4

ISBN 978－7－5194－7212－2

Ⅰ.①铸… Ⅱ.①汤… ②周… Ⅲ.①高等学校—思想政治教育—教学研究—中国 Ⅳ.①G641

中国国家版本馆 CIP 数据核字（2023）第 078039 号

铸魂育人·兴船报国：江苏科技大学之"大思政课"育人实践
ZHUHUN YUREN·XINGCHUAN BAOGUO：JIANGSU KEJI DAXUE ZHI
"DA SIZHENGKE" YUREN SHIJIAN

著　者：汤　建　周春燕	
责任编辑：刘兴华	责任校对：宋　悦　张慧芳
封面设计：中联华文	责任印制：曹　诤

出版发行：光明日报出版社

地　　址：北京市西城区永安路 106 号，100050

电　　话：010－63169890（咨询），010－63131930（邮购）

传　　真：010－63131930

网　　址：http：//book.gmw.cn

E - mail：gmrbcbs@gmw.cn

法律顾问：北京市兰台律师事务所龚柳方律师

印　　刷：三河市华东印刷有限公司

装　　订：三河市华东印刷有限公司

本书如有破损、缺页、装订错误，请与本社联系调换，电话：010－63131930

开　　本：170mm×240mm

字　　数：296 千字　　　　　　印　　张：17

版　　次：2023 年 4 月第 1 版　　印　　次：2023 年 4 月第 1 次印刷

书　　号：ISBN 978－7－5194－7212－2

定　　价：95.00 元

目 录
CONTENTS

第一章　江科大精神 …………………………………… 1

第一节　熔铸"船魂"育特质　五步进阶促成才 …………… 1

第二节　开启迈向一流本科教育的"行动模式" …………… 2

第三节　哪里有船，哪里就有江科大人 …………………… 4

第四节　夯实立德树人百年大计基石 ……………………… 7

第五节　专业课加入"思政味" ……………………………… 9

第六节　党课可以上成金课吗？江苏科技大学主题教育党课交出优异答卷
……………………………………………………………… 10

第七节　五十载初心不改　做造船工程师的摇篮 ………… 12

第八节　筚路蓝缕五十载　乘风破浪再出发 ……………… 14

第九节　传承"船魂"精神　致力兴船报国 ……………… 17

第十节　深情践行初心使命　聚力"船魂"精神培养高素质行业人才
……………………………………………………………… 18

第十一节　因时而进因势而新　聚力课程思政强化特色
　　　　——江苏科技大学深化课程思政聚合行动培养行业特质人才
……………………………………………………………… 23

第十二节　贫困女生两年后还清了数百笔爱心款 ………… 24

第十三节　两地三校区师生同上党史教育公开课
　　　　——彭湃烈士孙女、彭士禄院士女儿彭洁回校讲述《忠于理想的两代人》
……………………………………………………………… 29

第十四节　船模馆里学党史　学子坚定报国心 …………… 32

第十五节　推动党史学习教育走深走实 …………………… 33

第十六节　坚守大学使命　载青春航向星辰大海 ………………… 35

第十七节　坚持兴船报国　铸魂育人

　　　　　——在高水平大学建设中彰显"深蓝本色" 36

第十八节　深化课程思政聚合行动　培养船舶行业特质优秀人才 …… 38

第十九节　以高水平党建思政引领高水平大学建设 ………………… 41

第二十节　思政育人融合"新引擎"入脑又入心 …………………… 42

第二十一节　聚焦行业需求，全面提升人才培养质量

　　　　　——"乘风破浪"谱写青春华章 44

第二十二节　立德树人促发展，国防育人显成效 ………………… 47

第二十三节　铸船魂育海器，在海洋时代破浪乘风 ………………… 49

第二章　江科大故事 ………………………………………………………… 53

第一节　筚路蓝缕五十载　东方风来满眼春：关心和依靠群众　为学校的
　　　　稳定和发展奠定基础 53

第二节　筚路蓝缕五十载　东方风来满眼春：从搬迁办学五十年看船魂精
　　　　神的传承 56

第三节　筚路蓝缕五十载　东方风来满眼春：栉风沐雨　行稳致远　开拓
　　　　创新求发展 61

第四节　筚路蓝缕五十载　东方风来满眼春：难忘南校区 ………… 64

第五节　筚路蓝缕五十载　东方风来满眼春：回顾上海船校搬迁镇江 50 年
　　　　 69

第六节　筚路蓝缕五十载　东方风来满眼春：搬迁五十年　发展三级跳
　　　　 72

第七节　江科大的故事：坚定信仰跟党走，一心为民写忠诚

　　　　　——忆上海船舶工业学校首任校长余西迈 …………… 74

第八节　江科大的故事：追忆江苏科技大学之峥嵘岁月 ………… 79

第九节　江科大的故事：党管教育创组织　与时俱进育人才

　　　　　——记上海船校第一个党总支的创建 …………………… 85

第十节　江科大的故事：回眸母校忆芳华 ………………………… 89

第十一节　江科大的故事：党和国家领导人与蚕业研究所 ……… 94

第十二节　江科大的故事：镇江船舶学院的诞生 ………………… 98

第十三节　江科大的故事：忆镇江船舶学院的专业设置 ……… 103

第十四节　江科大的故事：东鳞西爪话杨榭 ………………… 107

第十五节　江科大的故事：船舶工程系发展历程 …………… 110

第十六节　江科大的故事：焊接专业发展历程 ………………… 113

第十七节　江科大的故事：机械工程系与动力工程系发展历程 …… 119

第十八节　我和江科大的故事：在镇江船院一系的那段岁月 …… 122

第十九节　我和江科大的故事：难忘在镇江船舶学院的日子 …… 125

第二十节　我和江科大的故事：镇江船院电气工程系往事 …… 128

第二十一节　我和江科大的故事：建系之初开头难 …………… 132

第二十二节　我和江科大的故事：本科教学的探索 …………… 136

第二十三节　我和江科大的故事：我与船院根叶情深 ………… 138

第二十四节　我和江科大的故事：回忆母校　感恩母校 ……… 141

第二十五节　我和江科大的故事：长风破浪　砥砺前行 ……… 144

第三章　江科大人物 ……………………………………………… 150

第一节　钱平：愿做春蚕独辛苦，不辞昼夜吐柔丝 …………… 150

第二节　高秀：心有希望，处处阳光 …………………………… 152

第三节　嵇春艳：女科学家心中的海洋梦 ……………………… 155

第四节　江科大新青年｜王彪：十年磨一剑　砺得梅花香 …… 157

第五节　江科大新青年｜沈薇：蔷薇花开一路香 ……………… 160

第六节　江科大新青年｜毕克：奔跑在创新创业大道上 ……… 162

第七节　江科大新青年｜护佑大江豚影　守望美丽中国 ……… 165

第八节　校友风采｜张启贵：扎根岗位　为中国高铁建设做贡献 … 168

第九节　校友风采｜探访"雪龙 2 号"总工艺师 ……………… 171

第十节　校友风采｜袁红彬：执着追求　感恩前行 …………… 174

第十一节　校友风采｜2019 届校友刘镕瑞获"江苏省最美大学毕业生"的
　　　　　荣誉称号 ………………………………………………… 177

第十二节　校友风采｜1983 届杰出校友姚熊亮荣获 2022 年全国五一劳动
　　　　　奖章 ……………………………………………………… 179

第十三节　身边的榜样｜李滨城：一片赤诚写担当 …………… 182

第十四节　身边的榜样｜陈立庄：风雨兼程奋勇向前 ………… 186

第十五节　身边的榜样｜陈悦：为有初心逐浪高 ……………… 189

第十六节　我在平凡的岗位上｜沈九兵：爱生如子静待花开 … 192

第十七节　我在平凡的岗位上｜后勤集团：用心谱写服务者之歌 … 195

第十八节　我在平凡的岗位上｜沈超明：实验室也可以"开花结果"
　　　　　　 …………………………………………………………… 200
第十九节　我在平凡的岗位上｜朱永梅：三尺讲台，一片丹心 ……… 203
第二十节　我在平凡的岗位上｜你好，阿不 ………………………… 206
第二十一节　我在平凡的岗位上｜追光者吴强 …………………… 210
第二十二节　我在平凡的岗位上｜赵勇：点燃学生心中的星星之火 … 215
第二十三节　我在平凡的岗位上｜杨习贝：带着责任和情感育人 … 218
第二十四节　党旗高高飘扬｜张建：人生须得几回搏 …………… 219
第二十五节　三尺讲台上的万里海疆梦
　　　　　　 ——记船舶与海洋工程学院教授李志富 ………… 223

第四章　江科大贡献 ……………………………………………… 226
第一节　江苏科技大学无人艇亮相　聚焦船舶智能化感受智慧与速度
　　　　 …………………………………………………………… 226
第二节　走向深远海　积极拥抱大海工 ……………………………… 227
第三节　江苏科大学子：在奉献中品出青春的滋味 ………………… 231
第四节　亚洲首台大型超级金属 3D 打印设备 MetalFAB1 落户江科大
　　　　 …………………………………………………………… 235
第五节　江科大一参研项目荣获 2019 年度国家科技进步特等奖 ……… 236
第六节　俞孟蕻：研发疏浚装备　打造疏浚强国 ………………… 237
第七节　青年科技杰出贡献奖获得者余永建：构建食醋智能化酿造体系
　　　　 …………………………………………………………… 239
第八节　江苏科技大学获批高校国家知识产权信息服务中心 ……… 240
第九节　江苏科技大学教授获中国专利奖银奖 …………………… 241
第十节　江苏科技大学嵇春艳教授获批国家杰出青年科学基金 … 242
第十一节　江苏制造！我国首台 5MW 吊舱推进器通过新产品鉴定 … 242
第十二节　江苏科技大学蚕研所 2 对家蚕新品种通过国家审定 …… 244
第十三节　国家重点研发计划！"中国—古巴蚕桑科技创新合作"项目启动
　　　　　 …………………………………………………………… 245
第十四节　江苏科技大学入选"全国舰船科普特色学校" ………… 246
第十五节　江苏科技大学船海提案首次入选 IMO 文件库 ………… 247
第十六节　江苏科技大学、中国农业科学院蚕业研究所获批成立江苏省蚕
　　　　　 桑技术标准创新基地 ………………………………… 247

第十七节　坚持四个面向，江科大科技工作全面提质增速实现高质量发展
　　　　　……………………………………………………………… 248

第十八节　江科大获全国农科研究生乡村振兴志愿者实践活动成果一等奖
　　　　　……………………………………………………………… 250

第十九节　江苏科技大学获批江苏省工程研究中心 ……………… 252

第二十节　国家重点研发计划"基于增材制造技术研制用于 FLNG 装置的
　　　　　紧凑高效换热器"工业化试验顺利通过现场验收 ………… 253

第二十一节　江苏科技大学首次荣获江苏省技术转移工作先进单位 … 254

第二十二节　江苏科技大学牵头的国家重点研发计划项目完成综合绩效评
　　　　　　价验收 ……………………………………………………… 254

第二十三节　江苏科技大学在江苏省科技计划重点类项目申报中喜获佳绩
　　　　　　……………………………………………………………… 255

第二十四节　江苏省通泰扬海工装备与高技术船舶先进制造业集群项目通
　　　　　　过验收 ……………………………………………………… 256

第二十五节　江苏科技大学举办第 11 届全国冰工程会议 ………… 257

后　记　…………………………………………………………………… 258

第一章

江科大精神

第一节 熔铸"船魂"育特质 五步进阶促成才

国产航母、大型驱逐舰下水，蛟龙号 7000 米级海试成功，彰显了我国走向深蓝的大国情怀。江苏科技大学作为一所以服务船舶行业和海洋事业为己任的行业特色型高校，围绕"为谁培养人""培养什么样的人""如何培养人"的根本问题，将"船魂"精神贯穿育人全过程，为社会、行业输送了大批"政治过硬、素质全面、扎根行业"的高素质人才。

学校以第一课堂为主阵地、以第二课堂为补充，两者有机融合，构建分阶段实施的五步进阶实践育人体系，涵养学生特质，促进学生成才。

一年级"转型教育，了解行业"。学校以《近代船舶工业发展与中国崛起》《近代海军发展》等船海特色类通识课程群、以"中国梦·海洋梦·青春梦"深蓝讲堂的系列讲座为载体，面向一年级学生开展船舶发展史教育，引导学生认识船舶产业与海洋强国战略的关系。二年级"活动育人，感知行业"。学校依靠校工程实训中心、专业实验室等学生创新创业实训基地，举办船舶科技文化节，开展大学生海洋装备创新设计大赛等品牌特色活动，培养学生的行业认同感。三年级"走进船企，熟悉行业"。学校通过聘任杰出校友导师团、举办杰出校友报告会、组织学生参观船舶企业等育人活动，宣传船舶文化，使学生近距离熟悉船舶行业发展态势。四年级"引企入教，热爱行业"。学校加强校企深度合作，建设近百个船舶企业工程实践教育中心和实践教学基地，加强学生校外工程认知实习、工程生产实习、工程科研训练，让毕业生参与企业工程项目的技术设计与生产实践，培养学生工程实践创新能力。毕业校友"融入船企，扎根行业"。学校设立专项奖学金，奖励有志于进入船舶行业发展的优秀毕业生，充分发挥母校教育资源，加强毕业校友结对领航，促进校友与学校的合作共赢，助力毕业校友扎根行业。

从江苏科技大学扬帆起航，数万名毕业生心怀报国志向，积极投身船舶行业和海洋、国防事业。据统计，5年来，近万名毕业生投身船舶行业和海洋、国防事业，占毕业生总数的47.5%。在中国船舶重工集团、中国船舶工业集团及地方知名船企中，近1/3的技术和管理骨干来自江苏科技大学。在江苏船舶企业中，省内1/3以上船舶中小型民营企业由该校船海类专业毕业生创办，江苏科技大学毕业生发挥着"领头羊"作用。

（作者：汤建、周春燕、周志辉　该文刊发于《新华日报》）

第二节　开启迈向一流本科教育的"行动模式"

"努力学习、勇挑重任、敢于担当，我们期待同学们在时代的舞台上彰显充满朝气、积极向上的青春底色！"江苏科技大学学生会向全校学生发起"不忘初心、以本为本"的倡议书，这一举动引发学子们强烈共鸣。

这样心潮澎湃的青春宣言，仅仅是江苏科技大学迈向一流本科教育行动中亮丽的风景之一。近年来，江苏科技大学紧跟时代步伐，以生动的实践推动"以本为本、回归初心"的教育思想在校园落地生花。江苏科技大学聚焦本科教育质量，聚力高水平应用型人才培养，全力开启迈向一流本科教育的"行动模式"。

一、理想领航，催生清新学风

近期，江苏科技大学捷报频传，在刚刚结束的第十六届"挑战杯"省级决赛中获特等奖2项、一等奖4项；在2019年全国大学生英语竞赛中取得历史性突破，获2项特等奖；第十届"蓝桥杯"全国软件和信息技术专业人才大赛全国总决赛中，共计20名学生获奖，其中2名学生获得全国一等奖，学校捧得"优胜学校奖"，创学校参加比赛以来的成绩纪录……

一块块闪光的奖牌折射出江苏科技大学创新创业教育的成效。学校高度重视大学生创新创业教育，构建了"教学—实训—竞赛—孵化"四位一体的创新创业教育培养体系。学校以教学为基础，夯实创新创业教育课程建设；以实训为载体，课内课外相结合，建设一系列创新实验室和创新创业社团，持续实施大学生创新训练计划；以赛事为抓手，积极组织学生参加"互联网+""挑战杯""创青春"等高水平竞赛活动，保证每名学生至少参加一项学科竞赛、创新训练项目或专业实践活动。以学生创新能力培养为主线，将创新活动有机融入人才培养体系中，提高学生的创新意识和实践水平，这也是学校培养高水平应用型人才的重要一环。

今年，江苏科技大学有 2 个"学霸宿舍"——10 名学生分别抱团考上研究生。在国防学院，已经脱下军装的徐永生、李振伟、佟亮分别被天津大学、重庆大学和江苏科技大学录取为研究生，被称为"学霸退伍兵"。学校学习氛围浓厚，大家互相鼓励、不忘初心、付出汗水，为人生播下理想的种子。据统计，2019 年，学校全校考研录取率达到 23.63%，工程力学专业考研率达53.33%，焊接技术与工程、高分子材料与工程专业及蚕学专业的考研率均达44.00% 以上。

二、潜心育人，培植厚正教风

"不能因为受伤就耽误学生的课！"在江苏科技大学（简称"江科大"）材料学院的微信群里，一段周海骏老师拄着拐杖上课的小视频引来师生点赞。在江苏科技大学里，像周海骏老师这样爱岗敬业的典型还有很多。

学校深入落实师德建设工作，在全国高校率先推行"师德公约"，不断完善师德常态化考核，"爱岗敬业""教书育人"已经成为江苏科技大学教师的价值追求。

校长周南平在学校本科教学工作大会上强调："学校始终如一坚持本科教学工作的中心地位，持续创新人才培养模式，深化教育教学改革，始终把学校工作聚焦在人才培养方面。"多位奋战在人才培养一线的优秀教师被表彰为"教学名师"，他们共同分享 20 万元奖教金。

自编自唱生化歌曲，将知识点转化为"歌曲、诗词"、变成"串烧"……这堂由学校生物技术学院三位党员教师屠洁、闻燕、牟会荣联袂主讲的生物化学课赢得满堂彩。学校鼓励教师开展教学研究和教学改革活动，不断提高教师的教书育人效果。像这样趣味横生的课堂在江苏科技大学越来越多。

课程建设是人才培养的核心要素。在当下"金课"建设的热潮中，江苏科技大学紧紧抓住了这个契机。任南教授等申报的"面向未来制造业的管理信息系统"和尹群教授等申报的"船舶与海洋工程导论"课程入选中国高校"金课"建设平台，推进计划建设进程。

三、文化滋养，演绎灵动校风

学生成长成才，离不开环境的熏陶。这一年，杨德森、莫砺锋、陈军生等名师大家走进江科大"名家讲坛"，为在校生开设学科前沿技术、中国传统文化、人文类等内容丰富、形式多样的讲座。学子们不出校门，就能够"在江科大感受国之重器""在江科大感受传统文化""在江科大感受新锐思想"。

厚植家国情怀，强化诚信、友善教育，是江苏科技大学落实立德树人根本任务的重要抓手。在纪念五四运动100周年暨2019年五四表彰大会上，全场师生挥动红旗，合唱《我爱你，中国》，激扬起每个人的爱国情。学校党委书记葛世伦寄语全校青年学子，胸怀理想，志存高远，锤炼高尚品格，练就过硬本领，以实际行动彰显江苏科技大学青年的使命担当，释放江苏科技大学青年的家国情怀，以青春激情和无悔奋斗，来书写人生华章。

（作者：李巍男　该文刊发于《中国教育报》）

第三节　哪里有船，哪里就有江科大人

"作为一所与国家海洋强国战略、国防现代化建设紧密相关的高校，江苏科技大学涵育了'江海襟怀、同舟共济、扬帆致远'的'船魂'精神……青春无问西东，奋斗自成芳华，每个人都能成就自己的C位！"在2019届毕业典礼上，江苏科技大学校长周南平激励全体毕业生。

1933年从黄浦江畔起航，1953年组建新中国第一所造船中等专业学校，一路走来，江苏科技大学努力办人民满意的高水平教学研究型大学，兴船报国、为国育才，已发展成为一所以服务船舶行业和海洋事业为己任的行业特色型高校，一批批优秀学子从江科大启航，走向深蓝。

一、牢记使命，拓印"大国重器"科技底色

海洋石油"981"深水钻井平台、"蛟龙号"载人深潜器、大型挖泥船、船载无人潜水器收放系统……这些大国重器的背后，都融入了江科大人的才智与汗水，也彰显了江苏科技大学学子走向深蓝筑梦海洋的豪迈情怀。近五年来，学校拥有近500项国家级项目，承担了国家973计划、863计划、科技部重点研发计划等多个国家级重点科研项目，其中有多项深海关键技术与装备填补了国内空白，参与的科研项目有5项获国家级科技奖励。

2014年，学校成立海洋装备研究院，共参与了第7代深水半潜式钻井平台、智能制造等8个船舶与海工类国家重大专项科研项目，累计培育研发24个产品样机、3项设计技术、2个软件产品，拥有120多件专利，实现了高起点、高产出、高效率的建设目标。

海洋装备研究院组队研制的印刷版式 LNG 汽化器，成品只有 0.15 立方米大，它把原来一个房间大小的热交换器变成 4 本 A4 书大小，不仅低于科技部指南要求的 0.5 立方米，还完全改变了传统工艺路径，利用 3D 打印新工艺技术，是完全独立自主的创新。这项新技术广泛应用于汽化船、浮式发电站、新燃料船等领域，市场前景广阔。

大型挖泥船综合控制与关键装备保障一体化系统是江科大又一项重要技术贡献。该系统是大型专用工程船的"神经中枢"，经过十几年的研究，江科大在综合控制技术、关键装备保障技术和作业自动化控制技术等方面取得了创新研究成果，打破了欧洲公司的垄断。

致力为"大国重器"涵养科技创新底色的技术创新，在江科大还有很多。一代代江科大人坚守船魂精神，彰显筑梦深蓝科技创新的韧劲。"船舶工业的巨大发展，最能说明中国共产党领导的伟大光荣，也最能激发中国人民的自豪感和爱国心。江科大的发展兴起于船舶工业，它服务于船舶工业，为紧贴国家重大战略需求做贡献，这就是江科大人报效祖国的家国情怀。当前，船舶海工产业已经成为铸造大国重器的支柱产业。面对如此大有可为的历史机遇期，江苏科技大学将充分发挥'船舶、海洋'的办学特色，走与区域经济和船舶海工产业融合发展之路。"江苏科技大学党委书记葛世伦告诉记者。

二、不忘初心，摹刻行业骨干行进轨迹

在 2019 届毕业典礼上，1995 届电气自动化专业黄文飞校友寄语全体毕业生"仰望星空、脚踏实地、积极投身伟大事业的建设"。黄文飞现任江南造船（集团）有限责任公司总经理、党委副书记，首制某新型驱逐舰总监造师，先后获得中国船舶工业集团公司科学进步一等奖、全国"五一劳动奖章"。

江苏科技大学党委书记葛世伦

同是 1995 届校友的周旭辉现任广船国际有限公司副总经理，9 次获得中船工业集团和政府机构科技进步奖，是极地运输船、豪华客滚船项目负责人。1993 届校友何江华现为沪东中华造船（集团）有限公司 LNG 船总建造师，作为国内首批 LNG（天然液化气）船的生产主管，参与过 10 余种船型的建造。现任职上海外高桥造船有限公司总工艺师的刘建峰校友，1987 年毕业于船舶工程专业，参与包括 30 万吨 VLCC、17 万吨级散货船和超大型集装箱船等产品的研发。

2003 届金属材料工程专业的尹海波校友，主持承担了中国第一代大型原油轮，第一代自主设计建造的自升式钻井平台、半潜平台以及中国首艘极地探险邮轮等十来个项目的建造管理工作。豪华邮轮，一向有海上"移动的城市"和"造船业皇冠上的明珠"之美誉，属于被造船界公认的"高附加值、高技术、高可靠性"的"三高"产品，是我国目前唯一尚未攻克的高技术船舶产品，摘下这颗明珠是每一个造船人的梦想。尹海波带领团队迎难而上，推动了中国邮轮建造的一大步。

2019 年 6 月中旬，各大中央级媒体连续报道中建岛守备营守卫祖国海疆事迹，守备营教导员刘长文校友的铿锵誓言传遍大江南北——"脚下是祖国的领土，身后有强大的祖国，眼前的这片祖宗海，我们不让它丢一分一毫"。《新闻联播》采访了工信部科技司王卫明副司长，介绍工信部人工智能"揭榜挂帅"的工作。王卫明 1989 年毕业于工业管理工程专业。此前被各大媒体广泛关注的还有"时代先锋"张进、"最美浙江人"赵成、"拼命韩郎"韩江舟等校友，他们不忘初心、奋力奔跑，篆刻出行业骨干行进轨迹。

江苏科技大学校长周南平

三、胸怀天下，守护江科大人的质朴底色

1966 届校友当毕业 50 周年再相聚时，老校友们动情地说："母校教给我们'两个心'，一个是爱国心，一个是上进心。"

2004 届校友、上海交大博导沈红斌是校友中第一个"国家杰青"获得者，他认为母校对自己最大的影响就是培养了务实特质。与沈红斌感受相同的校友还有加拿大联邦政府自然资源部资深科学家陈铮、中科院博导叶茂、华中科大博导王江超、南理工博导任明武、中科院学部工作局缪航博士、"黑林公主"刘敏、让家蚕"吐出"药物的"另类科学家"张耀洲等。这些秉承"笃学明德　经世致用"校训的优秀校友，走出江科大融入大海洋，守护着江科大人的质朴底色。

四、立德树人，江科大学子的成长基因

学校将"船魂"精神贯穿育人全过程，以第一课堂为主阵地、以第二课堂为补充，两者有机融合，构建分阶段实施的五步进阶实践育人体系，即一年级"转型教育，了解行业"；二年级"活动育人，感知行业"；三年级"走进船企，熟悉行业"；四年级"引企入教，热爱行业"；毕业校友"融入船企，扎根行业"。学校高度重视培养学生"兴船报国"的意识，鼓励学生到祖国最需要的地方建功立业，让学生把个人的理想追求融入国家和民族事业中。每年有近 50% 的毕业生投身船舶行业，哪里有船，哪里就有江科大人。

2019 年，学校捷报频传：材料科学继工程学之后进入 ESI 全球学科排名前 1%，ESI 排名迅速提升；新增 5 个硕士专业学位培养类型；成为全国首批"人工智能"新专业建设高校；入选 2019 年"软科世界一流学科排名"榜；一流专业申报、品牌专业验收、大学生各类学科竞赛成绩优秀，2019 届毕业生考研升学率为 23.63%……江海襟怀中流击楫，学校正朝着建设国内一流造船大学的奋斗目标奋勇前进。

（作者：谢凌燕、夏纪福、周春燕　该文刊发于《江苏教育报》）

第四节　夯实立德树人百年大计基石

教书育人是教师永恒不变的初心和使命。"不忘初心、牢记使命"的主题

教育启动以来，江苏科技大学以高度政治自觉扎实推进，聚焦立德树人根本任务，凝聚思想共识，引领全校教师以实际行动践行育人初心、勇担教育使命，努力培养德智体美劳全面发展的社会主义建设者和接班人。

坚持育人为本，激发潜心教学活力。江苏科技大学向全校师生发起"不忘初心、以本为本"的倡议，聚焦本科教育质量提高，聚力高水平应用型人才培养，持续发力"一流本科教育"，提高本科教育教学质量，提高本科学生培养质量。学校出台"高级职称任职资格直接认定办法"，通过职称评定政策引导、激发教师潜心教学的活力。学校每年表彰"教学名师"，让奋战在人才培养一线的优秀教师更有价值感和获得感。

倡导师德为先，打造闪光教师队伍。师德是教书育人的根本，江苏科技大学深入落实师德建设工作，在全国高校中率先推行"师德公约"，不断完善师德常态化考核，在全校范围内开展教师职业行为十项准则学习讨论活动，有针对性地开展师德主题教育活动，不断强化高标准引导，逐步压实师德长效机制建设。

汇聚榜样力量，发挥示范引领作用。主题教育开展以来，江苏科技大学广泛宣传学校主题教育开展的特色做法、成果成效，深入挖掘校园先进事迹、先进典型、身边榜样，充分展示了"不忘初心、牢记使命"主题教育在学校的生动实践。连日来，学校在专题网站、校报专栏、官方微博、微信等上面刊发各类先进人物典型，推出"身边的榜样""我们的时代""我在平凡的岗位上""我和我的祖国"等专栏，发挥党员先进典型在主题教育中的先锋模范作用。

在江苏科技大学中，涌现出一批可敬可亲的校园人物，他们长期坚持奋斗在教学一线工作岗位上，勤奋踏实做好日常教学和育人工作，在平凡的岗位上绽放出夺目光彩。细心负责的班主任陈林老师说："只要对学生真正有帮助，就值得。"从教17个春秋的赵勇老师甘愿做一名"火炬手"，点燃学生心中的智慧火花，让燎原之火照亮学生们前进的路。80后老师沈九兵说："为学生所做的一切，我从没想过任何回报，只是出于一名教师的责任感，出于一名党员对教育事业的无限忠诚。学生无小事，我会一直怀着这份初心，做好学生的人才培养工作。"这些平凡岗位上的闪光者，展示了江科大厚重深植的"船魂"精神，展现了新时代奋斗者的昂扬姿态，书写着学校人才培养大业的出彩篇章，夯实了立德树人百年大计的基石。

（作者：周春燕　该文刊发于《新华日报》）

第五节 专业课加入"思政味"

在智能控制课程里融入马克思主义理论，在船舶专业课上进行爱国主义教育……这种在专业课中加入"思政味儿"的做法，在江苏科技大学里已经蔚然成风。思政教育就像"盐"，融进专业教育的"汤"里，"汤"变得可口的同时，也让学生有了更多收获。

2017年12月，江苏科技大学启动"课程思政聚合行动"，充分挖掘各类课程中的"思政元素"，力促各类课程与思政教育"同向同行"。为强化"课程思政"顶层设计，该校制定了《"课程思政聚合行动"实施方案》，把立德树人放在首位，进一步落实思政工作"五大工程"33个方面的具体任务。

如何在专业课教学中嵌入"思政元素"？江科大成立了一支由马克思主义学院9名专家组成的"课程思政"辅导团，在加强"课程思政"专项研究的同时，对全校其他学院教师进行"思政"培训；定期举办"聚合行动"系列讲堂，促进思政课教师与专业课教师交流、融合，引导非思政课教师将理想信念、社会主义核心价值观、校园文化等内容有效融入专业课程中。

江科大马克思主义学院党委书记姚允柱是"聚合行动"讲堂第一位主讲人，在他看来"课程思政"的核心是教师，要让教师在对主流意识形态的观点上有所了解，结合专业课内容自然地上出"思政味儿"。

一场场主题讲座，一次次研讨交流，一轮轮专业培训，江科大思政课教师与专业课教师在交流中不断碰撞出火花。为确保"课程思政"落地、落实，江科大还开展"课程思政"教学观摩活动，要求每个学院遴选1—2门课程进行重点建设，并给予经费资助，使每个学院努力将其建成"课程思政"示范课。

参与"课程思政"教学改革的宋向荣是船舶与海洋工程学院教师，他结合课程实际，重新架构了材料力学课的教学，将爱国情怀、法治意识、社会责任、人文精神等元素融入课堂中，使每堂课都成为传播正能量、弘扬新精神的园地。"以前课上老师只谈专业课知识，现在穿插一些故事和背景资料，告诉我们新时代要有新担当、新作为，我们的收获更大了。"学生胡修杰说。

和宋向荣一样，一批"聚合行动"排头兵涌现在江科大校园内。"聚是聚力、聚气、聚心，合是合情、合意、合向。不仅要让学生'专业成才'，更要让他们'精神成人'。"该校副校长黄进说。

　　从专人开展思政教育到人人参与思政工作，从人才培养方案的顶层设计到教师每堂课的具体实施，江科大努力让全体教师挑起"思政担"、所有课程上出"思政味儿"。"'课程思政'是高校思想政治教育的重要载体，也是践行立德树人的有效途径。"该校党委书记王济干说。江科大的"课程思政"不是新增一门课，也不是新设一项活动，江科大而是把"课程思政"作为加强大学生思政教育的重要渠道，寻找专业课与思政课同频共振的契合点，构建全员、全课程的"大思政"教育体系。

　　　　　　（记者潘玉娇、通讯员任素梅　该文刊发于《中国教育报》）

第六节　党课可以上成金课吗？
江苏科技大学主题教育党课交出优异答卷

　　更有意义的"好党课"应该这样：课前期待，课中专注，课后回味，长久思考，思想洗礼。在江苏科技大学学术报告厅内济济一堂，"不忘初心、牢记使命"主题教育正在进行。"对信仰的忠诚、对党的忠诚必须始于足下，不能空谈信仰，却把党组织交给的责任田撂荒了、弄丢了"。我们从问题中来，回到问题中去，在理论中提升，在实践中升华。江科大对标"金课"，精心打磨，推出由党委书记、校长领衔的 12 场党课，为全体师生党员捧出满满的"干货"，"头雁"引领基层组织齐头并进，开创了主题教育生动局面。

一、讲出温度　让理论深入浅出抵人心

　　"给别人一杯水，先要自己满上一桶水"。江苏科技大学领导班子成员拿出做学问的功夫、搞科研的劲头，对习近平总书记的重要讲话、重要论述，逐字逐句研读消化，矢志修好共产党人的"心学"，为把党课上成"金课"做足了充分的理论准备。

　　江科大党委书记葛世伦在党课中，频频抛出问题引得在场师生党员陷入深思。"中国共产党人的初心和使命，体现在爱民为民的精神风范中，贯通在治国理政的生动实践中，这是理解把握习近平新时代中国特色社会主义思想的精神密码，是党创新理论的情怀所在、力量所在、温度所在。"台上谈得情真，台下听得入神。

　　"什么是共产党？共产党就是自己有一条被子，也要剪下半条给老百姓的人。"周南平校长动情地从习近平总书记讲过的"半条被子"故事谈起，形象

地解释了共产党人的初心。

从对重要思想的认识、党的最新理论，联系到一个个现实案例，江苏科技大学领导班子成员自觉用新思想定向导航，用生动的语言、深刻的思考，把党的创新理论讲深、讲透、讲活，推动党的创新理论走深、走实、走心。现场听讲的师生党员表示，这样的党课见人见事，有血有肉，直抵人心。

二、讲出民情　做好调查研究真文章

没有调查就没有发言权。党委班子成员深入二级学院、支部等基层开展调查研究，扎扎实实做好调研真文章，目前，通过实地考察、随机访谈、座谈、谈心、问卷调查等方式开展调研活动50余场，问计师生4000余人。

党委班子把群众的诉求发现出来，把群众的意见反映上来，把群众创造的经验总结出来，把鲜活生动的素材带到课堂里，把这些变成党课的现实教材。党委班子从小切口处讲好大理论，从群众关切处给出当场回应。听课的师生们表示，最令自己激动的是在党课中听到了党委领导班子全力破解发展难题、解决民生问题的决心，更听到了即知即改、真正过硬的实招。

聚焦加强党的领导和政治建设、聚焦立德树人根本任务、聚焦服务国家战略和船舶行业、聚焦高水平大学建设这些关系学校改革发展稳定的瓶颈问题、聚焦关乎师生现实利益的民生工程，班子成员们找准课题，深入调研，让问题直指根本。他们的调研成果在党课中，面向广大师生毫无保留地亮了出来。

三、讲出实效　把解决问题作为落脚点

党课直面难点痛点，深挖细找短板弱项，敢于动真碰硬。学校围绕小问题即知即改，战略问题集体谋划。针对基层减负不够的问题，学校加强信息化建设，运用大数据打造各类数据自动集成汇总统计报送体系，做到结果自动生成、数据随时提取的效果；建立教职工合理化意见建议反馈机制，教职工体检标准大幅提升，福利待遇不断提高，推进电力增容为学生宿舍安装空调打基础，图书馆、食堂服务标准更高了，师生心里更敞亮了。

目前，学校正着力推动解决学校改革发展深层次问题，有序推进人才培养、科学研究、学科建设、师资队伍等方面改革转型。江科大党委领导班子党课的"金课"示范效应掀起了全校精益求精讲好党课的热潮。二级党组织书记、支部书记讲党课已在江科大全面铺开，形成了主要负责同志带头讲，

班子成员在本单位或联系支部、联系班级讲，支部书记个个讲，普通党员踊跃讲的良好氛围。70场大学生党员的"青年说"正在紧锣密鼓筹备中，青年大学生党员纷纷踊跃报名。一级讲给一级听，一个做给一个看，一堂堂党课连接成思想巨环，凝聚成高质量发展的强大动力。

（作者：刘剑、杜伟伟、张鹏云　该文刊发于《学习强国江苏学习平台》）

第七节　五十载初心不改　做造船工程师的摇篮

"正是因为有50年前上海船校搬迁办学，因为有一代代船校人的不懈努力，因为有'船魂'精神的激励担当，成就了今天的江苏科技大学，奠定了江苏科技大学迈向一流造船大学的强劲根基。"在纪念学校西迁50周年座谈活动上，耄耋之年的校友们遥话当年，感慨万千。

2020年是江苏科技大学的前身上海船校从上海西迁至江苏镇江的50周年。50年来，校名有更迭，校址有变迁，不变的是一所学府对育人初心的坚守。学校始终保持鲜明的船舶特色，坚持为船舶行业培养高水平应用型人才。

一、西迁重建　不改育人初心

江苏科技大学从黄浦江畔启航，其前身上海船舶工业学校（以下简称"上海船校"）是新中国第一所造船中等专业学校。它承载着新中国火红的"船梦"，与中国船舶工业发展紧密相连。师生们亲切地称自己的学校为"船校"。

在老船校人心中，"7031"是一个有特殊意义的数字，它是当时船校的保密信箱编码，巧合的是，后来竟成了学校命运演变的历史节点。1970年3月，为贯彻中央"1号令"，保障国防工业安全，上海船校搬迁至江苏镇江。

因船而生的上海船校转移到了没有船舶工业的镇江是否要调整专业方向？这是摆在学校发展路上的一场大考。此时学校陷入了办学史上最艰难的时期，在新的校址船校人开启了筚路蓝缕的"创业"历程。地点变换，初心不变，船校人一步步从困境中奋起，在镇江继续追寻心中的造船梦。

1971年2月，移师镇江的上海船校更名为镇江船舶工业学校，次年10月恢复了停止6年的招生，保留原有的船舶制造、船舶内燃机与动力装置、船舶焊接、船舶电气设备、机械加工、船舶无线电等6个专业。作为当时第六机械工业部仅存的一所中等专业学校，镇江船舶工业学校为船舶行业培养技术人才。1978 年，学校升格为本科，人才培养提升到了新层次。

50 年来，学校为国家输送了 10 余万名各类人才，其中有 60% 以上在船舶行业就业。在国内原两大船舶集团公司及地方知名船企中，近 1/3 的技术和管理骨干来自江科大；江苏省 1/3 以上船舶中小型企业都是由江科大船舶与海工类专业毕业生创办的。

二、秉承传统　锻造"船魂"精神

50 年来，学校保持长期形成的办学特色：重视基础，加强实践性教学，"为造船工业第一线培养顶用的人才"。西迁镇江后，为了给教学工作创造更好的条件，学校在市郊象山征地 91 亩，新建近 2 万平方米船体车间，作为生产实习基地。1978 年 12 月，一艘师生共建船"鲁烟油 2 号"竣工交船，开江苏省建千吨沿海一级油轮先河。

这种重视实践教学的传统延续至今。大学生到造船一线，从拧螺丝、焊接头开始，学校培养具有"吃得了苦，扎得下根，聚得齐心，干得成事"特质的江科大人。学校根植船舶行业优势，深化产教融合，经过"转型教育、专业教育、项目实训、引企入教、企业实践"，五步进阶培育学生特质。学校注重将教师参与的重大科研项目转化为教学资源，特别是大学生创新训练、毕业设计、挑战杯竞赛等内容。学校与企业对接开展案例教学，强化系统思维，学生吃苦扎根精神和解决复杂工程问题的能力明显增强。

多年来，学校培养了一大批献身国防、扎根船舶的行业精英、技术骨干，涌现出航母、核潜艇、大型驱逐舰、LNG 船、豪华客滚船、邮轮、极地邮轮等总建造师、总工程师等行业精英，为国家重点重大工程做出了重要贡献。江苏科技大学教育教学合力持续增强，连续举办 12 届船舶与海洋工程设计大赛，获全国大学生船舶与海洋工程设计大赛特等奖 2 项；创设内燃机设计与拆装技能大赛，覆盖省内外 30 余所高校，成为大学生科技创新品牌活动。2018 年，江苏科技大学获批全国国防教育特色学校。

三、彰显特色　矢志为国育才

"矢志为国育才，培养一大批能站在海洋装备领域技术发展前沿、具有综合能力的高端研发设计管理人才，这是我们人才培养定位的一个战略制高点。"校长周南平表示。

紧跟行业发展需求，学校提出"一流本科教育行动计划"，持续创新人才培养模式。学校是江苏省仅有的也是国内船舶类及其相关专业设置最齐全的高校，学校的 66 个本科专业及方向涵盖了造船所有领域。学校是行业内校友最多的高校之一，校友遍布中国船舶行业各科研生产单位，被誉为"造船工程师的摇篮"。

学校注重抓好品牌和特色专业，在船舶与海洋工程、轮机工程、热能与动力工程、焊接技术与工程等专业上加大投入，其他专业设置也强化船舶背景，并与原两大船舶集团公司和舰船研究院长期合作。学校以培养应用型、研发设计型高素质创新性工程技术人才为主，以整体配套技术服务于船舶工业，为中国船舶工业的大发展提供了强有力的人才和智力支持。

2020 年是学校搬迁镇江办学的 50 周年，学校同时将搬迁启用新校区，迎来又一次纳新与开拓。党委书记葛世伦表示，"江苏科技大学的使命就是建设国内一流造船大学，通过'铸船魂，育海器'，激发学生兴船报国意识，为国家海洋强国战略培养高素质应用型人才。学校将以新校区建设为契机，提升管理理念和育人理念，让学生感受一流的本科教育，让一流造船大学的根基更强劲。"

（作者：李巍男　该文刊发于《中国教育报》）

第八节　筚路蓝缕五十载　乘风破浪再出发

50 年前，上海船舶工业学校（以下简称"上海船校"）响应国家"备战备荒为人民"的号召，500 多位职工、950 多位家属，靠几十艘船分批溯江而上，搬迁镇江、艰难挺进。50 年后，远航眺望者的航标灯依然明亮，江苏科技大学 2 万名师生重整行装搬迁至长山校区，他们恒定如初的信仰，高扬船魂之帆，紧握奋斗之桨，尽显担当之为，乘风破浪再出发。

一、事不避难挑重担

搬迁之路逆流而上，学校的职工和家属与种种艰难困苦搏击，很快，上海船校革委会、驻校工宣队召开联席会议动员布置搬迁工作，提出"迁校是中心工作""迁校是备战""有问题，边请示、边搬迁"的口号。当时在校的工宣队、军宣队 100 多人全体出动，组织人员进行图书、设备、家具等包装搬运。

时任政工组成员、核心组秘书的朱东林回忆，正在上海川沙县高东乡备战的教职工听闻消息后全部赶回学校，全体教职员工投入到了搬迁工作中。船校遵循"进一步节约闹革命"的原则，大部分设备均由水上运输，不予包装，或利用废旧木材、回收旧木箱进行包装，对大型、精密设备必须装箱以保持精度，防止损坏的委请新成板箱厂加工完成。一个月内全体教职工将学校教学、实验、工厂、办公和生活设施全部拆下、包装，在学校旁的马家浜装船出发，满载搬迁物资的拖驳经黄浦江入长江运往镇江。

"当时说每一个人搬迁的时候可以借 50 块钱，我夫妻两个借了 100 块。大家借这个钱干什么？买肥皂，肥皂是有计划的，镇江没有肥皂。还有生活用品，计划供应的都要买一点。"时任政工组成员、原校党委书记祝山回忆，当初很多东西镇江都无法供应，搬迁后教职工工作、生活困难重重。

船校人以事不避难、勇挑重担的担当展现了船校人的速度，一个月内连人带物都搬到了镇江，就像部队调防一般迅速。搬迁后，学校面临各种各样的难题，"学校如何办下去？一个造船学校离开了造船基地——全国最发达的大城市，以后如何发展？到镇江继续办学校，还是改工厂？学校、个人的前途何去何从？"朱东林回忆说，"上海有准备搬迁的学校因操作缓慢，后来就不搬了，这对大家是有刺激的。"一时间，有人想回上海，拉出了"东进"的标语，"大家离开了上海，与自己的父母、配偶和子女分开了，还有一批是学校集体户口的青年教职工一下子都迁到镇江，户口再也不能回上海了；有新成家的，还有正在交朋友谈恋爱的，还能再谈下去成家吗？20 后、30 后、40 后都在上海生活了几十年，镇江条件能与上海比吗？上海是国家八类工资地区，镇江是四类地区，同一级别工资少五分之一，以后的工资怎么办？"每个人都处在对前途的探求之中。

搬迁镇江后，学校的保密信箱编码是"414"，大家开玩笑说："这是让我们到镇江来试一试啊。"

二、筚路蓝缕勇奋进

离开造船基地的上海，搬到几乎没有大型造船企业的镇江，失去了原先办学时的一些有利环境和条件，学校陷入了艰难困苦的动荡岁月中。

时任政工组成员、原纪委书记沈贻森说，在刚到镇江的几年里，实际遇到的困难远比想象的还要多得多，从繁华的大城市来到相对落后的小城，职工夫妻两地分居、教职工人心不稳，工资还要减；发展方向模糊、领导关系不明；长期不招学生，教师没有教学任务、成天不是政治学习就是参加附属工厂生产或修马路、建防空洞、灭钉螺等各种劳动，有人提出干脆办工厂算了。

内部困难重重，外部压力种种，内外交困。"但是，我们有一支好的教师队伍、干部队伍和党员队伍，有上海船校优良校风所形成的一种无形的精神力量，大家在时任党委书记刘东明、校长肖流同志的领导下，统一思想、顾全大局、不畏艰辛，终于团结一致挺过了难关，避免了学校遭到被拆散的厄运。"当年那段困厄的岁月，使祝山想起了当年的刘东明、肖流等，"他们关键时刻显担当，解决教职工和家属的安排问题，解决工资问题，解决实习住宿问题……我们不会忘记他们，江苏科技大学也不会忘记他们。"沈贻森说："那种无形的精神力量就是'船魂'精神的传承，船校人没有退缩，没有抱怨，没有气馁，自我牺牲，在困难中成长，在困难中奋起。"

大搞汽车会战期间，船校人为解决大吨位（五吨以上）汽车的动力做出大贡献，与船厂、汽车公司、机料站一起解决 120 匹马力柴油机的制造；大搞自我武装期间，要增加 20~25 台各种机床设备，船校人担负小件加工，为系统自我武装做贡献；搬迁镇江后缺少教学生产基地，船校人自建船厂；船校人自建拖轮，以作船舶建造时拖带停靠码头之用……用努力发声，用汗水奔跑，任何艰难都无法阻挡船校人前进追梦的步伐。

三、初心如磐显担当

"学校不能散掉、垮掉，我们要努力在镇江把学校坚持办下去"，越是艰难越向前，这是直抵人心的誓言。1970 年 6 月，上海党组织批准建立了刘东明为核心组长的领导班子。1971 年 2 月，学校更名为镇江船舶工业学校。学校的党员干部一方面解决搬迁遗留问题，一方面抓紧做好教学准备和附属工厂的生产工作，在江边建起了船厂。六机部来镇江调研，决定保存原上海船校的船舶制造、船舶内燃机与动力装置、船舶焊接、船舶电气设备、机械加工、船舶无线电等 6 个专业，在镇江继续办学，1971 年 8 月学校在镇江市郊象山地区征地 91 亩，作为生产实习基地，并招收一批复员军人充实工厂，形成了船、机、电车间。1972 年秋学校开始恢复招生。与此同时，学校建立六机部干部轮训基地，每年承担六机部各类干部培训，为后来学校发展管理专业和成人教育奠定了基础。

1978 年 12 月 16 日，学校附属润州船厂的千吨油船"鲁烟油 2 号"竣工交船，这是江苏第一艘千吨级油船。心向往之，行亦趋之，船校人孜孜以求的追梦得到了最有力、最动人的回响，他们不仅为学校教学工作创造了更好的条件，也为国家经济建设做出了贡献。1978 年 12 月 28 日，经国务院批准同意，镇江船舶工业学校升格为"镇江船舶学院"。

行走在岁月的风雨里，船校人用奋斗定义了发展，50 年后的今天，一个占地 2350 亩的绿色智能现代的长山校区惊艳呈现。学校经历 7 年艰苦建设，船校人克服了西气东输管道迁移、用地指标、林地报批、高压线迁移等诸多超出想象的困难，咬定目标不放松，一张蓝图绘到底，举全校之力，实现了按时、平稳、有序、整体搬迁，共同完成了建校以来最为复杂的一项系统工程。这是 50 年后的又一次"搬迁"，在江苏科技大学历史卷轴上镌刻着跨越发展的新印记。

50 年的过往，淬炼出"船魂"精神，点亮了深蓝远航的灯塔；50 年的努力，融入了奋斗血脉，汇聚起勇毅前行的力量。爬坡越坎，战胜困难，敢于胜利，上海船校已从黄浦江畔的一叶轻舟蜕变成勇闯风浪的巨轮，江苏科技大学正乘风而起，满帆起航，向着国内一流造船大学的闪亮航程进发。

（作者：吴秀霞、王琳　该文刊发于《中国船舶报》）

第九节　传承"船魂"精神　致力兴船报国

2020 年 11 月 2 日，江苏科技大学（简称"江科大"）隆重举行上海船舶工业学校（简称"上海船校"）搬迁镇江办学 50 周年暨庆祝长山校区全面启用文艺晚会。一场流光溢彩的动感灯光秀带动现场氛围，旋律欢快活泼的《校歌联唱》拉开晚会帷幕。晚会分为四个篇章——东风起，砥砺奋进正当时；忆往昔，逆流而上启搬迁；看今朝，奋发图强担重任；展未来，扬帆远航谱华章。

50 年前，上海船校响应国家"备战备荒为人民"的号召，500 多名职工、950 多名家属，用几十艘船分批溯江而上将学校搬迁到镇江。50 年后，江科大师生重整行装将学校搬迁至长山校区，高扬船魂之帆，乘风破浪再出发。

1970 年上海船校搬迁到镇江办学和 2020 年学校整体搬迁到长山校区，是江科大发展历史进程中的两次至关重要的创业。江科大党委书记葛世伦表示，50 年来，江科大已经成为江苏省高水平大学建设重点（培育）支持高校，综合实力在第三方评价机构"2020 软科中国大学排名"中名列全国第 142 位，进入 USNews 世界大学排名中国内地高校前 136 名。抚今追昔，全校上下更加感怀前辈们矢志不渝地探索，更加坚定"船魂"精神的薪火传承。

"有再大的困难，也要把学校办下去。"该校原纪委书记沈贻森在晚会现场声情并茂地讲述了学校搬迁时期的老故事。当 1970 年参与学校搬迁建设的 15 名老教师走上舞台时，全场掌声雷动，师生们用注目礼致敬奋力行进的前辈。晚会融表演、互动、灯光秀、VCR 于一体，用动感的演出、奔涌的豪情，再现江科大勇担使命、开创基业、为国育才的奋进故事，展现从无到有、由小到大、以大求强、走向深蓝的江科大远航之路。

此外，江科大还将举办系列活动，通过编辑出版纪念搬迁 50 周年回忆录、开设校报和官网专栏、开展主题校史校情教育、举办庆祝新校区搬迁书画摄影展、召开专题座谈会、举办"芳华·笑脸征集"以及搬迁 50 周年文化创意产品设计大赛等，更好地凝心聚力，传承"船魂"精神，激发师生兴船报国意识，鼓舞广大师生为学校进位争先、为建设一流造船大学做出新贡献。

（作者：张驰、谢凌燕　该文刊发于《中国船舶报》）

第十节　深情践行初心使命
聚力"船魂"精神培养高素质行业人才

立德树人是教育的根本任务。实现海洋强国梦，需要一大批放眼世界、立足中国、扎根行业的优秀人才。江苏科技大学聚焦国家战略和行业发展需要，通过强化价值引领，坚守初心使命，坚持为国家经济社会发展培养"吃得了苦、扎得下根、聚得齐心、干得成事"的船舶行业人才而努力。

关心海洋、认识海洋、经略海洋是时代的呼唤。从党的十八大报告作出"建设海洋强国"的重大部署，到党的十九大报告提出"坚持陆海统筹，加快建设海洋强国"的口号，中国海洋强国建设正提速增量、提质增效、稳步前行。习近平总书记强调指出，"建设海洋强国是中国特色社会主义事业的重要组成部分。"实现海洋强国梦，需要一大批放眼世界、立足中国、扎根行业的优秀人才。江苏科技大学强化价值引领，将习近平新时代中国特色社会主义思想深度融入大学生思想政治教育中，面向国家战略需求，坚守为船舶行业培养高素质人才的初心使命，遵循教育规律，顺应高等教育改革发展趋势，深入开展教育教学改革，全面提高教育教学质量，得到了船舶行业的高度认可。

一、强化价值引领，培育和提升大学精神

大学精神是在学校长期办学过程中所形成、积淀下来的，是教师、学生

所信仰的一种理想、追求和意志，是大学特有的识别标志，也是大学文化传承的精髓，其本身蕴含着鲜明的价值取向。江苏科技大学高度重视大学精神的价值，积极弘扬和培育大学精神，凝练形成了"江海襟怀、同舟共济、扬帆致远"的"船魂"精神。

（一）重视大学精神的价值

习近平总书记在全国高校思想政治工作会议上强调指出，"高校立身之本在于立德树人。只有培养出一流人才的高校，才能够成为世界一流大学。办好我国高校，办出世界一流大学，必须牢牢抓住全面提高人才培养能力这个核心点，并以此来带动高校其他工作。"大学精神在人才培养过程中发挥着重要作用。大学在教育过程中不断再现、塑造出中华民族精神的新意蕴，强化民族精神和民族认同，培养德智体美劳全面发展的社会主义建设者和接班人，因此，大学精神与民族精神必然是互相激荡和同构发展的。

社会主义核心价值观是中华优秀传统文化和时代精神融合的结晶，为大学精神确立了价值内涵，赋予了大学更自觉的担当精神和强烈的家国情怀。当前，我们正处在实现"两个一百年"奋斗目标的历史交汇期，高校发挥大学精神的价值引导和浸润的功能，对学生进行科学的、正确的价值观引导和教育，在多元文化中彰显社会主义核心价值观，是新时代大学教育主题中的应有之义。

（二）积极弘扬和培育大学精神

大学精神既要体现高等教育的普遍性要求，又要彰显自身的特点和特色，是共性与个性的统一体。科学的大学精神应当建立在对文化传统、教育本质、办学规律和时代特征的深刻理解的基础之上。弘扬和培育大学精神，学校一方面要正确对待多元文化，另一方面更需要对学生进行价值引领，推进习近平新时代中国特色社会主义思想进教材、进课堂、进头脑，让社会主义核心价值观成为新一代大学生的精神内核。

江苏科技大学在长期的办学过程中形成了以"船魂"精神为核心的共同价值。"船魂"精神就是江科大精神，是江科大人坚守使命、锐意进取、勇于开拓、敢于创新、进位争先的精神写照，是江科大人走向深蓝、志在海洋、以船为媒、兴船报国的责任担当，是江科大人众志成城、攻坚克难、追求卓越、砥砺前行实现"国内一流造船大学"的共同愿景。

（三）凝练新时代大学精神

行业特色型高校在我国经济建设和社会发展中始终发挥着不可替代的作用，其精神文化是学校文化中最具凝聚力、生命力、感染力的重要内容。江苏科技大学自创办以来，一直坚守为船舶行业培养人才的初心使命，与"船舶"结下了深厚的情结，紧密伴随着新中国国防工业、船舶工业的发展历程。"船魂"精神在办学实践中不断得到丰富和发展，从"爱国奉献、艰苦奋斗、诚朴务实、团结协作"到"江海襟怀、同舟共济、扬帆致远"的概括与提炼，"船魂"精神获得全校上下和船舶行业的一致认同，已成为学校发展的核心竞争力。

江海襟怀，是指心态洒脱、开放包容的江海文化，拥有江海的视界和开阔胸怀。学校始终胸怀天下，瞄准国家和地方经济建设重大战略目标开展科学研究，培养高层次人才，服务经济建设，引领社会进步。这是"船魂"精神开放性的体现。

同舟共济，是指众志成城、团队至上的造船文化，齐心协力实现共同愿景目标。船舶工业的产业特征是产业关联性高，相互配合、相互协作要求高，更需要发挥团队协作精神。江苏科技大学以"船舶"特色兴校，江科大人以豪迈情怀团结协作、奋进担当、风雨同舟，共同推进学校事业发展壮大。这是"船魂"精神协作性的体现。

扬帆致远，是指以船为媒、纵横四海的船舶文化，不断突破自我实现理想。扬帆致远展现了江科大人建设"国内一流造船大学"的雄心壮志和推进学校事业发展壮大的胆识与魄力，浓缩了江苏科技大学最突出的精神特质。这是"船魂"精神卓越性的体现。

二、服务国家战略，坚守为行业培养人才的初心使命

坚定兴船报国的初心使命。高校肩负着人才培养、科学研究、社会服务、文化传承创新、国际交流合作的重要使命。国家和经济社会发展为大学提供了广阔的舞台，高校不仅要产出高水平科研成果，更要培养高素质人才，全方位服务国家战略需要。船舶工业是我国民族工业的代表，近年来，船舶工业、海洋产业、国防事业的发展，对船舶与海洋工程专业人才提出了更高要求。船海类高校服务国家海洋强国战略，肩负着为船舶行业培养高素质人才的使命，责任重大。江苏科技大学的特色是"船舶"与"海洋"，"育海器，铸船魂"是江苏科技大学的使命与价值追求。从新中国第一所造船中等专业学校到今天的江苏科技大学，学校始终有着强烈的兴船报国的情怀，始终与中国船舶工业的发展同呼吸、共命运，始终保持鲜明的船舶行业特色，为船舶行业服务的初心始终不变，这份使命成为学校建设发展不竭的精神动力，成为学校"船魂"精神的重要源泉。

"船魂"精神贯穿育人全过程。随着国家加快海洋开发和利用，江苏科技大学进一步开启大学生素质培养的新探索，把"船魂"精神贯穿育人全过程，把好人才培养方向，将爱国、立德注入学生心灵。江苏科技大学构建"大思政"育人格局，实施爱国、诚信、敬业、友善等专题教育，建成思想政治理论课体验式实践教学体系，实施"课程思政聚合行动"，深入挖掘专业课中的思政元素，在知识传播中强调价值引领，突出显性教育和隐性教育相融通，促进专业课与思政课同向同行，使大学生思想政治素质得到强化。江苏科技大学重构人才培养方案，优化第一课堂教学，创设以"近代船舶工业发展与中国崛起""船舶与海洋工程导论""近代海军发展"为代表的船海特色类通识课程群，建成"通识教育+学科基础+专业教育+自主课程"的模块化课程体系，此外，丰富第二课堂，实施素质发展"六大工程"，建立金字塔型创新人才培养体系，开展一批特色鲜明的教育教学活动，协同推进人才培养。

三、强化产教融合，校企协同推进工程教育改革

加强人才培养顶层设计，全过程构建具体的实施路径。江苏科技大学建立具有专业特色的模块化课程群，优化通识课程体系；灵活设置课程模块，促进学生个性发展；实行民主管理，促进学生自主学习，激发学生创新潜力；通过导师引领人生方向、品牌活动拓宽视野、文化涵养提升境界。江苏科技大学聚焦海洋强国战略，充分发挥学校根植船舶行业优势，深化产教融合，多方共建，运行"实验教学、研究创新、企业实践"三类实践教学平台，建立人才培养模式动态闭环调节机制，对人才培养质量进行多维度监测、评价和反馈，动态调整人才培养方案，经过"转型教育、专业教育、项目实训、引企入教、企业实践"，五步进阶培育学生特质。江苏科技大学构建素质教育有效性评价机制，使学生吃苦扎根精神和解决复杂工程问题的能力明显增强。

聚焦国家战略和产业需求，围绕船舶行业和区域经济发展需求设置专业，注重促进科技成果转化及产业化。江苏科技大学是国内船舶类及其相关专业设置最齐全的高校之一。学校最初的专业是根据船舶的体系而设置的，目前66个本科专业均从传统的船舶类专业基础上发展延伸而来，涵盖造船所有领域，具有整体性和系统性优势，有力推进了行业特色鲜明的专业布局。学校在彰显船舶特色基础上，积极响应国家海洋强国战略和"一带一路"建设，坚持科技先行，研究海洋自然现象及其变化规律，开发利用海洋资源，在海洋工程装备、海洋资源开发、海洋信息感知、海洋产业经济等方面聚力作为，在大型海上浮式平台、水下机器人、海洋能源利用、海洋生态与环境监测、

水声通信、水下信息安全、深海采矿等领域逐步形成了自身特色。学校牵头主持国家重点研发计划项目"深海关键技术与装备"重点专项2项。江苏科技大学参研项目"海洋石油981"钻井平台、"海上大型绞吸疏浚装备的自主研发与产业化"分别于2014年、2019年两次获国家科技进步特等奖，为我国建设海洋强国贡献"大国重器"，推动了我国疏浚技术、装备产业和应用体系的跨越发展。

搭建产教融合育人平台，创新校企协同育人模式。学校顺应社会及企业对人才的新需求，引导企业深度参与学校人才培养。学校紧密围绕新一代信息技术、高端装备制造、新材料、新能源等战略性新兴产业，主动对接社会和经济发展需求，高起点、高质量开展新工科建设，以新工科思维带动传统专业改造，提升专业建设上水平、上层次。通过创新工程教育人才培养模式，学校探索校企联合培养高素质人才的途径，着力提高学生的工程实践能力、工程设计能力和工程创新能力。企业参与共同制订人才培养目标、共同建设课程体系和教学内容、共同实施培养过程、共同评价培养质量，承担学生到企业实习阶段的培养和管理任务。学校建立"双导师制"，从认知课程、培养专业工程技能、企业定岗实习等环节入手，将理论知识应用于企业造船工艺技术具体项目实践中，帮助学生提高船舶工程技术实践和创新能力。学校通过实施"卓越计划"，与行业、企业紧密结合，推进应用型人才培养的工程教育改革，通过创建"教学内容与项目对接""课堂与企业对接"的教学模式及校企共同构建的工程实践教育中心培养平台，形成特色鲜明的应用型人才培养模式，实现了校企合作双赢的目标，增强了高校办学的核心竞争力。

加强产教融合师资队伍建设，拓展并用好外部资源。学校实施青年教师"三个一"工程，对新进校青年博士实行助教培养一年的制度，提高其教育教学理论素养和教学能力；对工科专业青年教师实行下企业一年的实训制度，提高其工程实践能力；鼓励青年教师出国进修一年，提高其学术水平和国际交流能力。学校充分发挥行业协会和江苏船舶与海洋类高校协同发展联盟的作用，搭建学校、行业、校友会、校友互动平台，关心、支持行业和校友发展，完善相互支持、共促发展的工作机制，引导校友参与学校育人工作，发挥校友在工程应用型人才培养中的作用。

近年来，江苏科技大学抢抓国家建设海洋强国的战略机遇，面向船舶行业需求，为国家海洋强国战略实施培养高素质人才，服务船舶行业和经济社会发展，人才培养取得累累硕果。学校是中国船舶行业内校友最多的高校之一，校友遍布船舶行业各科研生产单位，被誉为"造船工程师的摇篮"。学校毕业生"吃得了苦、扎得下根、聚得齐心、干得成事"的鲜明特质，得到船舶行业高度认可。学校以学生为本，创新人才培养模式，提高人才培养质量，着力培养学生热爱行业、扎根基层、艰苦奋斗、团结协作的特质，造就了一批又一批适应船舶行业和海洋、国防事业需求的高素质应用型人才，献身国防、扎根船舶行业的毕业生持续增加，培养了一大批行业精英、技术骨干，涌现出航母、核潜艇、大型驱逐舰、豪华客滚船、邮轮、极地邮轮总建造师、总工艺师等行业精英，为国家重点重大工程做出了重要贡献。

面向未来，江苏科技大学将进一步明确办学思路和办学定位，抢抓机遇，主动适应船舶工业和地方经济建设发展的需要，坚持走与行业、区域融合发展之路，全面提升科技研发能力，大力培养更多高素质人才，以人才培养高质量不断推进发展高质量，为教育强国、海洋强国和经济社会发展做出更大的贡献。

（作者：刘新波、葛世伦、程荣晖　该文刊发于《中国高等教育》）

第十一节　因时而进因势而新　聚力课程思政强化特色
——江苏科技大学深化课程思政聚合行动培养行业特质人才

江苏科技大学着力构建立德树人、协同育人新模式，"课程思政聚合行动"因事而化、因时而进、因势而新，支撑学校"人才培养质量提升工程"不断夯实根基、强化特色。

统筹规划，因事而化夯实根基。学校依托书记履职亮点项目"深化实施'课程思政聚合行动'培养船舶行业特质人才"，深化"思政课程"与"课程思政"合力同行的有效性，深入推进全员全程全方位育人。学校成立"课程思政聚合行动"教学改革领导小组、"课程思政"工作领导小组，引导广大教师结合工作实际，侧重思想政治教育工作应用性和对策性研究。学校坚持将课程思政落实情况作为各类课程建设、教材建设和教学研究与改革项目推荐的重要观测指标。校院两级督导听课和同行听课基本覆盖全部理论课程任课教师，对促进"课程思政"发挥了重要作用。

全员参与，因时而进厚植底色。学校按照价值引领、能力达成、知识传授的总体要求，搭建"三全育人"教育云梯，将"船舶、海洋、蚕桑"特色融入教育教学资源建设中，强化价值引领，厚植育人底色。学校扎实推进校园文化建设，开展"纪念上海船校搬迁镇江办学50周年"系列活动，激发师生兴船报国意识，助推立德树人、以文化人，建成精神引领通识课、家国情怀通识课、兴船报国主题通识课的"1+1+1"通识思政课程群。学校制作的《精神的丰碑》十集主题慕课，学习播放量已近10万次。

聚合关联，因势而新强化特色。学校将文化建设、人才培养、跨界合作紧密对接，强化思政教育资源要素聚合关联效应，实施"课堂、网络、实践"三位一体课程思政。党委书记和校长带头为新生开讲思政第一课。学校探索创新"互联网+社会实践"新模式，推出战"疫"人物、"校友风采"等系列报道，举行大中小学思政课教师同上一堂思政课活动。学校以服务社会为己任，发挥科技和人才优势，积极创新教育帮扶、科技帮扶路径，在扶贫扶志帮困育人中推动课程思政实践育人工作的落地、落细、落实。

下好思政教育"一盘棋"，赢得思政教育"满盘活"。学生们把"服务国家海洋强国战略"放进未来职业规划中，来作为他们人生的第一选择。学校鼓励学生到祖国最需要的地方建功立业，鼓励学生把个人理想追求融入国家和民族事业中，培养学生"吃得了苦、扎得下根、聚得齐心、干得成事"的特质，为广大船舶企业培育和输送高水平应用型人才，成为船舶海工产业发展的"人才库"。

（作者：江苏科技大学党委宣传部　该文刊发于《新华日报》）

第十二节　贫困女生两年后还清了数百笔爱心款

"谢谢你的帮助，很抱歉，两年了才把钱还给你""谢谢老师的帮助，我家人好多了""再次感谢曾经帮助过我的人。是你们在最黑暗的时候给了我希望"……几天来，江苏科技大学电子信息学院的师生反映，称陆续收到了2020届本科毕业生赵青秀的"还款"。4月13日，学院还收到一封感谢信。

这是怎么回事？

4月16日，记者采访获悉，收到还款的师生们都很意外，同时不约而同为这名"有孝心的诚信女孩"点赞。

一、为救父母，贫困女生发出"个人借款声明"

院方告诉记者，还是在2019年2月底，刚开学没几天，贵州铜仁印江县罗场乡佐坪村的赵青秀，就急匆匆向辅导员请假。她称父亲因从高处摔下导致重伤，住进了重症监护室，急需回家探望。当时，来自贫困地区的赵青秀母亲，年前刚做完手术，仍在医院接受治疗。现在父亲的意外让本就经济困难的家庭雪上加霜。

写给帮助过我的人的一封感谢信
——山重水复疑无路，柳暗花明又一村

我是赵青秀，江苏科技大学电子信息学院2020届本科毕业生。还记得大三第二个学期刚开学的第一周，我们系的帮扶干部就联系到我，告诉我爸爸意外从高处摔下，在重症监护室里已昏迷不了，没有清醒也没有意识。那一刻，我的大脑一片空白，过了好久才回过神来——妈妈年前刚做完手术，现在依旧还在医院里进行放化疗的，还有患病的妈妈，家里也只有我，我得回去照顾爸爸，想到这，我马上联系了辅导员，说明情况就赶回家去了。

到了医院，爸爸没有一点意识，时不时抽搐，嘴巴里不停地流出不明液体，眼睛死死地闭着。我去拿药，医生要交费才能拿，我把我的生活费都拿了出来还不够，不过医生还是让我去拿了药，我却很担心，因为我不知道下一次拿药我没交钱了还能不能拿到，但我不能想那么多。一个星期过去了，爸爸的病情一直不见好转，医生告诉我，能用的药都已经用了，还是控制不住爸爸的病情，建议我转到遵义医学院去治疗，治疗费用至少需要十几万。那一刻，我崩溃了，我身上一共也就几百块钱，怎么办呢？那时候医院来人住下，我却觉得前所未有的孤独和绝望。不幸中的万幸，在我拿起手机时，微信的一个公众号刚好给我推送了一篇文章，讲个女孩为了给父亲治病到处借钱，我想到了自己，我的情况和她很相似，所以我立马写了一篇借钱声明，并且把我的想法告诉了我的朋友，我却不方便借，觉得我想的太天真了，不可能借那么多钱的。但我不信，最重要的是这是我最后的机会，就算只能借到两三千，我也要先将爸爸转到遵义去治疗。

我把声明发出去的时候其实内心是非常忐忑的，我不知道有没有人会相信我。但是，就这几分钟，我就接到了同学朋友的慰问消息及安慰电话，后来也打电话给我，询问情况，并在学院范围内为我捐款。同学们也都将自己的生活费借给我，帮我转发声明。很快，亲人、朋友、同学、老师，还有很多陌生人，都纷纷慷慨解囊，并不断为我加油打气，为我想办法。不到半天，我就借到了五万，当晚就顺利将爸爸转到遵义医学院附属医院。记得转往遵义医院那天，医生和护士姐姐也相继地给予了帮助和捐助，让我倍感温暖。在遵义治疗一周以后，爸爸的病情得到控制了，并且逐渐恢复了意识，被转到普通病房。那时候我借到了95235元，水滴筹上等到了38050

元，爸爸在遵义医院治疗一个星期下来花费了41528.24元。与此同时，哥哥打电话过来，妈妈那边的治疗费用不够了，我仔细编筹考虑后做出了决定，将妈妈边情况比较危急，于是决定将爸爸转回原来的县中医院慢慢恢复，把剩下的钱转给了妈妈。

转到县中医院恢复了一个多月，爸爸就慢慢好起来了，能慢慢走动了，由于我还有学业未完成，叔叔便回家帮我照顾爸爸，每天都会跟叔叔接通视频，实时了解爸爸的情况，遗憾的是，由于头部受伤严重，使得记忆力变得很差，思维也变得很糟，刚开始他认不出我，也叫不出我的名字。不过，情况在慢慢变好。两年过去了，爸爸现在已经基本恢复了，身边熟悉的人都能认出来，只是行动力不像平常人那么好，思维比较慢一点，而妈妈的病情却是反反复复，两年间经常进医院，还是得不到根治，现在，双膝肿得很厉害，行动很不方便，但我妈妈却再不想到医院去治疗了，因为治疗的过程很痛苦，现在和爸爸在家相互照顾在家养病。

在这两年里，我想感谢的人太多了，老师、同学、朋友、亲人，还有医疗工作者以及很多不认识的陌生人，他们在我崩溃绝望时候给我希望，帮助我撑过那段日子，也帮助我的家庭渡过了难关。我还想感谢的，是我的父母，他们一直无条件地相信并支持我做的所有决定，毕业之际，我一直很憔悴，我心里想考研，但我知道家里的条件不允许，父母一致坚持让我考研，即使第一次失败了，还是坚持一定要我读研。今年，我虽然遗憾未被第一志愿录取，但有幸被调剂到了河南科技大学，心存遗憾，但不后悔。

现在，父母病情基本稳定，也不愿意进一步的治了，所以医疗报销费用下来之后，我便把两年前借的九万多还完了，但我知道，钱还了，人情还在，温暖还在，以后，我应该记这份温暖传递给更多需要帮助的人。这两年，我也学会了很多，最重要的是，我感觉到了读书的重要性，读书一方面是学习知识，但我认为更重要的是，学会做人——做一个负责任的人，做一个诚信的人，做一个心怀感恩的人，做一个理智明理的人。

再次感谢曾经帮助过我的人，是你们在最黑暗的时候给予了我光明和希望！

赵青秀

2021年4月13日

赵青秀的感谢信

"那一刻，我崩溃了，我身上一共也就几百块钱，怎么办呢？"赵青秀说。

辅导员第一时间向学院汇报了赵青秀的情况。学院高度重视，当即审批给予了贫困资助，并让辅导员密切追踪关注。同时，赵青秀除"水滴筹"外，还在班级群里发布了"个人借款声明"。

"借款声明"中，赵青秀明确表示以后所借的钱肯定要还。其声明发布后，学院组织师生立即开展了爱心捐款活动。并且，师生们在通过微信或者支付宝转账给她的时候，几乎都特别说明：这是爱心捐款，不用再还。

就这样，众人拾柴火焰高，大量爱心纷纷涌向赵青秀。约在一周时间里，除水滴筹募集到3万多元的爱心款外，校方师生的爱心力度更大，她前后收到了9万多元的捐款。

"我把声明发出去的时候其实内心非常忐忑，我不知道有没有人会相信我。但是，就几分钟，我就接到了同学、朋友的慰问消息及安慰电话，后来，学院领导也打电话给我，询问情况，并在学院范围内为我捐款。"赵青秀在感谢信中回忆道，"同学们也都将自己的生活费借给我，帮我转发声明。很快，

亲人、朋友、同学、老师，还有很多陌生人，都纷纷慷慨解囊，并不断为我加油打气。不到半天，我就借到了5万，我一下看到了希望……"

当时，赵青秀借到95235元，水滴筹上筹到了38050元。所幸，此后经过转院及治疗，她的爸妈现在症状稍缓，互相照顾在家养病。

小赵和父母

二、收到还款，师生们争相为"有孝心的诚信女孩"点赞

谁也没想到，时隔一年后，很多当时捐款的师生，都纷纷收到了赵青秀的"还款"。

收到还款的任课教师甄洁回忆说："我记得她是转专业的学生。当时她在镇江梦溪校区，需要前往镇江南校区补修我上的电路课，每次都是早早赶到南校区，上完我晚上三节课再回梦溪校区，一节课不缺。我偶尔还开车把她捎回梦溪校区。"甄洁说，当时自己的捐款，只是因为自己是她的任课老师，出于对和自己女儿差不多大女生的关心，想帮帮她。"这个娃真不错，我跟她讲了不用还，她还是还了！包括我身边一些朋友，也都让她不要还，但她还是都一一还上了。"

同样收到还款的朱琺老师说："先是没想到，同时很感动，她是一位守信真诚的学生！真心希望已经挺过了最困难时候的她，以后的生活一切都好。"

电子信息学院党委书记钱志发知道此事后表示："孩子刚刚毕业，经济状况不是很好，亲人还要看病。但她知恩图报，值得肯定。当前还款不是最佳时期，学院的帮助是无私的，别让关爱成为孩子的心理负担。"

当时赵青秀的班长面对记者，这样评价她：无论是学校下发的任务，还是班委开展的活动，她都能很好地完成。班级同学对她的工作能力一直都非常认可。由于家庭环境的影响，她日常花销都十分节约，但对同学或朋友却从不吝啬，与同学们的相处都十分融洽。"因此当她陷入困境时，绝大部分同学都愿意伸出自己的援助之手帮她渡过难关。"

2019 年 5 月，赵青秀的父亲病情稳定后，她很快就返回学校。此时正值大三学生备战考研的关键时期，有学生干部申请辞职以便安心备战，而同样准备考研的赵青秀却主动申请担任团支书，希望为班级同学服务。"在无钱还债的情况下，尽一点绵薄之力来感激和报答众人的爱心。"老师们说。

〈　账单详情

+500.00

交易成功

收款方式	余额 〉
转账备注	不好意思哦，都两年了才还给你[捂脸]非常感谢您的帮助
对方账户	■■ ■ ■
创建时间	2021-04-06 16:20

紫牛新闻　20210406200040011100230051120668

贫困女生赵青秀两年后逐笔还出爱心款，这件事这几天成为江科大校园内的一则"热闻"，尽管金额大多在一两百元，很多收到还款的师生，还是被赵青秀感动到了。"为这个有孝心的诚信女孩，点赞！"这是众人向记者说得最多的话语。

任课教师智鹏飞更是赞不绝口："这是一位我校培养的淳朴感恩、自强自立的好学生！"此外，老师们还纷纷留言祝福她："吃得了苦、扎得下根、办得成事，在未来的人生中，祝她开启美好未来。"

三、坚持还款，只为做人要"守信"和"有良心"

赵青秀说，此后的这两年里，她想感谢的人太多了，老师、同学、朋友、亲人，还有医疗工作者以及很多不认识的陌生人，"他们在我崩溃绝望的时候给我希望，帮助我撑过那段日子，也帮助我的家庭渡过了难关。"

感谢信中，赵青秀还说："我还想感谢的，是我的父母，他们一直无条件地相信我，并支持我做的所有决定。毕业之际，我一直很犹豫，我心里想考研，但我知道家里的条件不允许，但出乎意料的是，父母却一致坚持让我考研，即使第一次失败了，还是坚持一定要我读研。2021 年 4 月，我虽然遗憾未被第一志愿录取，但有幸被调剂到了河南科技大学，虽有遗憾，但不后悔。"

"这两年，我也学会了很多，最重要的是，我感觉到了读书的重要性，读书一方面是学习知识，但我认为更重要的是，学会做人——做一个富有责任心的人，做一个诚信的人，做一个心怀感恩的人，做一个理智明理的人。"赵青秀在感谢信中写道，"我把两年前借的 9 万多债还完了，但我知道，钱还了，温暖还在。以后，我应该把这份温暖传递给更多需要帮助的人……"

"我不知道还了多少笔，还款的总额也没准确统计"，16 日，正在上海打工的赵青秀告诉记者，因为当时接受爱心捐款时都有记录，所以最近几天她就照着"记录"还款。"大概有几百笔吧，总额在 9 万多元。"

仅仅两年时间，下面还要读研的赵青秀，又是如何有钱能还出这么多的爱心款的？赵青秀说，大部分都是其父母医疗报销后的钱，还有少部分是家人及她打工所挣的钱。

当记者问她，家中本身就很缺钱，接下来读研还要一大笔钱，并且当时大家在捐赠时就已表示"不用还"，但她为何还是急着要将这 9 万多元逐一还给好心的老师和同学？

"从借款初始，自己就承诺肯定要还的！人不能不守信，还有做人也要有良心，这些钱本身就是借的，不还自己的良心会不安！"赵青秀不假思索地告诉记者。

采访中，江科大校方相关负责人则告诉记者，赵青秀身上体现出来感恩图报、自立自强的优秀品质，也是这么多年来，学校始终坚持"立德树人"育人实效的真实和生动展现。

（记者万凌云、通讯员庄媛　该文刊发于《扬子晚报》）

第十三节　两地三校区师生同上党史教育公开课——彭湃烈士孙女、彭士禄院士女儿彭洁回校讲述《忠于理想的两代人》

学党史、寻初心，两地三校区师生同上党史学习教育公开课。4 月 13 日，江科大第六十八期"名家讲坛"迎来一位特殊主讲人——彭湃烈士孙女、彭士禄院士女儿彭洁。此次彭洁研究员以 80 级船舶电气自动化专业校友的身份"回家"，作党史学习教育专场报告《忠于理想的两代人》，讲述彭湃烈士和彭士禄院士忠于理想，为共产主义事业奋斗终生的感人事迹。

本次报告主会场是长山校区图书馆 105 报告厅，分会场设长山校区长山剧场、行政楼 100 号报告厅、梦溪校区演讲厅、张家港校区、苏州理工学院文心会堂，以及各班级教室。校领导、全体中层干部、部分师生代表在主会场听取报告。校党委常委、副校长汤建主持报告会。

彭洁研究员作为中共党史人物研究会井冈红军人物研究分会会员，"红军后代授课团"成员，家风家国宣讲团成员，中国科协"科学家精神报告团"成员，声情并茂地从九个方面报告了彭家一颗红心、满门忠烈，为了理想和信仰，始终坚守初心，忠于人生选择的成长历程。

彭湃烈士孙女、彭士禄院士妇儿彭洁来校做党史学习教育专场报告
《忠于理想的两代人》

今年3月22日，彭士禄院士走完了96岁的人生。老人留下遗愿，将自己的骨灰撒进大海，他要与海洋深处这位无声的老朋友——核潜艇永远相伴。彭士禄的父亲彭湃是我国农民运动的杰出领导人，1929年在上海英勇就义，年仅33岁。彭湃和彭士禄所处的历史阶段不同，所担负的任务也不相同，一个是革命者，一个是科学家，但两代人分别为中华民族的站起来和强起来做出了重要贡献。他们有着一个共同的目标——让老百姓过上幸福美好的新生活，早日实现中国梦。

在彭洁动情的讲述中，鲜活的视频、生动的故事、感人的音频，无不展示着老一辈革命家爱国敬业、无私奉献的革命精神，为事业奋斗终身的理念贯穿人生始终，他们真正践行了共产党员的初心和使命。从1928年到1933年短短的5年时间里，彭湃一家就有6位亲人为革命献出了他们年轻而又宝贵的生命，他们被国家追认为革命烈士。彭洁说，父亲彭士禄永远忘不了周总理的嘱托——"小彭，记住，无论什么时候，无论走到哪里，你都要记住你是海丰人，你姓彭，是彭湃的儿子，永远不要改名换姓。"

在一个多小时的报告接近尾声时，彭洁播放了一段视频。视频中，中国核潜艇第一任总设计师彭士禄说："我爱我的祖国，我爱核事业！"在场师生无不为之动容，他们用饱含崇敬的掌声将报告会推向最高潮。现场互动中，彭洁研究员寄语处于建党百年特殊历史节点的母校学子："在学校打好基础，努力学习，根据自己的兴趣去发展自己，在祖国需要的时候奉献自己。"

中国舰船研究院原舰船设计师，现武汉海辰友邦科技集团董事长兼总工程师，江苏科技大学深蓝教授崔一兵校友，参加并记录了彭士禄院士夫妇"魂归大海、永远守望"的海葬仪式。"有些历史需要我们去总结，有些精神需要我们去传承，有些使命需要我们去完成。"在公开课现场，他交流了学习彭士禄院士无私奉献精神的心得体会。

崔一兵校友说："我们一生会遇到很多的人，遇到很多的事情。榜样的力量，可以引导我们走正确的道路，做有益于国家和社会的事情。彭士禄院士精神的伟大之处非常多，我体会最深的地方用16个字来概括：不忘初心，淡泊名利，廉洁奉公，家风端正。"

一个家庭、两段人生，身处不同时代，但是都将自己的理想与国家的命运前途紧密联系在一起，将一切都献给了国家和人民。被深深打动的江科大师生纷纷表示，在建党百年之际，这堂别开生面的党史学习教育公开课更好地启迪自己发扬革命精神、牢记初心使命、坚定信仰信念。

"彭洁研究员给我们上了一堂生动的党史公开课。"17级经济管理学院财务管理专业葛雨迪表示，要用行动回报社会，敢为人先，无私奉献，当一名有理想有抱负的青年学生。

17级能源与动力学院轮机22班的徐鑫甜感受颇丰，表示听了报告进一步坚定了自己投身于国防事业的信心，"要认真学习和掌握好专业知识，提升创新和实践能力，坚定服务船舶行业的信念。"

船海学院团委书记夏志平表示，党史学习教育需要学生重温革命时期革命前辈为无产阶级革命事业献身的故事，也需要学生继承弘扬革命精神而矢志笃行，坚定初心使命，将党史学习与国家发展和社会进步结合起来。江苏科技大学是一所以船舶为特色的高校，彭家两代人的红色事迹将激励江科大学子奋发进取，积极投身船舶行业，为国家海洋强国战略而努力奋斗。

校党委书记葛世伦总结讲话时指出，校友彭洁女士作的《忠于理想的两代人》专题报告，深情讲述了彭湃烈士的光辉事迹，以及彭士禄院士的人生经历，给全校师生上了一堂生动的党史教育公开课和爱国主义教育课，这必将激发江科大学子热爱船舶、献身国防的家国情怀。他号召全校师生以史为镜、以史明志，"用党史照亮新征程，用奋斗书写新时代"。

葛世伦说，精神的力量是无穷的。凭着一股精气神，江苏科技大学这几年实现了高质量发展，人才培养质量稳步提高。他要求围绕"培根铸魂，坚定理想信念；入脑入心，汲取前行力量；学史力行，彰显使命担当"，高标准高质量完成党史学习教育各项任务。各级党组织和广大师生要坚持学思用贯通、知信行统一。学校要用好学校特色资源，发挥好景荣春等先进典型的教育引导作用。学校充分挖掘船舶工业发展、海军现代化建设、蚕桑种质资源中的思政元素，培养学生找准时代坐标和奋斗目标，在鉴往知来中强化使命担当，让学生坚定建设海洋强国、振兴船舶工业的远大志向和人生选择。

（作者：谢凌燕、王琳、张驰　该文刊发于《交汇点》）

第十四节　船模馆里学党史　学子坚定报国心

小小红船划出新中国，巍巍巨轮航向新征程。2021 年 5 月 7 日下午，在江苏科技大学梦溪校区船舶模型馆内，来自船海学院景荣春学生党支部的大学生开展了一场别开生面的党史学习教育。师生们一起共唱国歌，以这种特殊的方式在船模馆里学党史，迎接中国共产党成立 100 周年。

"我手上拿的这艘小船就是当年承载着平均年龄 28 岁的中共一大代表们的红船模型，在这里我要感谢陈宇同学和徐帆同学，为了能够有一艘模型可以展示，他们自己设计、切割、拼装，用自己所学专业知识完美复刻了当年那艘伟大的小船。"景荣春学生党支部书记夏志平拿出同学们亲手设计制作的红船，邀请马克思主义学院的李树文老师深入阐述"红船精神"，讲述"小船托起大党"的故事。

从"开天辟地第一船"，到"渡江战役第一船"，再到"向海图强第一艇"，再到"走向海洋强国的大国重器"，党史学习教育生动活泼，有船舶知识，有船舶模型，还有船舶模型背后的故事，师生一起感受中国共产党的坚强领导和一代代造船人的初心。

景荣春学生党支部的杨博同学对着船模，从船舶设计、放样、下料等三个方面介绍现在与过去的造船工艺，并与大家一起拼装船模。"在以往，工程师们没有电脑软件，只能通过手绘的形式，先画出型线图，再进行其他构件的设计，工作量非常庞大且复杂。工程师们为了在规定时间内完成工作，往往会加班加点地挑灯苦干，而如今设计软件的出现，大大减轻了工程师们的负担。并且在修改、检查、传阅方面具有极大的便利。"杨博说，现代工艺极大提高了船舶制造的精确性，远远降低了风险，保障了工人的生命财产安全。

"辽宁舰的出现，对我们海军发展有着重要意义，他代表着 0 向 1 的突破，为我们以后由 1 向 2 向 3 向 1000 进发铺平了道路，而后面的路怎么走，则由在场的各位决定！"李昊芸特地带来了辽宁舰模型，希望同学们一起为祖国的国防建设添砖加瓦，"我们的人民海军必将走向深蓝，而我们的祖国也必然实现伟大复兴。"

柴子燊非常自豪地走向"蛟龙号"模型，"说到蛟龙号，就必须提到863计划，面对世界高技术蓬勃发展、国际竞争日趋激烈的严峻挑战，在充分论证的基础上，党中央、国务院果断决策，邓小平同志做出'此事宜速作决断，不可拖延'的重要批示。这才有了蛟龙号等大国重器，这其中也有咱们江科大人的心血与奉献，江苏科技大学承担钛合金耐压壳塑性稳定性分析研究。"

看模型，听故事，回顾一代代造船人前赴后继为新中国船舶海洋事业穷其一生的奋斗史，尤其是江科大人设计建造的那些大国重器背后的故事，大家纷纷表示，了解国之重器中的江科大贡献，特别自豪，要"一心跟党走，兴船报祖国"。

（作者：丁峰、王琳、苏月　该文刊发于《荔枝网》）

第十五节　推动党史学习教育走深走实

自党史学习教育开展以来，江苏科技大学加强组织领导，创新方式方法，通过强化"四个结合"，突出"六专题一实践"，高标准高质量推进党史学习教育各项工作。

在开展党史学习教育的过程中，校党委常委会、理论学习中心组分别制定了校党委、二级党组织、党支部"三级工作清单"，明晰工作任务，强化工作推进。学校在年度干部培训计划中增加相关教学内容，打造精品课程，邀请省委宣讲团成员为师生作专题宣讲，学校也组建了党史宣讲团，确保宣讲全覆盖，引导师生"学史明理、学史增信、学史崇德、学史力行"。

为了让党史学习教育"活"起来，学校不断创新学习方式，邀请彭湃烈士的孙女、彭士禄院士的女儿、学校80级船舶电气自动化专业校友彭洁研究员来校作党史学习教育专场报告《忠于理想的两代人》，两地三校区万名师生同上一堂公开课，这场报告激励广大学子奋发进取，积极投身船舶行业，为助力海洋强国战略而努力奋斗。

学校以"奋斗百年路，启航新征程""讲'四史'重温伟大征程，励初心践行青年使命""回望历史征程，传递梦想力量"为主题开展信仰教育公开课，让学生们更深入地了解建党百年的奋斗历程和伟大成就，进一步坚定信念、凝聚力量。

　　学校组织党员师生赴泰州中国人民解放军海军诞生地纪念馆及句容茅山新四军纪念馆、时代楷模赵亚夫事迹馆等红色教育场馆，开展"学习楷模，牢记使命""重温党的历史，厚植爱国情怀"等主题教育。

　　学校探索推进大中小学思政课一体化的路径，开展大中小学"大手拉小手"系列活动，由大中小学思政课教师同备一堂课、同上一堂思政课，形成理论和实践有效对接，系列活动先后被全国十多家主流媒体报道。

　　学校引导党员时刻不忘自己的"第一身份"，发挥先锋模范作用。学校以党员过"政治生日"为主题，向4000余名党员推送"电子贺卡"，让党员同志充分感受到党组织的关心关爱，进一步增强党员同志的归属感、荣誉感、使命感。

　　学校积极推进党史学习教育进思想政治理论课堂，引导学生深刻认识百年奋斗历程的发展脉络，坚定对中国特色社会主义道路的政治认同和情感认同，引导学生深刻认识自身的历史使命，强化担当意识，自觉地把自身发展和国家民族的命运紧密结合起来。

　　马克思主义学院中国近现代史纲要教研室积极举办庆祝中国共产党建党百年主题图片展、党史知识竞赛以及诗歌朗诵系列活动。思想道德修养与法律基础教研室结合教材每个章节，有机融入党史故事，开展主题宣讲活动。形势与政策教研室开展"身边的党史故事"实践教学项目。马克思主义基本原理教研室围绕理论，创新设计教学，在实践教学环节中开展主题宣讲活动。

　　学校开设党史学习教育主题网站，设立"党旗高高飘扬""我的入党故事"等专栏，大力营造党史学习教育的浓厚氛围。学校将党史学习教育阵地搬到船舶模型馆，努力打造育人品牌"船模馆里学党史"，从"红船精神"到"大国重器"，鼓励广大学生"一心跟党走，兴船报祖国"。学校举办"百个团支部百幅主题墙绘"活动。以团支部为单位，围绕党史学习教育以及庆祝建党百年主题，学校举办主题墙绘艺术创作大赛，100个团支部组织团员创作了百幅作品并手绘上墙，让党史学习教育接地气、冒热气。学校每周开展红色经典电影展播，举办"高雅艺术进校园，唱支山歌给党听"主题党课及"百年回响光明行"民族音乐会，用一部部经典影片、一首首振奋人心的乐曲升华师生情怀，教育引导广大青年学生爱党爱国，使学生在鉴往知来中强化使命担当。

　　学校全面落实"以师生为中心"的理念，把党史学习教育同解决师生员工实际问题相结合，全力实施"民生福祉提升工程"，开展"我为师生办实事"活动、"服务质量提升"专项行动，为师生办实事解难事，这不断增进师生员工的获得感、归属感，学校努力使学校发展与师生发展相互促进，同向同行。

学校全面关心服务大学生的学习和生活，不断完善"奖、贷、助、减、免、补"立体资助体系，家庭经济困难学生100%获得经济资助，确保不让一个学生因经济困难失学。学校结合学生的职业发展规划、学业发展计划，持续开展"1+1+1"结对领航学习帮扶计划，为大学生应聘、考研等提供指导和帮助。

学校坚持把就业作为最大的民生工程，在履行高校立德树人根本任务和提升人才培养质量的全局工作中，以"学风建设"为主线，构建"五段服务"的全程化精准指导工作模式，促进学生高质量就业。在2021届本科毕业生中，27个宿舍实现全员录取，12个班级的录取率超过40%，班级最高录取率达到68.2%，全校考研录取率达到27.7%。

学校将持续开展"我为师生办实事"的活动，组织开展红色文化及廉洁文化校园作品展、"永远跟党走，唱响科大梦"师生大合唱、走访慰问老党员、毕业生党员重温入党誓词等活动，使学生从中汲取精神力量和智慧养分，提振奋进新征程的精气神，坚定理想信念，强化使命担当，推动"十四五"学校各项事业开好局起好步。

（作者：汤建　该文刊发于《新华日报人民号》）

第十六节　坚守大学使命　载青春航向星辰大海

在2021"高教社杯"全国大学生数学建模竞赛中，江苏科技大学学子获一等奖1项、二等奖8项；在第七届中国国际"互联网+"大学生创新创业大赛上，江苏科技大学学子夺得3金1银7铜……不断刷新的闪亮成绩单背后，是江苏科技大学坚守为党育人、为国育才的初心使命，矢志不渝为国家经济社会发展培养高素质人才的生动体现。

学校落实"新工科"建设思想，以全新的思维、国际的视角，重构本科专业人才培养方案。学校以"双万计划"为契机，发挥一流专业在人才培养方面的示范引领作用，全面开展一流本科课程建设，强化教学中心地位，立起教授上课、消灭"水课"等硬规矩，助推本科教育走内涵式发展道路。

万千学子在江科大写下沸腾的青春篇章，学生考研、保研录取率连年攀升，成绩喜人。2021届本科毕业生考研录取率28.12%，1151名毕业生实现了升学梦，其中"双一流"高校录取 500 人。2022 届共有 192 名推免生，172 人被"双一流"高校录取，录取率 90%。

在江苏科技大学中，学生参与创新创业训练达到 80% 以上。学校逐步形成了以学科竞赛为牵引、以本科生创新计划为核心、以大学生科技文化节为基础分层推进的"金字塔型"创新素质培养体系。"十三五"期间，学校获全国大学生英语竞赛特等奖 6 项；全国大学生"互联网+"创新创业大赛国赛银奖 1 项、铜奖 6 项；捧得"挑战杯"竞赛"优胜杯"，实现特等奖的突破。

学校设置"精神引领+家国情怀+兴船报国"系列课程，增强学生关心海洋、认识海洋、经略海洋的意识，激发学生树立兴船报国的远大理想。实施课程思政聚合行动，专业学院与马克思主义学院联动，选《材料力学》《近现代船舶工业发展与中国崛起》等课程为思政示范课程，充分挖掘专业课的思政元素，构建"和谐式"思政育人生态场。

深耕行业数十载，毕业生扎根船舶行业和海洋、国防事业，涌现出国产航母、核潜艇、邮轮、极地邮轮总建造师、总工艺师等行业精英。在新的高等教育使命召唤下，江苏科技大学致力培养"综合素养发展水平高，基础知识扎实，工程和社会实践能力强，专业适应面宽，富有社会责任感的应用创新型高级专门人才"，乘风破浪，载着一批批学子航向星辰大海。

（作者：李巍男　该文刊发于《新华日报》）

第十七节　坚持兴船报国　铸魂育人
——在高水平大学建设中彰显"深蓝本色"

"97.08 分！"2021 年 12 月 13 日，由江苏科技大学牵头的国家重点研发计划"深海关键技术与装备"重点专项"船载无人潜水器收放系统"项目，以优异成绩通过验收。该项目可实现对海中各种无人潜水器装置的高效收放。

作为全省唯一一所以船舶与海洋工程装备为特色学科的大学，江科大十年来为全国 500 余家企业输送造船工程师近 2 万名。江苏科技大学党委书记葛世伦表示，学校要抢抓国家发展海洋经济、建设海洋强国以及支持蚕桑产业高质量发展的机遇，开启迈进高水平大学建设新征程，为"强富美高"新江苏现代化建设培养高素质人才。

一、"潮"领育人，青春航船从此启航

"结合动画或小视频等手段，在有限的 10 多分钟讲透深奥的知识点。"机械工程学院朱永梅教授主持完成《机械设计》省在线开放课程建设，自主开发微课视频 98 个，在省微课教学比赛中获一等奖。该学院设计制造及其自动化专业获批国家首批一流专业。

2021 年，江科大在软科世界一流学科中排名比 2020 年上升 5 位，ESI 排名比 2020 年同期上升 11 位；31 门课程获批省一流课程，10 门课程被推荐申报国家一流课程。在最新公示的省教学成果奖名单中，江科大获得高等教育类特等奖和一等奖各 1 项、二等奖 3 项。

舱室环境实验室、5G 实验室、焊接实验室……作为全校首批进驻江南研究院"深蓝"卓越工程师实训基地的学生，船舶与海洋工程学院大四学生黄检与 24 名同学一起，从课堂走向设计一线。

学校注重培养"吃得了苦、扎得下根、聚得齐心、干得成事"的实操型人才。江苏省三分之一以上船舶中小型企业由江科大船海类专业毕业生创办。"我们形成'铸船魂、塑体系、强能力'卓越造船工程师培养新模式，该模式被上海交通大学、浙江海洋大学等大学采纳推广应用，受益学生近 1 万人。"船舶与海洋工程学院副院长周宏说，该校打造的创新实践平台被乌克兰马卡洛夫国立造船大学等 10 余家国内外高校借鉴。

二、逐梦"深蓝"，大国重器担当在前

3 金 1 银 7 铜，在第七届中国国际"互联网+"大赛中，江科大再攀新高峰。"几百场团队会议下来，不仅学生的科研水平、语言表达得到锻炼，我的教学与科研思路也受到不少启发。"刘金锋说。作为"擎天架海—船用智能胎架领军者"项目指导老师，他带领学生拿下高等教育主赛道本科生创意组金奖。

从大学课堂到国际赛场，一批批科学研究后备军、创新创业生力军正"乘风破浪"。江科大学生各类科技创新竞赛获奖 400 余项、"挑战杯"全国大学生课外学术科技作品竞赛特等奖等国家级奖项 150 余项，学生为第一申请人或参与授权的国家发明专利达 169 项。2021 年获批国家重点研发计划的"中国—古巴蚕桑科技创新合作"项目，为"一带一路"建设贡献新的江科大力量。

做强主业，一条驶向"深蓝"的航迹逐渐明晰：江科大承担国家科技进步特等奖项目"海上大型绞吸疏浚装备的自主研发与产业化"的综合控制和信息化系统，成果应用于"天鲲号"自航绞吸船等海工装备中；牵头国家重点研发计划重点专项"基于增材制造技术研制用于 FLNG 装置的紧凑高效换热器"，形成具有完全自主知识产权的紧凑高效换热器，打破国外技术垄断；参与超深水半潜式钻井平台、"蛟龙号"载人潜水器、"奋斗者"号全海深载人潜水器等装备研发……2021 年 11 月 4 日，国产首艘大型豪华邮轮 H1508 项目的经理周琦向江科大海洋装备研究院发来感谢信，致谢该院谷家扬教授团队提供的薄板电磁感应加热矫平设备，降低约 60%的成本。

三、同心发展，扎根地方着眼世界

围绕江科大第三次党代会提出的"与行业、区域融合发展战略"，该校推进实施一系列产学研合作新举措，与上海外高桥造船有限公司等 100 余家中外企业建立合作关系，共同打造实践平台，并在全国高校中首创船舶先进制造技术仿真实验室。

向上瞄准国家发展战略，向下助力地方经济及行业发展，江科大与招商局集团全面开展产学研合作，科研经费达 3300 余万元，招商局基金会为学校提供 240 万元，用于大学生奖助学金和创新创业基金。"2014 年以来，学校为招商局旗下企业输送 215 名毕业生，在公司技术、管理等岗位发挥重要作用。"江科大 1995 届校友、招商局重工（江苏）有限公司副总经理江家忠说。

我国要大力开展校地合作，让江科大与镇江"同频共振"。位于镇江高新区的江苏科技大学海洋装备研究院，与镇江高新区携手并进，先后承担省部级及以上项目 43 项，项目总经费达 2.69 亿元。

江苏科技大学校长周南平表示，锚定国家和行业战略需求，江科大将全面提升科技研发能力，为行业、区域培养更多优秀人才，为建设教育强国、海洋强国贡献江科大力量，展现高等学校的责任担当。

（作者：文轩　该文刊发于《新华日报》）

第十八节　深化课程思政聚合行动
培养船舶行业特质优秀人才

江苏科技大学充分发挥办学特色，创新开展"课程思政聚合行动"，统筹

育人资源，推动"船魂"精神与思政课程、课程思政交互融合，使各类课程
与思想政治理论课同向同行，形成协同育人效应，使船舶行业特质人才培养
质量不断提升。

一、把好"方向盘"，谋定协同育人"一盘棋"

学校立足船舶与海洋办学特色，深入挖掘专业特色和专业课程中蕴含的
思想政治教育资源，让学生在大国重器的氛围中感受向海图强的宏伟蓝图。
一是强化价值引领，建设"1+1+1"通识课课程群。学校以习近平新时代中
国特色社会主义思想"进教材、进课堂、进头脑"为主线，深入挖掘通识课
程中的思政元素，建成精神引领通识课《中国精神十六讲》、家国情怀通识课
《"两弹一星"功勋的家国情怀》、兴船报国主题通识课《近现代船舶工业发
展与中国崛起》。《近现代船舶工业发展与中国崛起》被遴选为江苏省首批课
程思政示范课程。《精神的丰碑》主题慕课获江苏省微课程一等奖。二是强化
特色凝练，彰显"船魂"精神。江苏科技大学围绕学校办学特色和历史文脉
加强大学文化建设，打造以"中国近现代船舶工业的发展与中华民族的命运"
为主题的国家在线开放课程，编制《中国近代海军史》《中国大运河科技史》
《大运河镇江段文化史》等与船舶行业、地域特色相关的课程大纲，彰显"船
魂"精神。三是强化课程思政，推动同向同行。学校创新教材编写思路，融
入大国重器等内容，以新工科思想体现"引领高质量发展"中的专业价值，
体现维护国家主权与安全、建设海洋强国的重要意义；创新课堂案例教学，
融入家国情怀思想底色，以新发展理念诠释专业知识在实现"中华民族伟大
复兴"中的作用，以新时代伟大成就印证学科专业知识。四是强化育人能力，
实施青年教师"三个一"工程。学校实行新入职教师助教培养一年制度，提
高教育教学理论素养和能力；对工科专业青年教师实行企业实训一年制度，
提高工程实践教学水平和育人能力；鼓励青年教师出国进修一年，提高学术
水平、拓宽国际视野。

二、种好"责任田"，汇聚三全育人"一股劲"

学校坚持思政教育和党的建设两手抓，强化主体责任、推进规范管理、
践行文化育人，形成"三全育人"合力。一是"大中小学、行业企业、优秀
校友"全员关联式推动。学校探索大中小学思政课一体化先行先试的模式，
围绕"一个主题、一节党史课、一次进社区、一次实践、一次主题研讨"的

主题，创新"五个一"模式。学校联合江科大附属中学、江科大附属小学一起举办"镇江大中小学手拉手学党史"主题活动，中央电视台综合频道《晚间新闻》栏目予以宣传报道。学校搭建学校、行业、校友互动平台，开展全国劳动模范何江华、曾富贵等优秀校友典型事迹宣传活动，邀请优秀校友在开学典礼和毕业典礼上演讲，参与思政育人工作和新生转型教育，厚植特色校园文化。二是"第一课堂、第二课堂"全程融合式推动。学校将"船舶、海洋、蚕桑"特色及最新科研成果融入教育教学资源建设中。学校将船模馆、仿真实验室等教育教学资源向全校学生开放共享，鼓励学生参加科学研究和工程实践活动，培养学生热爱行业、兴船报国的意识。学校探索创新"互联网+社会实践"新模式，2020年通过"云组队""云调研"，组建2090支社会实践团队，共19434名学生进行14个专项类别的社会实践。三是"课堂、网络、实践"全方位立体式推动。校党委书记、校长带头为新生开讲思政第一课，开展"中国梦·海洋梦·青春梦"宣传教育。校党委推动网上"青年大学习"，让理论学习延伸到每一个团支部，学生网上主题团课参与率100%。学校举办"信仰公开课"，围绕"疫情下的守护者，风雨中的撑伞人""寻访身边故事，感悟国情社情"等主题，开展"大寻访"活动，把战"疫"纪实等转化为思政育人资源。

三、夯实"三项支持"，激活组织育人"一池水"

学校强化"课程思政"顶层设计，落实条件保障机制，激发育人活力。一是强化组织建设。学校成立"课程思政聚合行动"教学改革领导小组、课程思政研究中心，构建"领、悟、说、合"一体化教学体系，推动"党建引领、课程引领、宣讲引领""悟原著、悟教材、悟政策""说要点、说逻辑、说案例""理论实践结合、线上线下结合、校内校外结合"的模式。二是强化经费保障。学校支持、引导教师结合工作实际，侧重思想政治教育工作应用性和对策性研究。学校每年安排思政理论课专项、党建与思政教育项目、教育教学改革项目等经费110余万元。三是强化考核督促。学校将思政课程与课程思政协同育人效果纳入党建综合考核体系中，将思政课程与课程思政教学改革情况纳入意识形态、师德师风、教学工作等年度考核中，列为办学质量评估考核重要内容。学校建立常态化督查机制，校院两级督导和同行专家听课实现思政理论课教师全覆盖。

（作者：江苏科技大学　该文刊发于《江苏教育工作简报》）

第十九节 以高水平党建思政引领高水平大学建设

远航风帆张满、奋进起跑 2022 之际，江苏科技大学党委于 1 月 11 日下午在长山校区船苑剧场召开党建与思想政治工作会议，回顾总结 2020—2021 年学校党建与思政工作，展示公布党建思政研究和实践成果，分析当前形势，明确今后的努力方向，全面提升党建与思想政治工作水平，努力提高人才培养质量，为推动学校高质量发展、建设高水平大学提供强大精神动力。

学校要加强党建立发展之"根"，强化思政铸发展之"魂"，2020—2021年两年来，江苏科技大学坚持党建思政同向发力，以高水平党建思政引领高水平大学建设，党建思政工作特色鲜明、亮点纷呈。

一、强基创优坚强有力 "大党建"引领大发展

学校党委坚持用党的创新理论武装头脑、指导实践、推动工作，不断健全完善党建工作体系和制度体系，党的领导坚强有力，学生和老师要深入学习贯彻党的十九届六中全会精神，使广大师生理想信念更加坚定。两年来，学校的 2 个党支部获评省高校"特色党支部"；1 个学院党委、4 个基层党支部被省委教育工委推荐至教育部参加第 3 批全国"标杆院系""样板支部"评选；学校获省高校最佳党日活动优胜奖 2 项、获省高校党建工作创新奖 1 个项目、1 个案例被"江苏高校党建工作典型案例 100 例"收录。

二、学思践悟入脑入心 党史学习教育走深走实

学校强化"四个结合"，突出"六专题一实践"，融合推进"我为师生办实事"与"两在两同"建新功行动，设立为师生办实事重点项目 30 项；开设党史学习教育主题网站、"江科大故事""我的入党故事"等专栏，深入挖掘红色校史资源和学校砥砺奋进故事，引导广大师生员工汲取前行力量。学校开展庆祝中国共产党成立 100 周年系列活动，彭湃烈士孙女、彭士禄院士女儿彭洁研究员来校作党史学习教育专场报告，两地三校区万名师生同上一堂党史教育公开课，向 4000 余名党员推送"政治生日"电子贺卡；举办百个团支部百幅主题墙绘活动，打造"船模馆里学党史"育人品牌，大中小学"大手拉小手"学党史系列活动被中央电视台等多家媒体报道。

三、"三全育人"汇聚合力 "大思政"迸发新动能

学校持续开展"课程思政聚合行动"，"三全育人"汇聚合力。党委书记、校长带头为学生讲"开学第一课""毕业最后一课"，校领导班子成员齐上讲台为学生讲授思政课。学校积极探索"领、悟、说、合"一体化思政课教学模式。

固牢家国情怀，彰显精神力量。《精神的丰碑》十集主题慕课、《百年·初心》六集党史人物系列微课登上学习强国江苏平台。江苏科技大学充分发挥学生教育管理育人作用，组建682支实践团队，开展"永远跟党走 奋进新时代"主题社会实践活动，学校连续10次获评"全省学生资助工作绩效评价优秀"单位；1名本科生获"中国大学生自强之星"，1名研究生获评省"大学生年度人物"；2021届本科毕业生考研录取率28.43%。2020届本科毕业生赵青秀"众筹救父、守信知恩"的事件，受到主流媒体集中报道。学校全年对外宣传省级以上媒体发稿447篇，其中国家级255篇，大报大刊等深度报道43篇，头版或专版头条36篇，用好故事引领新风尚，用正能量引导大流量。

大道之行，壮阔无垠。星辰大海的征途上，江苏科技大学以奋斗姿态奔跑，与奋进中国同行，在实现第二个百年奋斗目标新征程上，它用心用情用力写好党建和思政高质量发展的"奋进之笔"。

（作者：张鹏云、文轩 该文刊发于《人民日报全媒体》）

第二十节 思政育人融合"新引擎"入脑又入心

江苏科技大学《从党史中汲取前进的智慧和力量》《弘扬中国精神，大中小学手拉手学党史》2项案例分别荣获江苏高校党史学习教育理论学习类、党史宣讲类优秀案例。

学校紧紧围绕立德树人的根本任务，强化党建引领思政铸魂，拓展新时代大学生思想政治教育的有效途径，打造党建思政融合"新引擎"，引导青年学生牢固树立唯物史观和正确党史观，永远听党话、跟党走。

一、唱响"主旋律" 推动党史学习教育见行见效

江苏科技大学聚焦学习党的百年奋斗历史和贯彻党的十九届六中全会精

神,突出"六专题一实践",注重"活动+育人"相结合、"校内+校外"相结合、"品牌+服务"相结合,融合推进"我为师生办实事"与"两在两同"建新功行动,设立为师生办实事重点项目30项。学校开设党史学习教育主题网站、"党旗高高飘扬""我的入党故事"等专栏,深入挖掘红色校史资源和学校砥砺奋进故事,引导广大师生员工汲取前行力量。学校开展庆祝中国共产党成立100周年系列活动,彭湃烈士孙女、彭士禄院士女儿彭洁研究员来校作党史学习教育专场报告,两地三校区万名师生同上一堂党史教育公开课;向4000余名党员推送"政治生日"电子贺卡;开展"党史阅读马拉松",诵读百年党史;举办百个团支部百幅主题墙绘活动,打造"船模馆里学党史"育人品牌,大中小学"大手拉小手"学党史系列活动被中央电视台等多家媒体报道。

二、筑牢"主阵地" 坚持思政教育做深做实

学校深化实施"课程思政聚合行动",推行"课程思政"入方案、入大纲、入教案、入课堂、入评教系统。学校建设"1+1+1"课程思政课程群,立足船舶与海洋办学特色,深入挖掘专业课程中蕴含的思想政治教育资源,建成精神引领通识课《中国精神十六讲》、家国情怀通识课《"两弹一星"功勋的家国情怀》、兴船报国主题通识课《近现代船舶工业发展与中国崛起》。学校实施"课堂、网络、实践"三位一体课程思政教学项目,向全校学生开放共享船模馆、仿真实验室等教育教学资源,将课程思政融入创新创业教育中,结合学科和专业积极开展社会实践、志愿服务等活动,鼓励学生参加科学研究和工程实践活动,培养学生热爱行业、兴船报国的意识。大学数学课程思政教学团队在教育部全国高校教师网络培训平台分享经验。电子信息学院完成所有专业课程思政案例库建设工作。《近现代船舶工业发展与中国崛起》《材料力学》获批江苏省首批课程思政示范课程;《思政课"领、悟、说、合"四位一体化教学体系的探索与实践》荣获2021年江苏省教学成果奖二等奖;《中国教育报》《中国教师报》等刊发学校"课程思政"经验。

三、打好"主动仗" 推动网络思政教育提质增效

学校紧跟时代发展,整合校内微信、微博、抖音等新媒体资源,融合发展网络思政教育。学校开设"江科大新青年""我在平凡的岗位上""校友风采"等专栏,策划《校庆日表白》《在江科大我要邂逅106棵树,才能遇到

你》等原创作品，用好故事引领新风尚，用正能量引导大流量。学校打造《近现代船舶工业发展与中国崛起》国家在线开放课程，课程登录中国大学慕课平台；制作十集《精神的丰碑》主题慕课、六集《百年·初心》党史人物系列微课，登上学习强国江苏平台，固牢家国情怀，彰显精神力量。学校举办校园文化创意大赛，积极创作 VR、AR、H5 等新媒体作品。学生自制微电影《迎着朝阳跟着党，牢记使命勇担当》被新华网等主流媒体广泛报道。学校推动网上"青年大学习"，让理论学习延伸到每一个团支部，使学生网上主题团课参与率 100%。学校举办"信仰公开课"，围绕"疫情下的守护者，风雨中的撑伞人""寻访身边故事，感悟国情社情"等主题，开展"大寻访"活动，把战"疫"纪实等转化为思政育人资源，涵养"吃得了苦、扎得下根、聚得齐心、干得成事"的江科大学生特质。学校景荣春党支部爱国思政移动课堂获评江苏省"信仰公开课"示范课，2020 届本科毕业生赵青秀"众筹救父、守信知恩"的事件，受到主流媒体集中报道。

江苏科技大学党委书记葛世伦表示："做好学校党建和思想政治工作，责任重大，使命光荣。学校将充分发挥党建领航、思想铸魂作用，把党建和思政工作融入'大党建'格局中、强化'大思政'理念，筑牢忠于教育的'精诚'、保持攻坚克难的'气势'、展现进位争先的'神采'，以永远在路上的坚韧和执着，认真履职尽责，努力为党和国家培养更多担当民族复兴大任的时代新人，以实际行动迎接党的二十大召开。"

（作者：壮丹丽 该文刊发于《人民日报苏纵览》）

第二十一节 聚焦行业需求，全面提升人才培养质量
——"乘风破浪"谱写青春华章

"97.08 分！"2021 年 12 月 13 日，由江苏科技大学牵头的国家重点研发计划"深海关键技术与装备"重点专项"船载无人潜水器收放系统"，以优异成绩通过科技部组织的规范化海上实验验收，实现了对海中各种无人潜水器装置的高效收放。参与项目攻关的，有多名江科大学子。"让学生们参与高水平研究，感受前沿技术的召唤，实现教学相长，是我校人才培养的一个'秘诀'。"项目负责人卢道华教授说。

作为全省唯一一所以船舶与海洋工程装备为特色学科的高校，江科大高质量发展秉持的关键词是"兴船报国、铸魂育人"。省政府与中船重工共建

10 年来，该校为全国 500 余家企业输送造船工程师近 2 万名。校党委书记葛世伦表示，要抢抓国家发展海洋经济、建设海洋强国的机遇，开启迈进高水平大学建设的新征程，"在历史传承中坚守立德树人的初心使命，矢志不渝为国家经济社会发展培养高素质人才。"

一、彰显"船魂"种好责任田

"1921 年夏，中国共产党第一次全国代表大会在上海召开，后转移到浙江嘉兴南湖的一条小船上继续进行，庄严宣告了中国共产党的诞生，这条小船因而被称为'红船'。"前不久，江科大"红船"青年实践团成员王文庆在一艘红船模型前认真讲解。"别看这艘红船个头不大，但汇聚了众智。"王文庆向记者介绍说，该校土木工程专业学生先利用三维激光扫描技术获取船体基本数据，然后由船海专业学生基于数据资料绘制图纸，最后经机械设计专业学生建立模型，精心切割，并打磨、雕刻、组装、雕琢。

一所行业特色鲜明的高校，如何更好地激励青年学子热爱行业、扎根行业？近年来，江科大积极开展课程思政聚合行动，精心设计"精神引领+家国情怀+兴船报国"系列思政课程，打造以"中国近现代船舶工业的发展与中华民族的命运"为主题的国家在线开放课程，同时编制《中国近代海军史》《中国大运河科技史》《大运河镇江段文化史》等与船舶行业、地域特色相关的课程大纲，并融入大国重器等内容，引导学生领会维护国家主权与安全、建设海洋强国的重要意义，彰显"船魂"精神。

与思政课程同向同行的，是专业课程思政的不断探索。寒假开始前，江科大外国语学院举办了一场"超级工程（Mega Project）"英语演讲活动。该活动将思政元素融入专业英语教学，每一名学生都参与其中，查找资料、制作 PPT、拍摄视频，发挥特长，分工合作。"这次演讲不仅培养了学生的团队协作能力，调动了学生的学习积极性，更重要的是同步实现了知识传授和价值引领。"活动发起者、英语教师吴颖说。

二、聚焦素养突出"主责主业"

"结合动画、小视频等手段，用 10 多分钟讲透知识点。"刚被评为校"教学名师"的朱永梅教授主持完成了"机械设计"省级在线开放课程建设，自主开发微课视频 98 个，并在省微课教学比赛中获一等奖。与此同时，朱永梅所在的机械工程学院设计制造及其自动化专业获批国家首批一流专业。

学科、专业与课程是高校开展人才培养、科学研究、社会服务、文化传承创新的功能载体，集中彰显着一所大学的综合实力和核心竞争力。"船舶设计原理"在线开放课程是首批国家级线上一流课程，作为授课人，江科大船舶与海洋工程学院副教授陈悦从2016年开始，积极探索以加强课堂"互动"为主要特征的"翻转课堂"教学方法改革，采取线上线下混合模式，融入问题教学、讨论教学、案例教学、发现教学、项目教学等多种方法，形成了"专题汇报类""工程实践类""综艺游戏类"等颇具特色的课堂。

2020年9月，江苏科技大学迁驻长山新校区，告别了市区的喧嚣，那师生在郊外的夜晚如何度过？江科大环化学院青年党员教师们主动发起"长山夜漫谈"活动。"人才培养是高校发展的主责主业，我们必须尽一切努力承担好这项使命。"江科大环化学院党委书记徐文睿告诉记者，"长山夜漫谈"鼓励学生与优秀教师及辅导员面对面交流，从学业规划到升学考研，从科研前沿到科学思维和方法训练，从专业课题到科技竞赛，内容涵盖学习生活方方面面。

"活动开展后，我们欣慰地发现，在线上主动向老师请教专业问题的学生多了，主动去实验室做实验的学生多了。"教师杨福介绍说。2021年，他带领应用化学专业10名学生组成两支队伍，在全国性化工设计大赛中取得国家级二等奖、华东赛区一等奖和江苏省特等奖的好成绩。

依托船舶与海洋工程、焊接技术与工程、信息管理与信息系统等3个国家级一流本科专业建设点，江科大整合校内外优质资源，组建"海洋工程装备智能制造产业学院"并成功获批2021年省高校重点产业学院；"船舶与海工装备智能制造虚拟教研室"入选首批江苏高校省级虚拟教研室建设培育点。在葛世伦看来，这是对学校坚持以生为本、不断深化专业建设的肯定与认可。

三、激发潜能服务"大国重器"

在舱室环境实验室、5G实验室、焊接实验室中不停穿梭，2021年暑假的经历，让船舶与海洋工程学院大四学生黄检感受深刻。作为全校首批进驻江南研究院"深蓝"卓越工程师实训基地的学生，2021年7月12日，他与4个涉船专业的24名同学一起，从课堂走向设计一线，见证了"大国重器"的诞生。

为国家培养高素质创新型人才，是江科大一以贯之的追求。学校构建"教学—实训—竞赛—孵化"四位一体创新教育工作体系，积极推广项目型教学、强化实践教学，推动学生创新素质教育。在课内，学校将对学生创新能力的培养体现在每个专业的教学环节中，改革课程教学方案、优化课程结构体系、改变教学方法，学生从"被动学"转为"主动学"，激发学生的探究兴趣和学习潜能。在课外，学校将"挑战杯""互联网+"等学科竞赛纳入课程体系，以科技竞赛为平台，充分调动学生参与竞赛项目的热情，学科竞赛、大学生创新创业训练计划等参与率达100%，使学生创新意识和创新能力显著增强。

从大学课堂到国际赛场，再从赛场走向科技一线，一批批科学研究后备军、创新创业生力军正"乘风破浪"。据统计，近年来，江科大学生获各类科技创新竞赛获奖400余项、"挑战杯"全国大学生课外学术科技作品竞赛特等奖等国家级奖项150余项，学生为第一申请人或参与授权的国家发明专利达169项。

"立足新时代、实现新跨越，我校将瞄准国家和行业战略需求，全面提升科技研发能力，为行业、区域培养更多优秀人才，为建设海洋强国贡献江科大力量，展现高等学校的责任担当。"江苏科技大学校长周南平表示。

（作者：文轩、王艳芳、潘玉娇　该文刊发于《江苏教育报》）

第二十二节　立德树人促发展，国防育人显成效

党的十九大报告强调，我们的国防是全民国防，我国要加强全民国防教育。《国家教育事业发展"十三五"规划》明确提出，把提高学生综合国防素质作为全面落实立德树人根本任务的重点之一。

江苏科技大学是一所具有浓厚国防情结的行业特色型高校。多年来，学校围绕国家海洋强国战略，以强烈的责任感、使命感，坚持把国防教育纳入学校的育人体系中，在国防生培养与教育、国防教育、军事课程建设等方面取得了显著成效，学校多次被评为省国防教育先进单位、省军训工作先进单位、省基层武装部规范化建设先进单位、省征兵工作先进单位，2013年入选首批江苏省国防教育示范学校，2017年被评为"全国国防教育特色学校"，2021年被评为"全国舰船特色学校"。

构建"三位一体"的国防教育工作体系。学校党委坚持以习近平新时代中国特色社会主义思想为指引，全面加强国防教育组织领导，成立了由校领导担任组长的国防教育工作领导小组，制定《关于进一步加强国防教育的实施意见》，确保国防教育全面落实。一是做好顶层设计。学校整合校内资源，

多部门联动，形成国防教育工作合力，强化部门督导，落实基层执行。二是形成长效机制。学校以爱国主义教育为核心，采取经常教育与集中教育相结合、普及教育与重点教育相结合、理论教育与行为教育相结合的方式，把全民国防教育作为课程思政的重要内容，打造活动品牌，形成多层次全覆盖的国防教育长效机制。三是促进军民融合。学校积极主动争取地方政府和属地军事机关的支持与配合，形成军地协作、齐抓共管的学校国防教育工作体系。

将国防教育融入课程思政体系中。学校积极推进"课程思政聚合行动"，落实课程思政建设实施方案，将国防教育融入新时代课程思政体系中，充分发挥课程思政浸润式育人优势，建设"1+1+1"课程思政课程群，立足船舶与海洋办学特色，深入挖掘专业课程中蕴含的国防教育资源，精心设计"精神引领+家国情怀+兴船报国"系列思政课程，建成精神引领通识课《中国精神十六讲》、家国情怀通识课《'两弹一星'功勋的家国情怀》、兴船报国主题通识课《近现代船舶工业发展与中国崛起》《中国近现代海军史》，让家国情怀的培养通过兴船报国来深化；同时编制《中国近代海军史》《中国大运河科技史》《大运河镇江段文化史》等与船舶行业、地域特色相关的课程大纲，引导学生领会维护国家主权与安全、建设海洋强国的重要意义。

充分发挥军事理论课主渠道、主阵地作用。军事课作为高校国防教育的主渠道、主阵地，是增强大学生国防意识的基础工程，也是落实国防育人的铸魂工程。一是加强军事课程建设。学校采取"线上"和"线下"教学相结合，必修课、选修课、讲座报告相结合，理论与实践相结合的方式，变传统的灌输式教学为启发式、开放式教学，充分发挥学生的主观能动性，切实提升学生的综合国防素质。二是强化军事技能训练。学校制定《江苏科技大学军训工作考核办法》《江苏科技大学学生军训考勤及请销假制度》等文件，推动学生军训工作制度化、规范化，在完成教学大纲规定内容外，补充了防火防灾逃生安全教育、应急救护、女子防身术、反恐防暴演练等内容。三是丰富教育教学内容。学校立足第一课堂、拓展第二课堂，利用"八一"建军节、全民国防教育日、征兵宣传等契机，开展一系列多层次、多渠道、多形式的国防教育活动，将每年4月定为海军文化月，9月定为国防教育月，通过每周一"国旗下的演讲"、祭扫烈士陵园、参观海军诞生地纪念馆、走进共建部队等开展现场教学，培养学生爱国拥军情怀，增强献身国防、报效祖国的责任感和使命感，使国防教育与课堂教育相得益彰。

始终坚守国防教育的前沿阵地。作为江苏省首家为海军培养后备军官的高校，学校以理想信念教育为核心，以作风纪律和能力素质提升为抓手，努力培养符合部队需要的高素质人才，2000 年至 2015 年，共培养了 1500 余名国防生。军改以后，国防生停招，但学校始终坚守在大学生国防教育的前沿阵地。2016 年，校党委批准成立国防教育拓展班，以"国防素质教育与实践"课程为载体，通过国防教育实践和国防教育素质培养两大主题，开展国防意识教育、国防主题活动、集中强化训练和中学带训实践，通过基础训练、强化训练、素质拓展三个阶段，提高大学生的综合国防素质，达到"增强国防意识、提高军事技能、巩固国防素质"的目的，实现"三悟"（体悟、感悟、觉悟）、"三塑"（塑形、塑魂、塑人）的培养实效。学校打造国防人才输出的"蓄水池"，开班 6 年来，累计培养近 400 名具有较高综合国防素质的青年大学生，为部队输送 170 余名优质兵员。学校依托国防教育拓展班，用人才培养成果"反哺"国防教育，由点及面，辐射全校，为国防教育树立起一面鲜活的旗帜，使其成为学校国防教育的先锋队。

"百舸争流，千帆竞发。"江苏科技大学作为一所行业特色型高校，始终将服务船舶工业、国防事业作为崇高的使命责任。学校将进一步深入研究新时代高校国防教育新的要求，积极构建"以国防思政课教学为主，以国防宣传教育活动、大学生征兵动员教育、国防文化建设为补充"的高校国防教育体系，更加坚定地发扬"船魂"精神，担负起兴船报国，服务国家重大发展战略的重任。

（作者：汤建 该文刊发于《江苏教育报》）

第二十三节 铸船魂育海器，在海洋时代破浪乘风

大江东去，胸怀江海。江苏科技大学从战火硝烟中走来，在救亡图存中淬炼底色，在薪火赓续中砥砺家国情怀。学校创建于新中国船舶工业奠基之时，与新中国船舶工业共命运，与改革开放的中国共发展。从黄浦江畔到运河之滨再到长山之麓，学校每一步都恒定如初，兴船报国的初心从未改变。

在享有"天下第一江山"美誉的江苏镇江，江苏科技大学坐拥城市山林逾 3000 亩湖光山色。学校源自 1933 年上海私立大公职业学校，1953 年组建成为新中国第一所造船中等专业学校，1970 年迁至镇江，1978 年更名为镇江船舶学院，蹄疾步稳，潮涌扬帆，2004 年学校更名为江苏科技大学，开启深蓝远航的新征程。秉承"笃学明德、经世致用"的校训，强化"船舶、海洋、蚕桑"三大特色，江苏科技大学以服务国家海洋强国、"一带一路"倡议和区

域经济社会发展为己任，努力建设"国内一流造船大学"。

不忘强国初衷，接续奔跑；铭记教育根本，矢志笃行。2021年学校入选江苏省高水平大学建设高峰计划建设高校，在USNews2022世界大学综合排名中位居中国内地高校第120位。工程学、材料科学、化学3个学科进入ESI学科全球排名前1%，10个学科入选2021年软科"中国最好学科排名榜"。18万毕业生遍布五湖四海，学校涌现出航母、核潜艇、大型驱逐舰、LNG船、豪华客滚船、极地邮轮总建造师、总工艺师等行业精英。

一、关键词：特色鲜明

铸船魂，育海器。江苏科技大学坚持为国家海洋强国战略培养高素质应用型人才，坚持与行业区域融合发展之路，全力书写学校事业高质量发展新篇章。

江苏科技大学是教育部本科教学工作水平评估优秀学校，教育部卓越工程师教育培养计划高校；是江苏省人民政府与国家国防科技工业局共建高校，是江苏省人民政府与中国船舶集团有限公司共建高校。学校现有专任教师1570余人，其中具有高级职称人员990余人，博士1060余人，拥有双聘、特聘院士5人，国家级、省部级高层次人才170余人。

学校是全国相关高校中船舶工业相关学科专业设置最全、具有船舶特色整体性和应用性优势的高校之一。学校船舶与海洋工程学科在"2021软科中国最好学科排名"中列全国第6位、世界第14位，海洋学科首次入选软科"世界一流学科排名"中。

学校享有"中国造船工程师摇篮"的美誉，涌现出国防、海军现代化建设一系列大国重器以及LNG船、豪华客滚船、邮轮、极地邮轮、科考船的总建造师、总工艺师等行业精英。江苏科技大学毕业生就业率、专业对口率、职业吻合度等多项指标均居国内高校前列。

二、关键词：科研领跑

大国重器，使命必达。江苏科技大学立足海洋，始终围绕国家重大战略需求坚定发展决心，奋力托举民族伟大复兴的梦想。"十三五"以来，学校作为江苏省重点建设高校、江苏高水平大学建设高校，承担国家级项目317项，获国家科技进步特等奖2项，国家科技进步二等奖2项，国家技术发明二等奖1项，中国专利奖银奖1项；以第一单位获教育部高等学校科学研究优秀成果奖一等奖 3 项、江苏省科学技术奖一等奖 1 项，全国社会力量科技奖一等奖 8 项。

向海而兴，扬帆远航。学校围绕国家重大战略，紧盯行业需求，助力国家海洋强国、江苏海洋强省建设。学校主持完成的"大型挖泥船综合控制与关键装备保障一体化系统及应用"全面替代国外进口，参与超深水半潜式钻井平台、"蛟龙号"载人潜水器、"奋斗者"号全海深载人潜水器、耙吸挖泥船动力定位动态跟踪系统、豪华邮轮、大型集装箱船等装备的研发。学校蚕业研究所是我国唯一的国家级蚕业研究机构，是世界蚕桑种质资源保存与研究中心、蚕桑科技研究中心和蚕桑国际合作与交流中心。

三、关键词：优势专业

学校现有博士后科研流动站 3 个，分别是船舶与海洋工程、材料科学与工程、管理科学与工程；一级学科博士学位授权点 5 个，分别是船舶与海洋工程、材料科学与工程、管理科学与工程、畜牧学、系统科学。

学校目前本科专业总数 71 个，覆盖工学、管理学、理学等 8 个学科门类。学校现有 21 个国家级一流本科专业建设点，16 个省级一流本科专业建设点，全校省级及以上一流本科专业建设点入选数量占可申报专业（有 3 届毕业生的专业）总数的 71.15%。

学校有 21 个国家级一流本科专业建设点：土木工程、轮机工程、环境工程、会计学、船舶与海洋工程、机械设计制造及其自动化、自动化、计算机科学与技术、焊接技术与工程、应用化学、工业工程、信息管理与信息系统、机械电子工程、金属材料工程、能源与动力工程、电气工程及其自动化、电子信息工程、港口航道与海岸工程、工程管理、工商管理、物流管理；3 个国家级卓越工程师教育培养计划专业：船舶与海洋工程、机械设计制造及其自动化、软件工程。

四、关键词：大类培养

立德树人，以本为本。学校全面落实人才培养中心地位，坚持"以本为本"，推进"四个回归"，建设一流本科教育，努力培养适应社会和行业发展需要的人才，促进学生综合素质提升。近年来，学校的本科生考研录取率始终保持在 28% 以上，就业率保持在 97% 以上，毕业生在长三角以及长江经济带就业的比例均超过七成。

学校在实施大类培养和分级教学模式下，组建深蓝学院对大一新生进行集中教育管理。学校以培养"厚基础、宽口径、高素质"人才为长远目标，实施以"意义赋能、行为养成"为主导的新生转型教育和养成教育，促进学生个性化发展。

2022年，江苏科技大学招生计划比2021年增加380人，增幅为6.78%，增量部分全部安排在江苏省。2022年学校继续推进实施专业类招生、大类培养与专业分流的人才培养新模式，共计10个招生大类，涵盖30个专业。

海洋时代，逐梦深蓝。江苏科技大学致力于行业、区域融合发展，努力达到本科教学一流、优势学科一流、应用技术先进的办学水平。江苏科技大学3万师生共同托举起青春梦、科大梦、中国梦，意气风发、乘风破浪、接续奔跑，向着深蓝不懈探索，勇毅前行。

（作者：谢凌燕　该文刊发于《江南时报》）

第二章

江科大故事

第一节　筚路蓝缕五十载　东方风来满眼春：
关心和依靠群众　为学校的稳定和发展奠定基础

五十年前的上海船舶工业学校在驻校工宣队、军宣队主持下，实行革命大联合，成立革委会，为学校复课做准备，这是合民意、顺民心的好事，广大教职工都十分高兴。就在这时，1970年初，刚结合进校革委会任主任的老干部、老领导从北京开会回来，带来了一个令全校教职工十分震惊的消息：中国人民解放军第六机械工业部军事管委会在征得上海市革委会、江苏省革委会同意后，决定上海船舶工业学校搬迁江苏镇江继续办学。这一突如其来的消息，在广大教职工中引起了强烈反响和不安，大家的这种情绪是完全可以理解的。

第一，上海船舶工业学校是新中国成立后建立的第一所船舶工业学校，其时已为国家培养了近万名造船专业人才，全国各大主要船厂的技术骨干和管理干部基本上都是这所学校输送的。因为学校地处造船基地上海，沪东造船厂就跟学校对门，学生的实习非常方便。此外，上海的江南造船厂、中华造船厂、求新造船厂、新中动力机厂等都为学生的实习和各种技能的培训，提供了广阔的场所，学校本身师资力量雄厚，在上海各中专校中，一直名列前茅。学校的目标和特色就是为造船工业培养应用型专业人才，它所培养的学生深受造船企业的欢迎。这样的学校离开造船基地，无论对学校还是对企业都会造成很大影响，大家怎么能想得通呢？

第二，学校搬迁异地办学除事业受损以外，教职工的实际困难如何解决，决定中没有提及，更没有解决方案。这些问题没有说法，群众的搬迁动力从何而来？当时学校有540多名教职工，除少数年轻教工外，在学校的双职工也只有31对，其余教工家庭都分散在上海各城区街道，搬迁对他们的影响最大。这造成大量教职工家庭分居，其困难可想而知。还有一个工资问题，矛盾更为突出。六机部军管会决定学校是"搬迁"，不是"内迁"，按国家规定：上海企业支援三线建设的职工为"内迁"，工资不减，镇江属一线，中央文件上写明是"搬迁"，不是"内迁"。上海是八类工资区，镇江是四类工资区，上海调镇江的职工，一般要减15%以上。所以减地区差对广大教职工的切身利益影响很大。他们的后顾之忧不能有效解决，人心就不会稳定，即使服从命令搬迁镇江，学校也很难办好。

六机部军管会认为，要加强海军建设，就要大力发展造船，而造船则需要大马力柴油机。当时的大马力柴油机就必须向上海柴油机厂求购。上海柴油机厂要扩大生产，缺少油咀油泵生产车间，为了得到上海柴油机厂的大马力柴油机，六机部军管会就决定将上海船舶工业学校搬迁到江苏镇江，让出校址给上海柴油机厂作为生产油咀油泵的基地。

为了落实六机部军管会的决定，驻校工宣队、军宣队把学校搬迁作为首要任务，要求一切为了搬迁，一切服从搬迁，不允许有任何干扰。在那样的政治压力下，群众中的许多思想和实际困难等问题也就不了了之了。

为了切实做好学校搬迁工作，在上海驻校工宣队、军宣队撤走后，学校很快成立了当时的核心小组，上级任命学校原党委书记刘东明同志为党的核心组组长。核心组提出有序搬迁，凡是到镇江后办学需要的所有教学设备、仪器，包括课桌椅等都要做好安全运输，尽量减少运输过程中的损坏。教职工家庭的家具搬迁有镇江轮船公司组织船队到学校家属区旁的马家浜就近搬运。所有费用由学校统一支付，对有困难的职工，学校允许每人可借50元，以后分月逐步归还。

搬迁时，少数教职工对到镇江能否坚持办学产生怀疑，信心不足，有的认为，过去的各种政治运动中，知识分子中有不少人作为"臭老九"被整，还不如趁机改办工厂算了。党的核心组及时明确：搬迁镇江还是要坚持办学校，为祖国造船事业继续培养人才。这一目标不能动摇，一切以继续办好学校为中心，要尽一切努力，为恢复招生创造条件。

核心组在组织有序搬迁中，不断统一教职工思想的同时，想方设法关心教职工的实际苦难和问题。核心组组织力量对除31对双职工以外的教职工家庭进行摸底调查，凡家属愿意调到镇江学校又有需要的，可以安排的则调进学校，家属愿调镇江而学校难以安排的，则与镇江市协商，请求协助安排，对家庭困难较大、家属又不能调镇江而学校又可以放行的，待搬迁大致稳定后逐步照顾他们调回上海。关于搬迁后，教职工要减地区工资差的问题，这个问题影响面大，与每个人有关，核心组十分重视。据驻校工宣队、军宣队搬迁前说，这个问题六机部军管会、上海市革委会、江苏省革委会负责同志商量过，到工资制度改革时再说，但镇江劳资部门从未接到过此类文件和信息，他们要求六机部军管会正式来文。学校经多次向六机部军管会联系和报告请示，均无明确答复。在此情况下，六机部军管会生产组有一位负责劳资工资的同志，非常理解学校的困难，果断地在学校写给六机部军管会的报告上签了"同意此报告"五个字，加盖了生产组的公章。这位负责同志为学校广大教职工做了一件大好事，他却要为此承担责任和风险，就这一点，他值得我们永远敬佩。镇江市劳动工资部门的负责同志，我们亦为此同志的负责精神所感动，以这份不能作为正式文件的"批文"作根据，不减学校教职员工的工资地区差，原件镇江不留，由学校自行保管。

在家属问题有了明确方案，工资地区差得到妥善处理之后，学校基本上稳定了人心，激发了广大教职员工的办校积极性。在此情况下，学校一方面努力从相关企业、事业单位招聘符合做教师要求的1966年以前毕业的本科生、研究生，以补充和充实教师队伍。另一方面，与地方商量，在京口区象山长江边征地，建学生实习工厂，同时利用上海船舶工业学校原养猪的地方，委托沪东造船厂建造学生宿舍，供学生去上海实习时使用。由于广大教职工的共同努力，实习工厂和上海实习学生宿舍如期建成，基本解决了学生实习的大问题。在镇江建成的实习工厂中，学校由于坚持产学研结合，还建造了江苏省第一艘带有动力的千吨油轮。

2020年是上海船舶工业学校搬迁江苏镇江办学五十周年。五十年前，上海船舶工业学校的广大教职工，为了坚持办学，他们克服了许多常人难以想象的困难，为学校在镇江的稳定和发展奠定了坚实的基础。他们，包括他们的家人都为学校的搬迁和发展做出了努力、支持和奉献，历史将永远记住他们。

五十年来，经过一批又一批、一代又一代教职工的努力拼搏，学校已从一所中专校，发展成一所本科、硕士、博士齐全的在国内有一定影响的高等院校，历史也将永远记住他们为此所付出的艰辛劳动和无私奉献！

五十年后的今天，学校为了更好地发展，党委正在关心全体师生员工，充分调动广大师生员工的积极性和创造性，发扬"船魂"精神，克服困难，奋力前行。历史无疑将会记住这一代为建成全国一流造船大学而做出巨大贡献的功臣们！

诸国富

祝山

（作者：诸国富，时任校核心组成员、政工组长。祝山，时任学校政工组工作人员）

第二节　筚路蓝缕五十载　东方风来满眼春：
从搬迁办学五十年看船魂精神的传承

2020 年是上海船校搬迁镇江办学五十周年。当年还是 27 岁青年、现在已是 77 岁老人的我，亲眼见证了学校发展的沧桑巨变，也深深感受到"船魂"精神的传承和弘扬。

一、搬迁初期的艰难困苦

1970年3月，因当年六机部军管会的一纸"命令"，素有"新中国第一所造船学校"美誉的上海船校，无奈离开造船基地的上海，搬到几乎没有大型造船企业的镇江，失去了原先办校时的一些有利环境和条件，这一决策，使学校陷入了艰难困苦的动荡岁月中。

在开始的几年里，教职工实际遇到的困难远比想象的还要多得多，从繁华的大城市来到相对落后的小城，两地分居、人心不稳，工资还要减；发展方向模糊、领导关系不明；长期不招学生，教师没有教学任务、成天不是政治学习就是参加附属工厂生产或修马路、建防空洞、灭钉螺等各种劳动，有人提出干脆办工厂算了。学校面对内部的重重矛盾，外部环境的种种压力，真可谓内外交困。但因为我们有一支好的教师队伍，干部队伍和党员队伍，有上海船校优良校风所形成的一种无形的精神力量，大家在时任党委书记刘东明、校长肖流领导下，统一思想，顾全大局、不畏艰辛，终于团结一致挺过了难关，避免了学校被拆散的厄运。

据不完全统计，从1972年下半年开始恢复招生到1978年，学校前后共招收包括短训班在内的各类学生1600余人，这个数字在那个特殊年代是非常不容易的，是广大教职工在克服了许多难以想象的困难后而完成的。为了提高教学质量，最大限度培养出船舶行业需要的人才，许多老教师满怀对祖国船舶事业的深厚情结，不顾年迈到四川、广东、江西等地造船厂开展调研，以编写出教学与实践相结合的教材。为了满足生产实习需要，学校还在象山征地91亩，新建近2万平方米船体车间，没有设备自己造，以姚震华老师为首的一批老教师亲自设计和制造船体起重、下水等工艺装备，在教师和学生共同努力下，1977年12月28日由我校建造的江苏省第一艘千吨油轮下水成功。

二、过渡阶段的华丽转身

1978年，伴随着改革开放的春风，学校于1978年12月28日经国务院批准升格为镇江船舶学院，正式成为一所国防工业性质的本科大学。

镇江船舶学院的诞生适逢党的十一届三中全会召开，国家开始了历史性的转折，给教育事业的发展创造了良好的条件。但是最好的中专不一定能办好大学，学院改建后如何按高等院校的正规要求培养本科生，较快完成由中专到大学的过渡，是摆放在船院人面前的一大课题。

在过渡阶段，我觉得有三个方面的人和事是不能忘怀的。他们就是陈宽院长、杨槱教授和从全国各地调入的一大批1966年以前毕业的专业人员。

陈宽院长早年毕业于清华大学，解放初就到哈尔滨军事工程学院任教，1979年调来我院先后任副院长、院长，他思路敏锐，熟悉高校管理，尤其对造船的教育工作富有经验。来院后他全身心投入工作，在转变中探索前行的大学路，从办学理念的转变到教师队伍的建设，从学科建设的启动到人才培养质量的提高，他都提出了一系列改革方案并付诸实施，有力推动了学校由中专到大学的过渡。当年他在干部会上强调"镇江船院的特色应为造船工业第一线培养顶用的人才，这是对过去上海船校的传统的发展和提高，也是创建学院的宗旨。"这一金句至今我还记忆犹新。

杨槱教授是我国造船界的老前辈，全国著名的造船专家，中科院学部委员。1980年2月六机部任命他为我院副院长，无疑是为我校过渡阶段增添了新的动力。虽然他在校时间不多，但其影响力很大，由于他的到来，我校顺利地被国务院批准为首批学士学位授予权单位，许多新生报到时说："我们就是冲着杨教授是这个学院副院长来的。"他的人格魅力和渊博学问也深深地影响着当年的船院人，他平时话不多，但一讲到船舶工业，就滔滔不绝，言语中透露出对船舶事业的钟爱之情。

为确保顺利过渡，教师队伍是关键。学校从1979年开始，在全国各地广揽人才，经过努力，一大批1966年以前高校毕业的优秀人才先后调入学校。其中有的熟悉高校教学管理，有的长期在船厂工作，对船舶设计与制造具有丰富的实践经验，他们运用所学的专业知识，和老教师一起，积极参与课程设置、组建专业学科，为加快中专到大学的顺利过渡做出了重要贡献。

经过全校上下的共同努力，学校用较短时间实现了从中专到大学的华丽转身，靠的是历届党政领导的高瞻远瞩，靠的是广大教职员工风雨同舟、团结奋斗的精神。1988年9月，由校友、上海电影制片厂编剧梁星明编撰、并以《船魂》冠名的反映学校发展的艺术纪录片生动地见证了这一点。

三、发展路上的两次扩容

十五年的本科办学实践，使学校有了长足的发展。1993年6月，经国家教委批准镇江船舶学院更名华东船舶工业学院。1994年1月，经国务院学位委员会批准，学校成为硕士学位授予单位。1998年学校顺利通过教育部本科教学工作合格评价、省委教育工委的党委工作评估和省教委的优秀校风建设评估。

1999 年 4 月，学校由中国船舶工业总公司管理划转江苏省管理。隶属的调整给学校提出了新的问题和挑战。同年，国家开始高校大扩招，进入了高等教育大众化阶段。学校党委审时度势，抢抓机遇，开始了两次扩容。

第一次扩容是 1999 年 11 月，隶属江苏省粮食局的江海贸易学校并入。第二次扩容是 2001 年 3 月，学校与中国农业科学院蚕业研究所合并。这两次扩容不仅扩大了校区面积和办学规模，而且促进了学科建设，办学水平、办学效益显著提高。

我是两次扩容的直接参与者，在先后与两个单位的领导和教师、科研工作者接触过程中，被他们的精神深深地打动。江海贸校的前身是镇江粮校，建校初期各方面条件都极为艰苦，不通公交车，没有自来水，只有一条黄七公路的土路，但是广大教职员工硬是咬着牙克服了各种困难，20 年为国家培养了近 8000 名粮食行业的急需人才。成立于 1951 年的蚕业研究所，同样在镇江偏僻的四摆渡，为了祖国的蚕桑事业，一代又一代的蚕业科技工作者，不计条件的艰苦，不计个人的得失，对科学孜孜以求，对社会诚实服务，像春蚕一样无怨无悔默默奉献，终于把蚕研所建设成国内一流，世界著名的专业科研机构。

更让我感动的还有三家合成一家后，20 年来，教职员工从未发生过人与人之间的任何矛盾与争吵，在日常生活与工作中，大家谦让包容、相互帮助，这种和谐的良好氛围不正是《船魂》精神"江海襟怀"的传承和弘扬吗？

1983 年 5 月振兴中华演讲会合影

四、持续奋斗的硕果累累

2004 年 5 月 18 日，教育部批准同意华东船舶工业学院更名为江苏科技大学，从此学校跨入了"注重内涵，强化特色"持续发展的快车道。

综观学校更名后近 16 年的发展，今天的江科大确实是沧桑巨变。学校作为江苏省唯一一所以船舶与海洋工程装备产业为主要服务面向的行业特色型大学，是全国相关高校中船舶工业相关学科专业设置最全、具有船舶特色整体性和应用性优势的高校之一。学校现有博士后科研流动站 3 个，一级学科博士学位授权点 4 个，一级学科硕士学位授权点 20 个；工程学、材料科学、化学 3 个学科进入 ESI 学科全球排名前 1%；在最新的 2020 软科中国大学排名发布，江科大排名第 142 位；在今年的江苏省属高校综合考评中，江苏科技大学被评为第一等次，受到了江苏省委表彰。

成绩来之不易，这是全校师生员工在党委的领导下持续不断奋斗的结果，也是搬迁镇江办学 50 年来，一代代江科大人血脉传递，历经岁月磨砺，淬炼出"船魂"精神的传承和弘扬的结晶。因为有"船魂"精神的激励担当，成就了今天的江苏科技大学，我坚信，通过"船魂"精神的不断发扬光大，扬帆致远，江苏科技大学的明天一定会更加美好！

沈贻森

（作者：沈贻森，原华东船舶工业学院纪委书记，江苏科技大学关工委常务副主任）

第三节　筚路蓝缕五十载　东方风来满眼春：
栉风沐雨　行稳致远　开拓创新求发展

时光荏苒，岁月如梭，弹指一挥间，江苏科技大学将迎来搬迁镇江办学50周年。从浦东的上海船校迁至扬子江畔的镇江，综观学校50年的发展，我们可以看到当年上海船校奠定下的良好办学基础，感受到那一代人舍弃繁华大都市，扎根三线城市镇江的情怀。他们心系学校，艰苦奋斗，呕心沥血，迈出了搬迁办学的坚实步伐；来自全国各地的一批批的1966年以前毕业的老知识分子，运用所学的专业知识，组建专业学科，跨步进入中专校直接升入本科院校的发展历程中；新一代高学历的后继青年大军，奋力创新，追求卓越。一代又一代江科大人以坚韧的"江海襟怀、同舟共济、扬帆致远"的"船魂"精神，脚踏实地、奋力进取，践行"笃学明德、经世致用"的校训，成就了今天的江苏科技大学，并朝着建设国内一流造船大学的目标奋勇向前。

我于1979年8月到学校工作，先后在经管学院、材料学院、学生处、组织部、纪监审、校纪委、张家港校区/苏理工等部门工作过，见证了学校搬迁五十年的栉风沐雨、快速发展的历程，特别是张家港校区办学的15年征程，更展示了江科大人苦干、实干、能干的品质。

一、艰苦创业　实干中显现责任担当

2005年6月，学校党委决定由原党委书记祝山同志带领杜苏、沈贻森（曾任学校党委常委、纪委书记）、冷静（曾任学校副校长）、沈贻忠（曾任学校副总会计师）五名同志组成了张家港校区的领导班子（祝山、沈贻森、沈贻忠三位都是1970年从上海搬迁到学校的老同志），他们带领18名先遣开拓者进驻张家港。班子成员中除了在职的正处级干部杜苏同志外，其他四人去张家港创业时都已年过花甲，却依然精神矍铄、斗志昂扬。为了学校的发展，他们不惜牺牲个人的安逸生活，克服了工作和生活方面的许多困难，开始了建设张家港校区的艰苦历程。建设初期，由于时间紧，任务重，他们只能先到沙洲职业工学院的老校区，暂借沙工的部分设施办学。他们资源短缺、经费紧张，没有向学校伸手，而是积极争取省教育厅（拨专款250万元）和张家港人民政府的支持（拨实验室建设款118万元）。校区领导谦虚谨慎、低调行事、廉洁自律，与沙工的领导团结融合，相互尊重，积极沟通；两校师

生员工和睦相处，互帮互助，直到2007年9月新校区落成启用。他们经历了创业初期的艰辛，其付出的心血与努力是难以言表的。2006年1月6日，江苏科技大学与张家港市政府合作建办张家港校区的协议书正式签约，从此，校区步入了建设和发展的快速轨道。张家港校区的建立开创了国内地方政府投资建设公办本科校区的先河，形成了江苏科技大学"一校四区"的办学格局，成为江苏科技大学发展历程上新的里程碑。

二、体制改革　平稳过渡校区发展期

我曾两次赴张家港校区，工作了近6年时间，先后与董师润、姚寿广、葛世伦、俞孟蕻四位校领导和校区领导班子成员愉快共事、并肩战斗，与校区全体教职工团结一心、积极进取，与校区结下了不解之缘，直到退休。2008年11月，老书记祝山同志因年事已高不再担任张家港校区党工委书记，学校党委决定由我接任。此时的张家港校区在首届校区领导班子和教职工的共同努力下，办学规模迅速发展，在校生已从最初的406名（5个专业）增加到3360余名（14个专业），教职工也从18人增加到近200名。随着办学规模不断扩大，当时的运行模式和管理体制已不适应校区办学的需要。在分管副校长董师润同志的带领下，校区领导班子集中集体智慧，进一步理清了科学发展的思路，积极探索更有效的运行模式和管理体制。经学校党委常委会研究决定，张家港校区由原来的"机关职能延伸，学院举办专业，校区现场管理"变为"管理体制以块为主、专业举办校区为主"的运行模式。"进一步明晰和落实校区必要的办学主动权，明确和调整学校各职能部门、相关学院、校区三者之间的职责分工；明确了用3~5年的时间在校区建立一支稳定的专业教师队伍和管理干部队伍；把校区建设成为相对独立运行、具备较为完整办学功能的校区"。

此后，张家港校区在学校党政领导的关心和支持下，先后在校领导姚寿广、葛世伦同志的领导下，校区领导班子成员和教职工一步一个脚印，张家港校区先后经历了南徐学院更名迁址落户张家港、建立张家港江苏科技大学产业技术研究院、积极探索"三位一体"的管理新模式、沙洲职业工学院搬离校区、后勤管理体制变革等重大变化，平稳度过了办学规模迅速发展期，逐步发展成为具有较为完整办学功能的校区。

三、成果丰硕　创新提速校区新发展

2014年6月，俞孟蕻副校长兼任张家港校区党政主要领导，在江苏科技大学党委的正确领导下，带领全体师生员工努力奋斗，从自加压力到扬帆远航，各项事业蓬勃发展。张家港校区办学规模发展迅速，在校生已达 9000 余名，本科专业 33 个，1 个一级学科硕士点，形成了校区、苏理工和产业技术研究院"三位一体"的发展格局；人才培养质量不断提升，本科生毕业率、学位授予率、英语四级通过率、考研录取率等一直保持在高位，数千名毕业生在张家港各大企事业单位就业、创业，为张家港经济社会发展做出了应有的贡献；办学模式不断创新，新增"3+4"项目和专转本项目，拓宽了办学渠道；加强师资队伍建设，现有教职工 342 名（正高职称 6 名，副高职称 56 名，博士学位 68 名，硕士学位 192 名），教学科研迈上新台阶；政产学研合作不断深化，累计获得科研项目总经费达 6307 万元，与张家港市企业联合申报科研项目成绩斐然：与海狮集团合作的研发成果获得教育部科学技术进步奖二等奖和江苏省科学技术进步奖二等奖；与合丰机械的合作成果先后获得教育部科学技术进步奖二等奖和江苏省科学技术进步奖二等奖；与同大机械合作的研发成果获国家发明专利优秀奖、中国机械工业科学技术进步奖二等奖和江苏省科学技术进步奖二等奖等。张家港校区有研究生工作站 36 家，与近 80 家本地企业开展科技与人才合作，为企业解决技术难题，为地方企业间接带来的经济效益累计达 3 亿多元；积极拓展国际合作交流渠道，不断提升国际化办学水平，已与美国、加拿大、英国、德国和韩国等 10 多个国家的 20 多所知名大学建立了友好合作关系，为学生赴海外学习深造提供了广阔的平台……

斗转星移，风雨兼程，回首张家港校区这 15 年，真心感叹其建设和发展的不易，也由衷地庆幸校区始终有一支能吃苦、能战斗的干部队伍和教师队伍。15 年间，一批又一批的领导干部为张家港校区的建设和发展付出了辛勤的汗水，做出了无私的奉献，有力地推动了校区的规范管理与科学发展；一批又一批工作在教学一线的老师们，克服了许许多多的困难，为校区的教学事业发展做出了自己的贡献。没有教职员工的敬业精神和无私奉献，就没有张家港校区的今天。

而张家港办学的 15 年不正是江科搬迁 50 年办学的浓缩吗？从无到有，从小到大，我们的学校、校区就像小树苗，在建设和发展中不断长大，干部们在工作中得到较大锻炼，年轻教师们在教学科研中不断提升能力，学生们在学海中不断成长。如今的江科大，不论是镇江的三个校区还是张家港校区，每一个校园里，都是莘莘学子，树木郁郁葱葱，充满了生机和活力。正是因为每个教职工经过了曲折，才知道艰辛；跨过了坎坷，才知道超越；面对过困难，才知道今天的不易。无论是在张家港，还是在镇江，江科大人心中都一个崇高的信念：为了江苏科技大学更美好的明天，我们要奋力前进！衷心希望江科大在学校党委的正确领导下，与时俱进，创新发展，办出特色，为实现江科大人的圆梦之路永远向前！

夏纪林工作留影

（作者：夏纪林，女，教授，党员。曾任学生处长、组织部部长、纪委副书记、审计处长、纪委书记、张家港校区/苏理工党委书记等职。）

第四节　筚路蓝缕五十载　东方风来满眼春：难忘南校区

江科大 2020 年下半年搬迁到镇江高校园区的长山新校区。南校区和西校区退出历史舞台。这个时候的我，五味杂感，喜悦、自豪、怀念、不舍，加上丝丝的愁绪一起涌上心头。南校区在我心中难忘啊！

一、风景如画的南校区，我深情地热爱你

江科大四大校区之一的南校区成立于 1999 年 11 月，至 2019 年已过 20 年了。这 20 年是江科大高速大发展的时期。南校区的成立开启了江科大飞速大发展的序幕，吹响了腾飞的号角！

你不信？我来说给你听。

20 年前我校校名：华东船舶工业学院。校园占地 500 多亩，在校生

3000—4000 人。当年国家教委已开始扩大高校招生，高等教育要大发展。我校如何大发展是学校面临的一个重大问题。镇江城区当时有所省部属重点中专学校——江苏省江海贸易学校（以下简称"贸校"）。于是我校以校党委书记祝山同志为首的学校领导班子经过研究，为了扩大招生，扩大学校规模，就动起合并贸校的想法。1999 年上半年，学校领导班子多次把橄榄枝抛给了"贸校"。当时中专毕业生就业困难，"贸校"正在寻找提高学校办学规格的途径。因此，两校"一拍即合""一见钟情""终成眷属"。经省教委和省粮食局同意，两校就变成了一家。1999 年 11 月 9 日中共江苏省委教育工委书记、省教委主任陈万年来镇江宣布江苏省政府劳政复（1999）116 号文《关于江海贸易学校并入华东船舶工业学院的批复》。这样"贸校"就成为华东船舶工业学院的南校区。1999 年 12 月 2 日华东船舶工业学院职业技术学院（第二年更名应用技术学院）正式揭牌剪彩。

过了一年，华东船舶工业学院的招生人数和在校生人数都翻了一倍，分别达到 3095 人和 8510 人。

学校领导班子从"贸校"的并入尝到了甜头，认为这是一个又快又好又省的扩大规模、扩大招生、求大发展的好途径。紧接着学校领导班子就向中国农业科学院蚕业研究所抛出了橄榄枝。2000 年 8 月农业部批复同意蚕研所与华东船舶工业学院合并。2001 年 3 月 18 日合并仪式隆重举行。一年后，一座漂亮的校园——江科大西校区建成。从此学校像有了翅榜一样飞速发展了。

2002 年 3 月学校在南校区创办了民办二级独立学院——南徐学院。

2004 年 5 月经教育部批准，华东船舶工业学院更名为江苏科技大学。

2005 年学校经过努力与张家港市政府联合办学，地方政府投资建设，由学校负责办学，建成了张家港校区。

从此学校如虎添翼，腾飞起来了。短短 10 年，2010 年在校生规模就达到 21781 人，与 1999 年比，翻了 5 倍多。校园占地面积达到 2200 多亩，也翻了 4 倍。应该说这个发展速度是惊人的。

我曾经多次听学校主要领导在大会上公开讲，没有江海贸易学校的并入，就没有中国农业科学院蚕业研究所的合并，没有蚕业研究所的加入，就没有我们学校的今天。因此我认为，1999 年是江科大发展史上非常重要的一个节点。南校区、西校区在江科大的飞速发展史上所起的作用和贡献，非常大。现在长山新校区也主要是南校区和西校区置换而来的。

2012 年 6 月南徐学院迁至张家港校区更名苏州理工学院后，2016 年在南校区恢复成立江科大粮食学院。

此外，江科大成教学院、经管学院、土木与建筑学院、环化学院都曾在南校区办学。

实践证明20年前学校确定的发展道路是正确的。

现在，在秀丽的镇江南山风景区旁，我校美丽的南校区即将退出历史舞台，我们不舍啊，恋恋不舍！我们难忘的南校区，我们深情地怀念南校区！它的历史贡献将永远留在我们心里！

二、恋恋不舍啊！深深地怀念这片土地

南校区的前身是江苏省江海贸易学校。1995年前校名为江苏省镇江粮食学校。我们习惯称之为老粮校。老粮校建于1979年8月。我是老粮校初创时的1981年的上半年调入该校工作的，20年后我在该校退休。我亲自参加建设，亲眼见证"贸校"的成长和发展壮大。该校在校生规模最大时达1600多人，20年共为国家培养7000多名中等专业人才，还承担江苏省各县市粮食局长的培训和各种在职专业技术人员的培训。毕业生大多数已成为本省粮食系统的各级领导和骨干。有的成长为县委书记、省厅级领导干部，还有的成长为企业家。在2016年江科大恢复成立粮食学院时，老粮校的办企业校友，捐资办学1400多万元。其中胡永新同学一人就捐了1000万元，张汉乐同学捐了200万元，柳新荣同学捐了100万元。作为教师，有这样感恩母校的学生，我们感到很有成就感，快乐油然而生。

2017年我回南校区参加8521班校友回校活动，得知这个班的同学毕业30年了，毕业10年、20年、30年校友都要聚会一次，而且是选择班主任60岁、70岁、80岁生日这一天，他们要给班主任祝寿。有好几个学生的儿女结婚都特地邀请班主任参加婚礼，可见班主任在同学中的威望和地位。这个班主任就是朱令仪老师。当年她视学生为自己的儿女，谆谆教导，无微不至地关怀照顾同学。学生生病，她亲自做病号饭送到学生床头。学生愿意与她说知心话。毕业后有的学生恋爱、婚姻都愿意与她商量。像朱令仪这样的优秀班主任还有不少。如吴一华副教授就是这样的班主任，她曾获江苏省优秀教育工作者，曾参加镇江市优秀教师报告团，退休后曾在南校区同时被聘为多个班级的班主任，工作认真负责，多次被评为优秀班主任。

我每次到南校区去，触景生情，都会想起当年的人和事。如当年学校交通不便，盛福兴副教授既当老师又兼当大客车驾驶员，利用下班时间，义务为群众开大客车，接送教职工和家属子女上下班和上学，深受教职工称赞，多次被评为优秀教师，后来大家选他当润州区人大代表。又如青年教师魏有

章当团委书记和学生科科长时，工作主动积极，开动脑筋，埋头苦干，与学生打成一片，做学生的知心朋友，成绩突出，学校团委被评为镇江市红旗团委。后来他被评为镇江市劳动模范，又被选为中共镇江市党代会代表，成长为学校党委副书记，后来在江科大校工会长期任常务副主席。像魏有章这样的当年的青年才俊有一大批。江科大给他们提供了更大的舞台，迅速成长，崭露头角。有5位晋升为正高级教授或研究员，有1人进入学校领导班子，有10多位被任命为学校中层领导干部。他们先后在校党政办公室、组织部、宣传部、保卫部、学生工作部、后勤总公司、校总师办、校招标办、应用技术学院、南徐学院、粮食学院、生化学院、苏州理工学院、土木工程学院、南校区管委会、西校区管委会、张家港校区管委会等部门的领导岗位上，为江科大的发展做出了杰出贡献。李恒川、李炳义、金剑平、魏有章、蒋春雷、刘清生、温兆奎、张国昌、刘永良、万石建、彭银仙、喻世华、毛小进、赵长征等，他们就是那批青年才俊的代表。

我们深情地热爱这片土地，一草一木都是情，深深地怀念当年的奋斗岁月。

江科大的发展前景令人欢欣鼓舞，南校区和西校区的退役反映江科大近20年的大发展，不仅仅是校园变大，规模变大，其办学水平、师资水平、科研水平、内涵建设，都得到了极大的提高，学校进位争先取得了长足的进步。

2019年以来我们从媒体上听到很多有关江科大的好消息，内心感到欢欣鼓舞。在最好大学版本排名中，江科大2020年全国排名第142位。江苏省内排名21位。江科大荣获江苏省2019年度地方普通高校综合考核第一等次。江科大一参研项目荣获2019年度国家科技进步特等奖，两项科技成果喜获教育部科技进步二等奖。江科大位列中国高校专利转让排行榜（TOP100）第23名。江科大工程学、材料科学、化学学科分别位居国内高校110名、86名、159名；国际排名分别提升61位、66位、84位。（2020年5月14日美国科睿唯安集团《基本科学指标集》发布）江科大2019年ESI高被引论文数列全国高校106位。（被列入的国内高校共288所）学校整体国际排名较上期提升100名。（2020年5月7日爱思唯尔正式发布）美国将江科大列入高级别大学。其中虽然有险恶用心，但提高了江科大的知名度。一同列入高级别大学的还有上海交通大学、武汉理工大学、中南大学、湖南科技大学等23所大学。江科大化学学科进入ESI全球学科排名前1%。

江科大是一所普通本科高校。本科办学才40多年，进位争先成绩斐然。全国211、985大学就有一百几十所。江科大能进入142名是多么令人振奋的事啊！

2020年下半年江科大搬入长山新校区。长山新校区是山水校园、科技校园、人文校园、现代校园，美丽壮观。该校区校园占地面积2600多亩，加上梦溪校区400多亩，张家港校区800多亩，校园面积达到3900多亩。在校生规模可达30000多人。学校发展又上了一个新的台阶，进入一个新的发展时期，前景非常灿烂。我们欢欣鼓舞！

校兴我兴，校荣我荣。我们自豪，我们喜悦，我们振奋。学校发展美景令人陶醉。

南校区、西校区的退役换来江科大的美好前景，"值了"。

祝愿江苏科技大学早日建成国内一流造船大学！

祝愿江科大粮食学院越办越红火！这是我们老粮校人的期盼！

张海耕

（作者：张海耕，1961年参加工作，在公安系统工作十多年；1972年调煤矿工作，任矿党委副书记、副矿长；1981年调省粮校，历任办公室主任、副校长；1999年12月退休。）

第五节 筚路蓝缕五十载 东方风来满眼春：
回顾上海船校搬迁镇江 50 年

一、历史的巧合

"7031"，凡是上海船校的教职工都知道它是作为国防工业性质的上海船校的保密信箱编码。谁能想到用了 10 多年的邮政编码竟成了学校演变的节点。

1970 年 3 月，原第六机械工业部军管会下达了《关于上海船舶工业学校迁往江苏的通知》，通知中指出：为贯彻中央"一号命令"，保障国防工业安全，决定将上海船校迁至江苏省镇江市，原解放军总后勤部所属汽车管理学校（即 252 部队）撤销后的校址划归上海船校（即现东校区）。通知中明确要求一个月内完成搬迁。正在上海川沙县高东乡备战的教职工全部赶回学校。在驻校工宣队的主持下，全体教职员工投入了搬迁工作。一个月内将学校教学、实验、工厂、办公和生活设施全部拆下，包装，利用学校旁的马家浜，装船搬迁到镇江。540 多名教职员工也如期搬迁镇江。这充分体现了老船校教职员工服从国家大局，有着高度的觉悟和组织观念。

"7031"竟改变了学校的命运，这是历史的巧合吗？

二、前途的探求

一个月内教职工连人带物都到镇江了，就像部队调防一般。学校如何办下去？一个造船学校离开了造船基地——全国最发达的大城市，以后如何发展？到镇江继续办学校，还是改工厂？学校、个人的前途何去何从？上海有准备搬迁的学校因操作缓慢，后来就不搬了，这对大家是有刺激的。一时"东进"的标语也有人拉了出来，还想回上海。学校的前途也是大家每个人的前途。尖锐的事实摆在面前：大家离开了上海，与自己的父母、配偶和子女分开了，自己成了单身汉。还有一批留校工作的青年教职工是学校的"集体户口"一下子都迁到镇江，户口再也不能回上海了。有新成家的，也有未成家的，有正在交朋友谈恋爱的，还能再谈下去成家吗？总之，20 后、30 后、40 后都在上海生活了几十年，镇江各方面条件能与上海比吗？上海是国家八类工资地区，镇江是四类地区，同一级别工资少五分之一。我们以后的工资怎么办？每个人都处在对前途的探求之中。

说起来有点可笑：学校到镇江后的保密信箱编码是"414"，什么意思？让我们到镇江来试一试吗？不知道是镇江邮政部门有意给的，还是无意给的，总之把刚搬迁的学校教职工心态如实反映了，真有意思！

三、命运的把握

1970年4月25日，中共上海船舶工业学校的"领导核心小组"成立，由原上海船校党委书记刘东明同志任组长。由于之前学校党委停止了工作，现在领导核心小组就可以发挥领导作用了。面临各种困难和矛盾，领导核心小组工作千头万绪，如何处理和镇江工宣队、军宣队的关系，如何处理在校区南部"905库"的边界纠纷，最为棘手的还是人心，540多个教职员工的实际困难如何解决，如何把大家的积极性调动起来，共渡难关，领导核心小组抓住学校这个方面的主要矛盾，积极争取六机部军管会、江苏省和镇江市领导部门对学校的重视和帮助，多次向上如实反映群众的呼声，并主动提出具体方案。不久六机部给学校下达了任务：为六机部"二一四工程指挥部"培训技术工人。1970年12月学校接受了400多名青年工人，21个工种，培训一年半。虽然学校困难重重，但全体教职员工在核心小组领导下，不计个人利益，共同努力认真完成了任务。1971年2月，六机部通知上海船舶工业学校更名为镇江船舶工业学校。这就明确告诉大家，学校要继续留在镇江办学，不回上海了，"东进"呼声也就终止了。

为了保持学校长期形成的办学特色，学校重视基础，加强实践性教学，培养合格人才，学校经六机部同意，1971年8月在市郊象山地区征地91亩，作为生产实习基地，并允许招收一批复员军人充实工厂。经两年多努力，学校形成了船、机、电车间，开始建造千吨油轮。1977年12月镇江制造的最大的一艘油轮"鲁烟油二号"正式下水，这不仅为学校教学工作创造了更好的条件，也为国家经济建设做出了贡献。

1971年12月，六机部发出《关于镇江船校方向任务、专业设置等问题的通知》，决定镇江船校设置：船舶制造、船舶内燃机与动力装置、船舶焊接、船舶电气设备、机械加工、船舶无线电等6个专业，主要为六机部的三线新厂培养技术人才。在校学生规模500人，远期为1000人。1972年3月，学校为了落实文件精神，积极做好全面复学的准备，组织教师、干部去上海沪东造船厂考察和劳动2个月，大家虽然很辛苦，穿工作服与工人师傅一起实干，但收获很大，这让广大教师和干部了解企业的现状，又提升了自己的实际动手能力，这为1972—1978年招收的中专生打下了基础。广大教职工为国家输送人才，做出了自己新的贡献。

对教职工因搬迁造成的各种困难，领导核心小组积极采取了许多措施：争取上级同意，上海迁来的教职工工资待遇一律保留；同意部分有困难的教职工调回上海；凡符合学校条件，职工配偶愿意来镇江工作的，可以进学校安排工作。（学校领导干部家属一律不进学校）这样学校基本保留了教学、干部的骨干。这些举措很得人心，产生了很好的效果。

广大老船校人在学校党组织领导下，发扬爱国主义、集体主义精神，齐心协力，努力工作，一步一个脚印谱写了搬迁后学校的新篇章，他们正确把握了学校的命运，为学校今后的发展打下了良好的基础。

四、历史告知未来

1977年1月，学校党委研究发展方向问题，提出了改办大学的初步意见。1977年2月，六机部党组决定将镇江船舶工业学校改建为大学，并办理申报手续。1977年3月，学校向六机部党组上报了改建方案，并全面调整学校组织机构，改变了多年来专业科与校办厂合一的体制，还成立了师资工作组，积极引进高校和科研机构以及大型企业的教学科研人员。1978年作为国家改革开放的产物，镇江船校被国务院正式批准改建为镇江船舶学院。学校层次上了一个台阶。1993年6月，经国家教委批准，镇江船舶学院又更名为华东船舶工业学院。1999年4月学校划归江苏省后，于2004年5月更名为江苏科技大学。

谁能想到1970年学校搬迁镇江后50年，学校又面临搬迁！这又是一次历史的巧合吗？

学校搬迁新校区，宏伟美丽的新校园，面积是上海船校的10倍，建筑和设施更是上了多少台阶。学校的发展呈现了崭新的面貌，多么令人兴奋！然后搬迁会带来许多新问题，也会给教职工带来一些困难。搬迁作为一项巨大的系统工程，真正做到完美也是十分艰巨的。但这是学校发展的一个新节点，是历史赋予的新机遇！我们回顾历史，不是因为怀旧，而是为了向前看。历史是面镜子，对于60后，70后，80后，90后的江科大人要看到今后的责任和使命，看到鞭策你们成为学校中流砥柱的动力和决心。"国内一流造船大学"的目标要依靠你们在新校区实现。作为老船校人，我由衷地期望、也相信你们一定是长江后浪推前浪，一代更比一代强。你们一定会把学校推向一个更高层次，为国家培养合格人才做出更大贡献！

朱东林 1964 年在原上海船校办公楼前留影

（作者：朱东林，1940 年生，先后在学校马列主义教研室、团委、政治处宣传科、党委宣传部、统战部、社科部、图书馆、组织部等部门工作。）

第六节　筚路蓝缕五十载　东方风来满眼春：
搬迁五十年　发展三级跳

1970 年 3 月 1 日，第一条拖驳从上海浦东庆宁寺马家浜开发了，这条拖驳满载着上海船校第一批搬迁的物资，经黄浦江入长江由水路运往目的地——镇江。我有幸和语文教师刘俊家以及工厂的一位老师傅三人负责押送任务，确保这批物资安全到达。

学校搬迁的物资种类繁多，数量巨大，包括各专业实验室的专用设备，如船模、锅炉、柴油机，各种辅机、水泵、发电机、电动机、雷达、焊接机械以及无线电通信设备，附属工厂的车、铣、刨、磨、钻各种机床，和锻压铸造设备，数万册图书、资料，几千张课桌椅、办公桌椅、橱柜，以及学生宿舍的全部双人铁床木床……还有学生食堂的锅碗瓢盆等等，总之，学校一切动产皆在搬迁之列。正是由于搬迁物资种类繁多，数量巨大，为装卸运输方便，学校决定分期分批用拖驳走水路运送。1970年3月1日第一批拖驳的起航，就成了学校搬迁的标志。上海船校是保密单位，规定师生员工平时通讯，一律不写具体地址，写上海7031信箱便可。因此后来大家调侃说，上海船校在1970年3月搬迁，上天早已注定，天命难违啊！

经过几天水上航行，第一条拖驳终于到达目的地镇江，当时拖驳停靠在北固山西边的三号码头上。然后雇用当时镇江的特色交通工具——以柴油为能源的机动车"突、突、突"，将船上货物运送到新校址——镇江东门、宝塔山下、古运河旁的原总后勤部所属的252镇江汽车管理学校。

时光荏苒，岁月如梭。1970年至2020年50年过去了，遥想50年前搬迁往事，我不禁感慨万分，搬迁缘由令人费解。搬迁给学校带来许多困难，如：学校远离造船基地，给未来学生实习带来困难；搬迁造成广大教职工两地分居，给许多家庭造成困难，因此搬迁到镇江后的广大教职工人心不安，人在镇江心在上海……搬迁至天津的原总后勤部所属汽车管理学校252留守镇江的教工也和我们一样，心系两地，还不时放出风声要重返上海……因此学校人心浮动，要重返上海，杀回老家……然而就是在这种困难条件下，当时的学校老领导和后来继任领导为船舶教育事业培养人才的雄心不减，抓住机遇，开门办学，从实际情况出发，制定了灵活的人才流动政策，有困难的教职工酌情放行，又大胆积极地从全国各地引进高素质的技术和管理人才，从而保证了一支良好的高素质的教师队伍和干部队伍。1978年学校升格为本科并更名镇江船舶学院，1993年更名为华东船舶工业学院。1999年江苏省江海贸易学校并入，2000年中国农科院蚕业研究所与学校合并，2004年学校名为江苏科技大学。

目前学校有在校普通本科生17500余人，硕士、博士研究生3700余人，本、硕、博全日制学历留学生740人；有教职员工2150余人，名副其实地成为一所多科性大学。真是学校搬迁50年，办学发展3级跳。

2020年夏学校又顺利迁入占地2650余亩的坐落于镇江市丹徒新区十里长山的新校区，办学条件又上了一个新台阶，我展望有山有水风景美丽的江苏科技大学，一定前途无量，一片光明。

蒋安庆

（作者：蒋安庆，1936 年生，1955 年秋入上海船校，1959 年春毕业后留校任教。他曾任学校宣传科副科长，镇江船院校长办公室主任。）

第七节　江科大的故事：坚定信仰跟党走，一心为民写忠诚
——忆上海船舶工业学校首任校长余西迈

余西迈同志是中国共产党的优秀党员、湖南长沙县早期农民运动的先驱者和忠诚的马克思主义者，是中国人民解放军炮兵建设卓越参与者、新中国第一所造船工业中等技术学校——上海船舶工业学校首任校长。他一生忠诚为党、竭诚为民，把全部精力献给了中国人民解放事业和社会主义建设事业。

一、长沙县早期农民运动的先驱者

余西迈，原名余华协，又名余俊武（亦字隽五）。1900 年 4 月，他出生于长沙县尊阳乡（今金井乡）余家坳西山老屋，幼年在余家坳隐储小学毕业，后考入长沙县立师范学校，受徐特立熏陶。1921 年他进入隐储女子职业学校工作，勇于创新改革，思想进步，经常阅读《新青年》等刊物，接受了进步思想。1923 年暑假，他参加湖南省政府组织的由教育名流授课的暑假教师学习班，开始接触社会主义思想，1924 年暑假，听取时任中共湘区区委书记李维汉讲授"帝国主义与中国"的时事报告，并与其展开讨论，受益匪浅。他

通过与李维汉的交往，对民主革命有了更深刻的认识。1925年1月，经李维汉介绍，余西迈加入中国共产党。3月，李维汉创建了长沙县第一个农村党支部——中共清泰支部，余西迈任书记。余西迈同其他党员一起以隐储女子职业学校教员的身份为掩护，在清泰地区开展农民运动、发展农会骨干、宣传共产主义思想，使很多民众坚定了共产主义信念，走上了革命的道路，推动清泰乡地区农民运动形成了星火燎原之势。他提出减租减息的口号，酝酿组织农民协会，开展武装斗争。余西迈积极发动清泰乡农民参加修道路、埋电杆等任务，给予了北伐军极大支持。1926年秋，余西迈被推举为长沙县第八区农民协会委员长。1927年春，他被推举为长沙县农民协会委员长，掀起长沙县广大农村轰轰烈烈的农民运动，开展了武装反抗国民党的斗争。

余西迈留影 摄于1954年上海船校

八七会议后，1927年8月18日，余西迈参加了在长沙北门外举办的沈家大屋会议。会议上毛泽东传达了八七会议精神，讨论并制订了发动秋收起义的计划。余西迈被指定为长沙县秋收起义的行动委员之一，积极从事组织和发动秋收起义的工作，后向已成功潜伏在平（江）浏（阳）清乡支队担任三营营长的共产党员叶魁传达沈家大屋会议精神，先后带领民众捣毁了靳江河厘金局，打垮了嵩山、九峰两个团防局，还袭击了河西镇团防局，组织了一支工农武装，在长沙河西一带活动。他积极组织和参加扑城斗争，沉重打击了敌人，支援了井冈山的斗争。12月1日至27日，余西迈参加湖南全省第一次工人代表大会和农民代表大会，聆听了毛泽东作的《农工商学兵大联合》

的演讲和大会闭幕式上做的《关于革命联合战线问题》的报告，深受启发，进一步投身工农运动，有力击退反革命势力的攻击，维护工农利益，巩固北伐后方。

马日事变后，由于国民党当局的白色恐怖，余西迈遭国民党当局重金通缉追捕，遂将原名余俊武改为余西迈，被迫转入地下斗争，秘密开展活动，以储备有生力量，迎接新的革命运动。

长沙地区第一个农村党支部旧址纪念馆：五位革命先烈铜像

（从左至右：郑家奕、杨开慧、李维汉、黄则民、余西迈）

二、中国人民解放军炮兵建设的卓越参与者

1927 年冬，余西迈受时任湖南省委书记彭公达指令去汉口寻找党组织未果后，赴南京住在湖南会馆，接受友人资助，后又到安徽、扬州等地谋生。他由于与党组织失去联系，在江苏等地辗转流亡 10 多年。抗日战争爆发后，新四军到了苏北，余西迈找到党组织。1940 年 10 月，他率部投入新四军，历尽艰险重回革命队伍。1940 年 11 月至 1944 年 5 月，他担任中国人民抗日军事政治大学五分校、九分校教员、教育股长和科长，贯彻抗大教育方针，面对不同教育对象，用马克思列宁主义毛泽东思想教导学员，为党培养抗日军政干部。

1944 年 6 月至 1946 年 10 月，他在苏中军区司令部任参谋、教育股长、炮兵营长、华中军区股长，其间于 1944 年 10 月重新加入中国共产党，并于 1945 年 3 月转为正式党员。1946 年 11 月，他担任华东军事政治大学第六大队大队长，为我军成立汽车队和坦克队做出了贡献。在 1947 年 3 月 18 日华东特种兵纵队成立的同时，华东特种兵纵队特科学校成立，党组织任命余西迈为校务处长，为华东野战军炮兵和坦克部队培养了众多骨干力量。

1948 年 6 月，上级任命已担任山东兵团炮兵主任的余西迈总负责刚组建的山东兵团炮兵团，他利用整训时间，对团、营、连干部的组织指挥能力进行了培训和考核，提高了各级干部对复杂情况的应变能力。他参加了兖州、济南、淮海、渡江等多次战役，通过实践和实战总结与掌握了多种火炮的性能，促进了我军大兵团作战中炮兵技术的提高。在担任 1949 年 2 月组建的中国人民解放军第三野战军第七兵团司令部炮兵部主任期间，他为解放杭州、舟山群岛等做出了贡献。他积极向华东野战军山东兵团政治部出版的政治机关报《华东前线》投稿，撰写的《大米做干粮的几个小办法》和《乘船常识》等分别刊登在 1949 年 3 月 5 日的第 81 期、4 月 11 日的 93 期，向广大军民普及生产、生活小常识，动员他们参军参战和积极担负战时勤务。

新中国成立后，余西迈任中国人民解放军第三野战军炮十七团团长、中国人民解放军第七兵团第二十军炮兵司令部主任。1950 年 12 月他奉命赴朝，参加抗美援朝战争，任志愿军炮兵十七团团长。在朝期间，他多次参加阻击战，带病带伤完成一切战斗任务，坚决执行命令，勇敢、顽强、彻底地歼灭敌人。1952 年他初回国开会途中，遇到敌机轰炸，乘坐的汽车翻车他身受重伤，送济南后方医院治疗，伤愈后先后任中国人民解放军二十二军炮兵室主任、炮兵司令部司令员兼军长。

三、上海船舶工业学校首任校长

1953 年 4 月，刚刚转业的余西迈随即被派赴上海筹建船舶工业学校。4 月 26 日，报到仅两天的他立即领导筹备组工作。5 月 14 日，余西迈担任上海船舶工业学校和上海船舶技工学校筹备处主任，同时暂时兼任教务组组长。8 月 13 日，他又被推举为基建委员会主任委员。8 月 15 日，在船校成立仪式上，余西迈宣告上海船舶工业学校成立。8 月 17 日，余西迈兼任上海船舶技工学校筹备组组长。

在上海船舶工业学校筹建时期，余西迈带领教职工克服重重困难，费尽心血四处奔走，寻觅老师和设备，仅用半年多时间，创建了新中国第一所造船工业中等技术学校。1954 年 1 月 9 日，在上海船舶制造学校党总支委员会第一次大会上，余西迈当选为总支书记，先后成立了党总支办公室和 4 个党支部，同时还兼任当地 5 个学校联合党总支委员。4 月 28 日，第一机械工业部任命余西迈担任上海船舶制造学校校长。1956 年 5 月，学校有 1500 多名男女学生，设立船体制造、船舶机械、焊接和船舶电气装置 4 个专业、1 个夜校部以及政治、语文、数学、物理、体育、金属工艺、制图、工程力学、电工 9个学科委员会，并设有关的各实验室与实习工坊，接收留学生 13 人、华侨 6人。1956 年 5 月 19 日，学校党总支委员会决定于 7 月 1 日创办半月刊的校报《上海船校》，由余西迈等负责具体领导，并担任编辑部主要成员。

原上海船舶制造学校学生在校门前留影

　　1956 年 11 月 1 日，余西迈因患病在华东医院住院治疗两个月，其行政领导工作由政治副校长卓萍兼任。由于反右斗争扩大化，1958 年 2 月 5 日，余西迈被错划为右派，撤销其校长职务，于 8 月 25 日降职调往北京机械学院，一直在家病休中。1970 年他摘掉"右派"帽子后，离休返长沙伍家岭居住。在 10 年动乱中，他又受到了冲击，病情日益加剧，患结肠癌症，于 1976 年 1月与世长辞，终年 76 岁。十一届三中全会以后，1979 年 8 月由镇江船舶学院党委会呈报上级批准，为其改正，撤销原处分，恢复党籍和原职称。

四、忠诚为党和人民的奉献精神

　　对党忠诚、信仰坚定的崇高品格。余西迈早年接受马克思主义，信仰一旦确立，便义无反顾，坚贞不渝。即使与党组织失去联系，他仍旧无所畏惧，坚持斗争，积极找寻党组织。无论是反动势力的白色恐怖，还是革命斗争的艰难困苦，抑或是建设时期的严重困难，他都"没有半点私心杂念，愿为党做出一切牺牲"。即使受到误解甚至身处逆境,他始终坚持真理,顾全大局,坚守信念。一生忠诚于党,以身许国,是他坚守终身的底色与信仰。

敢于担当、任劳任怨的使命意识。从长沙县发动农民运动,到投身中国人民解放军炮兵的建设,再到奔赴朝鲜战场奋勇杀敌,他毕生以党和人民事业为重,从不考虑个人荣辱得失,总是在关键时刻挺身而出,勇于担当尽责。为了培养新中国的造船技术人才,他响应国家号召,不顾身体伤病,毅然接受党组织的派遣,积极筹建上海船舶工业学校。面对全新的工作环境和领域,一切都需要从零开始,他身兼数职,克服校舍、师资、经费、图书等匮乏困难,勇挑重担,用责任和担当践行一名共产党人的初心使命,使学校运行步入正轨。

实干奉献、艰苦朴素的公仆情怀。担任上海船舶工业学校校长期间,他千方百计解决教职工的实际困难和后顾之忧,认真倾听学生呼声,了解学生所思所盼,成为师生们的知心人和贴心人。在胃病发作住院期间,他时刻不忘与前来探望他的同事探讨工作,心系学校的发展。为了革命和建设事业,他50岁时才和范德琼结婚,没有子女,去世时未留下任何财产,只留下了书桌上、书架上、箱子里的马列主义著作、社会科学和古今书籍。作为上海船舶工业学校首任校长,组织上曾几次要调他到条件更好的工作岗位上去,他都辞谢,表示要把船校建设作为终身事业。他时常告诫家人要承续优良的家风,教导家人要艰苦朴素、勤勤恳恳、踏踏实实,为党为人民贡献力量。

余西迈同志一生践行共产党人的理想信念,为党的事业奉献出了一切。他虽然离开我们45年了,但他忠诚为党和人民的奉献精神和革命精神给我们留下了最宝贵的精神财富,永远鼓励我们向前进。奋进新时代,开启新征程。作为共产党人,我们要不忘初心、牢记使命,始终忠诚于党的教育事业,努力为党育人、为国育才,推动学校高质量发展,奋力书写江苏科技大学建设"国内一流造船大学"的新篇章。

(作者:李英姿,首都师范大学历史学博士,江苏科技大学马克思主义学院副教授,硕士生导师,担任中国近现代史纲要党支部书记。)

第八节 江科大的故事:追忆江苏科技大学之峥嵘岁月

江苏科技大学的前期发展有三次艰苦创业的经历:一是1953年建立新中国第一所船舶工业学校;二是1970年3月,学校从上海整体搬迁至镇江,在艰难中坚持办学；三是 1978 年 12 月，学校经教育部批准升格为镇江船舶学院，学校走上高等教育的奋斗新路。

一、建立新中国第一所船舶工业学校

（一）上海船舶工业学校的筹建情况

1952 年上半年，新中国对教育系统进行全面的院系调整和建设。由于发展船舶工业急需技术人才，中央第一机械工业部船舶工业管理局局长程望主持并筹划在船舶工业集中的上海建立造船技术学校，当年 11 月 19 日，一机部下达了《船舶工业技术学校建设计划任务书》。1953 年上半年，华东军政委员会教育部根据中央有关指示，在上海调整和筹建 12 所中专校，下达了调整计划，其中包括"上海船舶工业学校"，指定该校由 4 所学校的相关专业调整组建。在筹建中，上海机电工业学校（前身为大公职业学校）的全部教职员工、设备财产以及大部分学生归上海船校，原校不复存在。同期调入的有上海、福建等三所学校与造船专业有关的班级学生，以及少量教职员工和设备，当年又招聘了教师，招收了新生，共同建校，总计 18 个班级，教职工290 多人，1953 年 9 月 15 日在上海解放剧场举办了上海船舶工业学校的开学典礼。从上可知，上海船舶工业学校的诞生，是在中央和华东地区的学校院系双重调整中，由四所学校的相关专业进行调整合并的结果。参与调整的四所学校各有长短不一的前史渊源，我校的历史始于何时？老校友们有不同意见，其实主要是计算的标准不同，好比一棵树，可以从地面计算树高，也可以从树根计算树的总长度。树是有根的，是计算主根，还是计算与造船专业关联最长的根，各自有理。江苏科技大学网站的"学校简介"指明，学校源自 1933 年上海大公职业学校，1953 年组建上海船舶工业学校，同时说明学校前身为"多源合流"，本人认为这是对历史的尊重。

（二）上海船校的初创和校区建设

上海船舶工业学校的校址选在黄浦江畔的浦东庆宁寺，在浦东主干道旁征用农田建校，校区两侧有小河与外界相隔，斜对面是沪东造船厂，可为学生实习提供方便，此处位置绝佳。1953 年学校初建时，学校分在三处办公和教学，其中浦东分部的学生在草棚简房内上课，1954 年初，校舍初步建成，师生陆续入住。在学校初创的艰苦环境中，教师认真教学，学生勤奋学习，1954 年 8 月，上海船舶制造学校首届毕业生 446 人由国家统一分配到全国各地参加国家建设。上海船校的校区经过多年建设，共有教学大楼、实验楼、大礼堂、宿舍、医务所等大、小建筑 48 座，还有操场、泳池以及带船台的附属工厂，可谓教学建筑与生活设施齐全。

上海船舶工业学校奠基石

（三）上海船校的办学特色

上海船校建校时最初开设的专业为 3 个，1955 年以后稳定为 6 个专业，即船体制造、船舶机械、焊接、动力装置、船舶电器装置、船舶无线电，这些都是与船舶建造相匹配的专业。1955 年，上海船校被一机部定为国防工业学校，招生优先。上级按期下达学校招生与毕业生分配计划，进行严格的计划管理和制度管理，有规定的专业教学计划、教学大纲和教学课时。按照当时的国家规定，中专免学费，免费提供食宿，包分配。

上海船校在办学过程中形成了自身的特色：一是招生严格，按国防工业学校的要求优先招生，新生质量高；二是重视基础课程教学，学生的数学、力学基础知识扎实；三是重视生产工艺和技术实践，学生的专业技能较强；四是重视学生的思想教育和管理，按国防工业学校的要求，培养学生的政治品德和严格自律的良好作风。上海船校成为我国造船工业培养技术人才的重要基地，在船舶行业有很好的声誉，历届毕业生大多成为船舶工业各单位的技术骨干。

上海船校在不同时段曾经使用过"上海船舶工业学校"和"上海船舶制造学校"的校名。第一机械工业部于 1958 年和 1960 年曾两次下发文件将本校提升为"上海造船专科学校"，后因国家教育计划调整，只培养了少量大专学生。此外，上海船校曾为越南和朝鲜培养过留学生。

二、在困境中建设镇江船舶工业学校

（一）学校整体搬迁镇江

1970年2月17日，六机部军管会主任刘世雄召集我校革委会主任禹文涛、工宣队负责人以及其他两个部属单位的领导人到北京开会，会上提及中国人民解放军原总后勤部镇江汽车修理学校（番号252部队）已撤销，该校址由六机部接管。在这次会上明确："252部队的镇江校址由六机部的三个单位使用，以船校为主。上海船校全部迁往镇江，原上海船校的校址交给上海工交组分配给有关单位使用，三月底搬完。有关搬迁之事由学校自己解决。"在这次会上，刘世雄没有说明上海船校为什么要搬离上海，只是说，1969年12月六机部军管会向中央军委递交了镇江校址安排的报告，军委办事组邱会作、李作鹏，国务院负责人李先念同意的。（注：当时六机部教育局等主管部门的干部尚未恢复正常工作，工作由军管会掌管。）

革委会主任禹文涛回上海后召集学校革委会进行传达，引起强烈反应，全校群众议论纷纷，反对搬迁镇江。1970年3月7日，本校革委会向六机部军管会发文请示，主要有五大问题：①造船学校迁到没有船舶工业的镇江，是否要调整专业方向；②学校原有的造船车间人员设备是否原地处置；③搬迁后全体教职工的工资地区差问题；④学校搬迁的家庭分居问题；⑤搬迁后的领导关系、教学与工厂生产配套问题。鉴于学校正在筹备党的核心组，领导班子尚未解决，还有部分学生未分配，学校搬迁有诸多拆运困难，学校因此请求延长搬迁时限。

1970年3月9日，六机部军管会（70）115号文下达了《关于上海船舶工业学校迁往江苏镇江的通知》，明确"你校教职工和各种设备、家具全部迁往镇江。原有校址和房屋、建筑物全部交给上海市革委会工交组使用"。"关于你校今后的方向、任务，以及规模和专业设置等，待调查研究后再逐步明确"。此文下达后，革委会主任、驻校的工宣队召开联席会议，动员布置搬迁工作，提出"迁校是无产阶级司令部的命令""迁校是备战""有问题，边请示、边搬迁"的口号。当时学校领导和中层干部没有恢复工作，只能"靠边站"，外来的驻校工宣队、军宣队100多人全体出动，组织人员进行图书、设备、家具等包装搬运，有的用船运，有的通过铁路托运，搬迁加速进行中。

镇江船舶工业学校大门

（二）克服困难办学

上海船校搬迁镇江的新校址是部队营房，当时没有二层以上的建筑，需要重新布局建设。迁校时的 543 名教职工只有 31 对双职工，学校的大多数人"上有老，下有小"，有家庭分居困难的问题，人心思走。迁校初期，有多种矛盾和困难，学校有"散架"的危险。

1970 年 6 月，上海党组织批准我校成立以刘东明为负责人的党的核心小组，本校领导干部开始恢复正常工作。1971 年 12 月，我校正式更名为"镇江船舶工业学校"（以下简称"镇江船校"）。在学校党组织的领导下，干部和党员进行了多场大讨论，统一了思想，大家决心克服困难，振奋精神，保住学校，学校党组织在镇江把船校办下去。为了稳定学校，学校党组织主要开展以下工作：①明确领导关系。通过六机部协调，镇江船校直属镇江地委领导；②分批解决教职工分居困难的问题，稳定教职工队伍；③教职工的工资地区差，经向六机部反映得到承诺，暂维持原状；④抓紧进行教学准备工作；⑤进行"校厂挂钩"，学校与船厂建立联系；⑥积极组织生产，先在学校草地上分段制造船体，然后拉到附近船厂的船台合拢下水，同时筹备在长江边的象山脚下建船台和船厂。

1971 年初，六机部教育局的干部来镇江进行调查研究，决定保留原上海船校的 6 个专业，在镇江继续办学。从 1972 年开始，六机部每年下达招生计划，镇江船舶学校面向全国招收学生，在全体教师的努力下，学校步入稳定的教学轨道，继续为船舶工业输送人才。与此同时，在镇江建立六机部干部轮训基地，学校每年为六机部举办厂长培训班以及财务、物资、统计等各类干部培训活动，这项工作为以后学校发展管理专业和成人教育奠定了基础。1977年12月26日，我校附属润州船厂的千吨油轮"鲁烟油2号"在长江边下水，这是江苏首条千吨级油轮。据附属工厂负责人统计，上海船校和镇江船校在1958年至1979年共计修理和建造大小船舶70艘。

上述情况表明，镇江船舶学校已具有相当的教学和生产实力。船校从上海搬迁镇江后，经过全校师生自强不息的顽强拼搏，重新焕发生机，依然是培养船舶工业人才的重要基地。

三、升格镇江船舶学院，开启新征程

镇江船舶工业学校经过多年努力，虽已逐渐稳定，保住了学校，也开展了教学和生产，但是找不到进一步发展的方向和动力。校党委书记刘东明和校长肖流一直在寻求学校发展的新途径，其中包括谋划与上海交通大学合作创办交大分校。1978年2月，两位校领导到北京向六机部汇报工作，谈到学校发展方向。六机部领导指出，部党组根据教育部关于发展高等教育的文件精神和船舶工业人才的需要以及镇江船校目前的基础条件，经研究决定将镇江船校改建为大学。刘书记和肖校长回校赶紧组织做准备工作，我校很快呈报了基本情况资料和办大学的方案。六机部在1978年下达的招生计划中，增加100名本科生，列入全国统考招生中，这是办大学的前奏。

教育部于1978年12月28日下发文件，经国务院批准同意，恢复和增设普通高等学校169所，其中，"镇江船舶学院"由镇江船舶工业学校改建，设置7个专业，为工科本科大学，学校由六机部和江苏省双重领导。经江苏省批准，1979年2月，我校正式更名为"镇江船舶学院"。这是本校的重大转折，这次转折给学校插上了腾飞的翅膀，学校从此有了上升发展的通道。接着，全校党政干部齐心协力，紧锣密鼓做改建大学的各种工作。六机部从哈尔滨船舶工程学院和其他大学调来领导干部和教授，给予基建投资，安排招生计划，江苏省和镇江市的各级领导也给予大力支持。因此，镇江船舶学院发展顺利。

长风破浪会有时，直挂云帆济沧海。回顾历史，上海船舶工业学校于1970年3月搬迁至镇江，经历了半个世纪的不断发展，尤其是1978年后，随着国家的改革开放、船舶工业与高等教育的发展，学校各方面的工作突飞猛进。如今的江苏科技大学已根深叶茂，硕果累累，建成了具有造船特色、多学科发展的科技大学，有本、硕、博在校生近3万人，并已入选江苏高水平

大学建设高校行列。2020年，江科大入驻长山新校区，学校有了更好的教学条件和发展空间，当前，国家正在加快推进海洋强国建设，江苏科技大学必将迎来更大的发展。

镇江船舶学院大门

（作者：葛荷英，女，1940年生，曾任江苏科技大学综合档案室主任。本文是作者在学校搬迁镇江办学50周年之时，以学校历史记录为据，结合亲身经历所作。）

第九节　江科大的故事：党管教育创组织　与时俱进育人才
——记上海船校第一个党总支的创建

上海船校党组织是在上海解放的背景下，上海私立大公职业学校改归公办并更名为上海机电工业学校，后由四校合并而成上海船舶工业学校，最终在更名为上海船舶制造学校的过程中逐渐创建的。随着新船校的诞生，为贯彻党管教育的方针，学校党总支应运而生。面对建校之初的重重困难，党总支卓有成效地开展工作，使船校这艘新船扬帆起航。

一、红心向党，船校第一个党支部诞生

1952年11月根据上级指示，在上海船舶工业管理局成立上海船校筹备组。1953年4月，余西迈同志受上级委派带领30余名军转干部来到筹备组工作并被委任为筹备组主任。

"余西迈经过短暂地了解，为了更有效地工作，把筹备组改为筹备处（上级任命他为筹备处主任兼教务主任，胡友章同志为总务主任），下设办公室、人事科、基建科等机构。他首先搭起了一个学校领导机构的架子，明确各部门的工作范围和任务。紧接着，组成了临时党支部，余西迈同志被指定为党支部书记，使整个筹备处的工作，置于党组织领导之下。"（见《记忆》）余西迈在 1953 年 9 月 15 日船校开学典礼上发言说："我们的师生员工都生于旧社会，要适应形势实现彻底的转变是很不容易的，必须经过长期的教育，就不能不以思想建设作为本学期的主要任务之一；组织建设是负起领导推进工作、行政、教学、党团、工会、学生会、班会、福利及其他组织制度。"（见余西迈《本校开学典礼的讲话》）党管教育是人民民主专政的应有之义。在船校成立前后，学校已经成立了党支部，承担起船校的筹建与管理工作了。

由于船校是由四校的专业科合并而成，创建之初受条件所限，呈现出"三处上课、四处办公、五处为炊、六处住宿"的分散状态，党对学校的领导也受到影响。形势的发展迫切需要建立全校统一的党组织，以总揽全局，加强领导，推进工作，促进学校的发展。

二、党旗领航，船校第一个党总支创建

1954 年 1 月 8 日，经上海市教育局党委批准，上级组织建立上海船舶制造学校党总支委员会。由于种种原因，有关船校党总支成立这一重大事件的档案史料不知何往，我们只能从其他史料求得一鳞半爪。据 1955 年 2 月 10 日《1954 年一年来的工作报告》回顾："本校党总支委员会在 1954 年 1 月份建立。"1954 年 10 月 18 日的《1954 年至 1955 年第 2 学期工作计划》也说："本校党总支是本年一月份建立的。"

1953 年 9 月学校举行开学典礼，其时全校师生员工共有 1609 人，其中学生 1321 人，专职教师 89 人（不含兼职教师），职员 122 人，技工 12 人，工友、炊事员 63 人。1954 年 1 月 9 日，学校召开第一次党员大会成立党总支委员会，其时全校共有党员 32 人，党员人数占全校总人数的比例不到 2%。32 名党员中有教员 1 人，职员 29 人，脱产干部 2 人。大会选举党总支委员 5 人，总支书记为余西迈（兼），总支下辖三个支部。随后党总支拟定如下工作计划：1. 对师生员工进行政治思想教育。2. 加强党的队伍建设，规定每周六开展党日活动。建立党员汇报制度，上党课。3. 近期重点搞党建工作，培养和发展积极分子。4. 以党政工团联席会议形式布置和协调全校工作。党的工作

总的是"以教学工作为中心发挥督促作用"。(见《史料长编》) 总支委员会是船校党的领导机构，总支委员会一经成立，即全面开展工作。

三、使命不渝，船校党总支扎实开展工作

船校党总支成立后，坚持以教学工作为中心，以党的建设为重点，统筹推进学校的各项工作，全力投入船校的建设与发展。

一是加强制度建设。1. 强化民主集中制度。船校党总支与党中央保持高度一致，认真贯彻党的四中全会精神（批判高饶反党集团），要求每个党员干部明确认识党集体领导的必要性和重要性。2. 严格请示汇报制度。船校党总支在其第一个《中国共产党船舶学校总支委员会建党计划》中与时俱进，拟定计划，在师生中开展总路线的学习活动，明确规定："严格汇报制度，党员每星期要有汇报，支部两星期至少有一次系统的汇报，亦必须包括建党与总路线学习情况。"（见《中国共产党船舶学校总支委员会建党计划》）3. 建立党政工团联席会议制度。充分调动全校教职员工的工作积极性，紧紧围绕教学改革开展政治思想工作。4. 严格党会党课制度。以校长室所属的第一支部为例，支部规定："（1）支部大会，每月开一次，内容是总结前月份的工作，布置下月份的工作。（2）支委会每半月开一次，内容是研究建党工作及检查计划一般的思想情况。（3）党小组会议每两周召开一次。"（见《第一支部半年总结报告》）组织好党课教育，是党支部的一项重要工作。总支委员会建党计划规定："建立正常的党课制度，及尽可能进行群众党课。"对积极分子培养方法为"（1）定时进行群众党课。（2）邀集参加一定会议或吸收参加党课"。

二是提高领导能力。为提升党总支委员的政治素质，提高党总支的领导能力，"总支委员会除建立正常的会议制度外，还规定一定的时间学习，以研究上级的指示和其他文件，来提高自己，统一认识"，协调一致开展工作。

三是加强组织建设。船校党总支成立后于 1954 年 3 月 9 日制定《中国共产党船舶制造学校总支委员会建党计划》，根据上级指示，结合学校中心工作以及总路线的学习，学校开展建党工作，把党建工作当成学校党组织的主要工作，把组织建设和思想建设密切结合起来。在发展党员、壮大党组织方面，党总支在坚持标准、严格遵守程序基础上初步研究决定：在已经掌握的 72 名积极分子中接收 25~35 人入党。

四是引领青年学生。学校通过青年团加强对学生会的领导。学校通过时政学习、开展活动、上党课等方式，开展学生政治思想教育工作。1953 年 6

月 30 日毛泽东向全国青年发出"身体好、学习好、工作好"的号召。上海船舶制造学校"坚决贯彻毛主席对青年的指示——三好"（见《我校 1953 年第一学期工作计划》），积极开展文体活动，努力处理好学习、锻炼与工作的关系。

上海船舶工业学校校景

四、星火传承，船校党团队伍不断壮大

学校党总支成立后，"在上级党委的正确领导下，先后建立了党总支办公室及四个分支"。随着学校党的领导机构的逐步完善，党组织开展卓有成效的工作。党总支和各党支部对建党工作高度重视，上半年通过过渡时期总路线的学习及上党课、开党会等形式，已经培养 142 名积极分子。"根据中央积极慎重的建党方针，接收新党员十三人（包括教员一人，学生七人，职员二人，工友三人）。现有正式党员二十八人，预备党员十四人。共四十二人，这些新党员在群众中都有一定的威信。"（见《1954 年一年来的工作报告》）学生中党团员的发展呈现出良好的势头：1954—1955 学年第一学期三个年级共有学生党员 6 名，团员 524 名；到第二学期，学生党员人数为 11 人，团员人数为 610 人，学生党员、团员分别增加 5 名和 86 名。党团员队伍的壮大，使学校的积极因素不断增强，使学校贯彻执行党的路线、方针、政策的能力不断提高。

通过各种方式的教育与培养，师生员工的政治觉悟不断提高，具体表现为对党有了一定的认识，不少积极分子写信和口头向党总支表示要努力工作和学习，使自己不断进步，争取早日入党。他们表示："入党不是去追求'个人'的好处，也并不是毫无目的地来争取入党。他们认识到入党后是要做人民的勤务员，去进行困难和艰巨的工作，把自己的一切贡献给党的事业。"还有的小组反映："自觉参加听党课学习以后，确实提高了我们的思想认识，过去认识自己很不够，与入党条件距离很远，但并未主动地去努力。自听课讨论以来，明确了自己，同时也找到了努力的方向，并且向党表示：决心按照入党条件来培养自己；其中不少的积极分子做到发现问题均随时向党汇报和反映。"（见《上海船舶制造学校总支委员会关于 1954 年上半年建党工作基本情况的综合总结报告》）

课堂是学校对学生进行政治教育的主战场。党总支总揽全局，科学规划，牢牢掌握对师生员工进行思想政治教育的主动权，果断调整课程设置，"政治思想教育要通过政治课，本学年我们开设了《社会发展史》《中国革命史》《中华人民共和国宪法基本认识》，以贯彻辩证唯物论世界观，树立社会主义政治方向，进行共产主义道德品质教育。其他如物理学科、金属工艺等课程进行了辩证唯物论思想教育，而且灌输了国际主义、爱国主义教育"。（见《一九五四——一九五五学年教学工作总结》）学校通过系统的课程教学，结合上党课、开党会、接受党组织的实践考验等各种形式的培养锻炼，提高师生员工的政治觉悟，实现思想上的引领，真正使全校师生员工紧紧围绕在党总支周围，大大提高了党总支的威信。

船校党总支委员会的成立顺应人民共和国党管教育的制度规定，适应经济社会发展的迫切需要，为上海船校扬帆起航、逐渐发展壮大提供了坚强的政治领导。船校党组织能够与时俱进，坚决与党中央保持高度一致，充分认识对全校师生员工进行思想政治教育的极端重要性，通过制订详细工作计划、开展丰富多彩的宣教活动，大力提高师生员工的政治觉悟；通过发展党团员不断壮大党在船校的执政基础，为引领船校的发展提供了坚强的政治保障。

（作者：孙洪军，江苏科技大学马克思主义学院副教授、硕士生导师，苏州大学历史学博士）

第十节　江科大的故事：回眸母校忆芳华

1982 年，我参加完高考，填报志愿那一天，父亲忐忑不安，怕我在填报志愿中好高骛远，入错行。当时的学校大多以行业分类，诸如师范、商业、工业、供销、银行等，当他在众多志愿中听到了还有粮食学校时，他的眼睛为之一亮，说："就这个吧，咱们老百姓以食为天，不管到了什么时候，有粮吃就饿不死。"后来，我被江苏省镇江粮食学校录取，父亲十分惊喜。在那个物资匮乏的年代，父亲朴素的喜悦，让我"别有一番自豪在心头"，平添了一份对粮校特殊的感情。从此，我与镇江粮食学校有了不解之缘。

原江苏省镇江粮食学校 1982 级财会 1 班团、班支委合影

一、初入校园

入学前，我不止一次地想象学校的样子：坐落在镇江南郊七里甸，应该是背靠青山，三面桃花，毗邻风景秀丽的南郊风景区，即使没有十里洋场，起码也风景迤逦。入学时，我提前一天进县城，买好了第二天早上 6 点去淮阴的车票，想到有机会看一看沭阳县的十里长街，有点兴奋，更加憧憬镇江的学校生活。我经过淮阴转车到达镇江车站时已是晚上 7 点多钟了。学校派一辆货车来，接我们几个来自不同地方的新同学，顺便到粮库去装点粮油，顺着曲曲弯弯的小路，一路颠簸着向已是漆黑的南郊驶去。到了学校，我办理了入学手续，领了饭票，别上校徽，去食堂吃饭，广播里一遍又一遍地播放着《在希望的田野上》《在那桃花盛开的地方》等曲子，饭菜比家里和中学的好了很多。晚上虽然天阴无月，还飘着小雨，但我心里有一种压抑不住

的兴奋。第二天一早，我就迫不及待地起来看看校园。学校初创时期条件十分简陋，只有两幢教学楼、两幢宿舍楼、一座食堂兼礼堂，四周都是农田，校园孤零零地卧在满是石头和茅草的荒郊野外，不一会儿我新买的鞋子已被清晨的露水打湿了。学校只有两届同学，总共不足 200 人，人气明显不旺。我回到宿舍，有同学在念李清照的《声声慢》："寻寻觅觅，冷冷清清……"

很快，学校决定举办运动会，当时借用的是镇江船舶学院的操场。镇江船舶学院坐落在镇江东郊，两地距离很远，我们徒步而去，一路高歌。备战运动会的时候，同学们就摩拳擦掌、跃跃欲试，到了运动场上，更是人人似猛虎下山、个个如蛟龙出海。场外的呐喊声、加油声一浪高过一浪，这火热的场面燃起青春的激情。多少年过去了，当同学们回忆起粮校这场令人难忘的运动会时，仍然激动不已。运动会给我们上了生动的一课，为我们找回了自信，赋予了我们拼搏奋斗的志气和勇气。这也是我们与船院的第一次联结。

学校除安排基础课、专业课之外，还有除杂草、搬石头、运杂物、植树等劳动课。不少同学对此有看法，认为寒窗苦读十二载，为的是到粮校来学习专业知识，而不是来做苦力的。身为班级团支部书记的我，为了化解同学们的不满情绪，在一次栽樱花树的时候，让大家憧憬若干年后工作在祖国的四面八方，回想起母校校园里那一株株亲手栽植的美丽樱花，我们不仅会感到自豪，而且会为樱花美化了母校而感到欣慰。果然，多年以后，每当我们回到母校，都会情不自禁地抚摸樱花树。樱花树下，读书时的青春岁月历历在眼前。

入学不久，我牵头创办了粮校第一个油印杂志《粮校生活》。大家推选我做主编，靠着年轻人的那份激情，我和几位同学积极忙活起来，征稿、约稿、改稿、编辑、钢板誊写、油印和发行全靠自己动手。为了不辜负同学们的期望，我临时抱佛脚买来了《报纸编辑学》，边学边做。当看到同学们争相传阅墨香扑面的杂志时，我的一份成就感从心底油然而生。我们在校时，这份杂志共办了三期，记录了我们在粮校学习和生活的难忘时光。

最难忘的是吴老师的一次试卷批改。在一次"工业会计"课的考试中，有一道题，我前面做的成本汇集、分摊、结转、汇总等过程都正确，但是最后的计算结果因笔误出错了。老师在批卷时把这道题的分全部扣光了。我当时想不通，就去找"工业会计"课的吴兆成老师。他严肃地对我说："在中学阶段考试中结果出错，改正就行，但在工作中如果结果出错，哪怕是一分钱，觉都不能睡，还能得分吗？"当时的我，懵懂中只知道老师对我很凶，但是对错了一分钱为何就不能睡觉还是不能理解。直到毕业后走上工作岗位，在工作中亲身经历过，我才真正领悟到老师当年的良苦用心。多少年来，这种科学严谨、求真务实的态度一直是我不断前行的精神力量。

二、再进校园

注重理论联系实际，增加学生们的社会实践知识，是粮校教学的一大特色。1991年，粮校外聘了两名讲师，我是其中之一。我给同学们讲的课程是"社会实践中的会计"，主要内容是会计实践中遇到的实际问题和解决方法。初上讲台心里还是忐忑不安的，但是当我看到台下学弟学妹求知若渴的目光和老师那信任鼓励的眼神时，我鼓起了勇气。好在讲的是自己工作中的切身经历，再结合以前老师课堂上讲的理论，也不是很难——无非是用我的实践来证明书本上的知识。渐渐地我发现，阶梯教室里的人越来越多，到后来连窗台上都坐满了听课的同学。这种理论和案例相结合的讲课风格深受同学们欢迎，同学们都说这样的课生动有趣，干货满满，课内听得进，走上社会用得上。

随着社会改革的步伐越来越大，粮食课程设置需要与时俱进，增强课程的时代性和实践性。为此，粮校决定重新编写和修订教材，并把具有一定实践经验的我选入教材编写组。当时我志大才疏，凭着年轻气盛，便一口答应接下了任务。可是回到工作岗位以后，我才感受到时间的紧张、学问的肤浅，直到编写组催稿的时候，才仅仅写了开头。为了抢时间、抢进度，我白天工作，晚上连夜写稿，常常一写就是一通宵。时值隆冬，那个年月没有暖气，更没有空调，我在桌子下面放一床棉被，把脚伸进里面取暖。当我写空了一大把圆珠笔芯的时候，书稿也画上了最后一个句号。俗话说"急火打不出好烧饼"，但是"丑媳妇总得见公婆"。当我把书稿交到教材编写组时，领导和老师在给予肯定的同时，也提出了许多修改建议。当《新编粮食商业会计》作为校本教材使用时，商业会计学陈智勇老师对同学们说："这本教材是你们的大师兄、财会第一届毕业生编写的，以前我给他改作业，现在仍在给他改作业。"《新编粮食商业会计》的编写，让我成长了许多。其间老师们的肯定，是出于对我的鼓励和关爱，而陈老师说的话，是在鞭策我学无止境，必须戒骄戒躁，始终行走在终身学习的路上。

三、重回校园

镇江粮校随着改革浪潮的起伏，校名、校址也都发生多次变化。先是由

"江苏省镇江粮食学校"更名为"江海贸易学校";后和江苏科技大学合并,改为"应用技术学院";随着进一步的院系调整,学院被撤销,校址作为"南徐学院"的办学地;"南徐学院"搬走后又成为江科大的南校区。校址虽然还在,但原来粮校的专业都被分到其他院系中去了。

张汉乐回母校参加活动留影

直到 2016 年,粮校校友们迎来了又一个春天。在 1 万多名校友的倡议下,在学校领导的高度重视下,在省粮食厅领导的大力支持下,江苏科技大学恢复建设粮食学院。可以说,以复建粮食学院为标志,镇江粮食学校终于在院系的合并与调整中,获得了自己应有的位置。从此,粮校校友们重新拥有了自己的精神家园,如一个个漂泊的孩子重新回到母亲的怀抱。和母校失联多年的我,又被江苏科技大学聘任为兼职教授、"深蓝教授",经常到学校举办讲座,和同学们进行学术交流,这一条精神纽带把我、学校和粮食学院又一次牢牢地联结到一起。

蓦然回眸,我与粮校结缘已经走过了近 40 个年头。除去年幼无知和垂垂老矣,人生能有几个 40 年?随着初入校园、再进校园和重回校园,我的身份也在一次次地发生变化,但是我对母校的那份拳拳之心永远没有变。说我是粮校人,不为过;说我是粮校人,我自豪!我感谢命运让我走进这个殿堂,我感谢母校让我伴其前行。"谁言寸草心,报得三春晖",我愿为母校的发展略尽绵薄之力,我祝愿我的母校明天更加辉煌!

(作者:张汉乐,南京铭和医院投资管理有限公司董事长,江苏省镇江粮食学校毕业生,高级经济师,江苏科技大学"深蓝教授"。)

第十一节　江科大的故事：党和国家领导人与蚕业研究所

新中国成立后，中国农业科学院蚕业研究所的科研工作受到了朱德、王震、费孝通等党和国家领导人的高度重视，他们分别于 1958 年、1963—1965 年、1991 年来到位于镇江四摆渡的蚕业研究所视察。

一、朱德副主席与蚕研所科研人员亲切交流

1958 年 4 月 18 日下午，朱德副主席在上海实验生物研究所与朱冼教授等科研人员座谈蓖麻蚕研究情况时，得知了镇江有个全国蚕业研究中心，于是他老人家临时决定，一定要到镇江看看。

4 月 19 日上午，在镇江地委副书记隋振江的陪同下，朱德副主席乘坐小轿车专程来到了位于镇江西郊四摆渡绿树成荫、风景如画的蚕业研究所。

在蚕研所会议室里，朱德副主席耐心地听取了王檐雨所长的汇报，并询问了高一陵、孙本忠、顾青虹、曹诒孙、章步青、戴亚民、朱鹤年、孙肇珏、潘传铭、俞月娥等科研人员的姓名和工作简历，然后就中国的蚕丝业发展、蚕桑的综合利用、桑树地方品种选育、蚕桑发展远景、国际技术合作等问题和科研人员进行了座谈交流，并就积极发展我国蚕丝生产、蚕业科学研究的方向和方法，以及国际技术合作等问题做了重要指示。

朱德副主席勉励大家说："全国一百多个农业科学研究单位，研究蚕业的只有你们这一个专业所，这门科学是接近群众的，六亿人民都希望掌握栽桑养蚕技术，要注意推广，培养好干部。""要把个人名利思想抛弃，着重解决生产上迫切需要解决的问题，不要好高骛远。""人的一生时间是有限的，要好好计划，要想到做些对人民有益的事情。"朱德副主席指示说："蚕丝业在农业生产、人民生活、对外贸易中具有重要地位，至今仍是我国农村的一项重要副业，应当积极发展。"他说："发展蚕业生产，一靠政策，改善经营管理；二靠现代科学技术来迅速提高产量和质量。""我国人多地多，地无分南北，人无分男女，都能养蚕。我们要到处推广养蚕栽桑，直到推广不到的地方。我们有六亿人口，人力用之不尽，有 960 万平方公里的土地，要产 90 万吨丝没有问题。"他希望科研人员多出成果，为我国蚕业达到世界先进水平而努力。

座谈结束后，朱德副主席在蚕研所领导和科研人员的陪同下，健步深入

蚕室、缫丝厂、炕房和桑园等地参观考察。

1958 年 4 月 19 日接待朱德副主席的蚕研所办公楼

二、王震三次视察蚕研所并协调组建专家组帮助新疆发展蚕桑

为了发展新疆蚕桑生产，原国家副主席、时任国务院农垦部部长兼新疆生产建设兵团司令员的王震于 1963 年 7 月、1964 年 8 月、1965 年 10 月三次来到蚕研所视察。

1963 年 7 月，王震得到朱德委员长、周恩来总理的支持，首次来镇江中国农业科学院蚕业研究所，商定由蚕研所派科技人员去新疆帮助发展蚕桑生产。之后，农垦部华东专家考察组成立，专家考察组成员由华东区各高等院校的桑蚕专家、教授组成，先后到新疆生产建设兵团调研新疆蚕桑生产情况。

1963 年 10 月，华东专家考察组在镇江四摆渡蚕研所开会讨论新疆发展蚕桑生产问题，认为新疆塔里木地区可以发展成为我国蚕桑生产的新基点，并针对考察中发现的问题，拟订了在阿克苏农一师、库尔勒农二师发展蚕桑生产的规划。根据王震部长指示，由华东地区有关蚕桑科研机构和教育生产单位的部分专家组成了"新疆生产建设兵团蚕桑科学技术顾问委员会"，主要任务是当好农垦部助手、参谋，每年由委员会分批派专家去新疆指导工作，进行考察。

不久，华东专家考察组受农垦部的委托，由蚕研所顾青虹先生领衔，主编了新疆桑蚕学教科书，上册是《栽桑学》，下册是《养蚕学》。1964 年 4 月，在教科书出版之际，王震部长特为教科书撰写了前言。前言中，王震部长对中国农科院蚕业研究所和华东区各高等专业学校的桑蚕专家、教授 1963 年到新疆进行蚕桑生产建设调查研究，而后又编写新疆桑蚕学教科书表示感谢，同时他鼓励 1962 年至 1964 年进疆的 51000 多名上海知识青年好好读书，担负起建设边疆、保卫边疆的光荣任务，为新疆塔里木垦区建设做出贡献。

1964 年 8 月，王震第二次来到蚕研所视察，继续和蚕研所科研人员商讨援疆工作，解决实际工作中遇到的问题。

1965 年 10 月 30 日，王震部长在夫人王季青的陪同下第三次来到蚕研所。视察期间，王震部长和蚕研所所长王檐雨、新疆工作组组长顾青虹以及去新疆参加基点工作的潘传铭、孙肇钰、夏明炯、沈瑞庭、缪梅如、方心然、顾宝琳等同志一起进行座谈。王震部长详细询问了新疆基点工作情况和 1965 年农一师的栽桑养蚕情况，对工作组大部分时间参加田间劳动给予了肯定。座谈会结束后，王震夫妇自掏腰包设宴款待了当时在研究所所有参加过援疆的同志。

1965 年王震（第二排左起第二）和蚕研所、新疆建设兵团领导在蚕研所办公楼前合影

三、全国人大常委会副委员长费孝通为蚕研所题词

1991 年 11 月 29 日上午，全国人大常委会副委员长费孝通在江苏省人大常委会副主任张耀华、省政府办公厅主任施绍祥、省委副秘书长朱通华、镇江市委书记俞兴德等省市领导的陪同下视察了蚕研所。

全国人大常委会副委员长费孝通的姐姐费达生是我国著名的蚕丝专家，也是蚕研所的老朋友，听说弟弟费孝通要到镇江考察乡镇企业经济，她叮嘱费孝通："这次到镇江，你无论如何都要替我去蚕研所看望大家。"

视察期间，副委员长费孝通参观了蚕研所农业部重点开放实验室，听取了科研人员关于蚕研所最新科研成果的汇报。之后，他又来到蚕研所学术报告厅和部分科研人员进行了座谈。座谈会上，费孝通副委员长听取了蚕研所原副所长黄君霆研究员"建所 40 年的情况汇报"和蚕研所原科研处处长庄大桓的"关于筹建全国科研发展基金的建议"以及原科研处副处长朱宗才"关于加速推行组合售茧缫丝计价的建议"之后指出："今后蚕丝事业的发展要从综合开发、综合利用的观点来考虑，希望镇江蚕研所走出一条蚕丝发展的新路子。"

座谈会结束后，费孝通副委员长欣然命笔为蚕研所题词，写下了"继承传统，开拓创新"八个苍劲有力的大字。

费孝通副委员长为蚕研所题词

（作者：王福海，统计师，中国蚕学会、江苏省蚕学会会员。1978 年至 1980 年，他在镇江市戴家门小学担任人民教师，1980 年至 2019 年，在江苏科技大学蚕业研究所工作，历任蚕研所团总支副书记、教工党支部书记、工会主席等职。）

第十二节　江科大的故事：镇江船舶学院的诞生

1978 年 12 月经国务院批准建立镇江船舶学院。这是一所新建的国防工业高等院校，当时适逢中共第十一届三中全会在北京胜利召开。

镇江船舶学院（以下简称镇江船院）是由镇江船舶工业学校（以下简称镇江船校）改建而成，其前身是上海船舶工业学校（以下简称上海船校）。这所学校服务造船工业的建设，有过光辉的业绩和光荣的校史。后来遭到了种种破坏，特别是校址搬迁带来的重大创伤和经历过的一段坎坷的道路，令人难以忘怀。1953 年创建的上海船校，是新中国第一所综合性造船中等专业学校，经过多年办学的实践，师资力量较为雄厚，设备和其他教学条件也都较好。

1958 年和 1960 年，这所学校曾先后两度升格为造船专科学校，且被列为国防工业重点学校。历届毕业生在造船工业系统有着较高的质量信誉，获得过较好的评价。但是，后来学校停止了招生。第六机械工业部原有的 9 所中专校，被取消了 8 所，只剩下我们一所学校，也在 1970 年被搬迁到江苏省镇江市，远离了造船基地，失去了原先办中专校时的一些最好的环境和条件，这使这所学校陷入了动荡的困境。

我是 1971 年 12 月底奉调来校的。由于 20 世纪 50 年代初我先后在上海工业学校、上海动力机器制造学校和上海机械学院工作多年，故对上海船校从开始创建到后来的发展还是比较了解。出于对教育事业的热爱，我对这所学校的遭遇同样是深感痛惜的。来到这个学校时，我同 20 世纪 50 年代初就一直奋战在教育战线上的老战友刘东明同志共同担任学校的党政领导工作，都很希望能把这所学校再搞上去，重振上海船校当年的雄姿。但是到校后，接踵而来的各种难题把学校的领导和干部搞得焦头烂额，主要是学校发展方向长期不定，自 1972 年开始每年只能招收少量的学生，领导精力较多地是放在抓工业生产上；中专校的领导关系当时在地方上也无法挂靠；大部分教工家庭分居，思想处于不稳定状态；工资地区差问题又不时困扰着学校许许多多人的心；加上当时校址问题的纠纷等。学校的干部队伍是好的，教职工的思想觉悟也都较高，尽管因搬迁给每个人都带来了这样那样的困难，但他们都能在困难面前顾大局、讲团结，坚持把生产和教学工作努力搞上去，以避免学校再遭到被拆散的厄运。但由于学校方向的不定，引起各种风波频频发生，学校领导和人事、财务部门的干部日子很不好过，经常要到北京向部里反映情况，请示解决种种急难问题。可以说我们是在各种困难中带领大家拼搏前进的。

1976 年 10 月，全校强烈地提出要解决船校的方向和搬迁后所遗留的问题。1976 年底，我到北京参加造船工作会议，会上我着重阐述了上海船校过去每年可为造船工业输送五、六百名优质毕业生，但是学校搬迁到镇江后 7 年才有 500 多名学生毕业，这样搞下去怎么得了？我在会上还历数了多年来学校所经受的磨难和学校的艰难处境，并对学校今后出路提出了积极的设想。部领导和教育局、规划局以及其他各业务局的领导，对学校存在的种种问题也都十分同情和关心。特别是对如何解决学校方向问题，部领导还曾请上海交大和我校领导具体磋商过若干办好学校的方案，交大领导曾带了数十位同志两次来镇江。

1977 年后的一年多时间里，校党委经常研究学校的发展方向，频频赴京请示。正在学校苦于找不到出路徘徊时，1977 年底教育部发出了《关于报请增设普通高等学校有关问题的意见》，对基础好的中专校可以根据需要改建为高校。六机部考虑到镇江船校师资和干部力量较强，设备和其他条件较好，过去又曾两度升格为造船专科学校，根据造船工业发展的需要，在江苏省和镇江市的大力支持下，六机部向国务院提出了将镇江船校改建为镇江船舶学院的建议。经过审查，国务院于 1978 年 12 月正式批准我校升格为镇江船舶学院，并经教育部同意于当年暑期参加了全国高校的统一招生，9 月份迎来了我院的首批新生，这是我校办学方向的一个最重要转折。

我当时曾想过，我国海疆漫长，不发展造船工业，不狠抓造船院校的建设，将来的后患是难以预测的，我们的子孙后代也会谴责我们。清朝有个左宗棠，那时他还办起了马尾船政（学堂）培养出像邓世昌那样的民族英雄。今天，中国要想强大，必须建设好强大的海防，对于这一点，我们是始终坚信不疑的。因有感于镇江船舶学院的诞生，我当时曾喜赋小诗一首："长征新起步，船院庆生辰。何惧海疆阔，摇篮自育人。"以表贺忱。

学校经过 12 年，特别是后 8 年的动荡，终于有了稳定的发展方向，这无论从当时或在今天来说，都堪称是学校最好的发展方案。由于天时、地利、人和，这所学校从此走上了新生之路。

肖流与杨槱院士合影

镇江船院这所新兴的大学，在办学方面有着良好的基础条件和社会环境，设置的7个专业原先已有较强的师资队伍和较好的教学设施，校区房舍基本现成，干部队伍力量较强。十一届三中全会后镇江船院开始了教育事业的春天，招生制度、高校管理都渐趋正规，教育部先后颁发了一系列制度，学校工作有章可循，普通高校有规定的教育计划、大纲，使教学工作有据可依，新的教材也陆续出版。我在学校工作了几十年（包括战争时期），怎能不为之振奋呢？

但是要真正把学校办成享誉较高的大学毕竟不是一件很容易的事，我们要适应新形势下的新要求，必须继续解决好过去的遗留问题，还需要做大量艰苦的改建工作。在改建大学后，我们学院主要做了如下几件大事：

第一，认真搞好领导班子建设（包括机构设置和各级干部配备）。经中共中央组织部批准，我被任命为镇江船舶学院院长，刘东明同志被任命为党委书记。六机部和中共江苏省委紧接着又任了几位副院长和党委副书记，并从哈尔滨船舶工程学院调陈宽同志来院任教务副院长，同时还任命国家学部委员杨槱教授为我院第一副院长，担任了学院学术委员会主席和学位评定委员会主席。在组织机构方面，上级领导按高教六十条及参照有关兄弟院校机构设置，健全了本院的机构设置，配齐了党政各部门的干部，逐步制定了各项规章制度，使学院有了能适应高校教育的组织体系和可遵循的办学章程。学院先后实行党委领导下的院长分工负责制和党委领导下的院长负责制。

第二，切实加强了师资队伍的建设和狠抓了师资水平的提高。原镇江船校约有70%的人能胜任大学的教育工作，但也必须随着学校任务的改变而有计划地提高其业务水平，为此学校很快地建立起培养和提高师资的专门工作班子，分不同情况，有的在教学实践中提高，有的脱产进修或出国深造。学校同时还广开才路，从各老牌大学和科研单位陆续调进了一大批水平较高的教师。学校对原有教师中的少数人则根据他们的实际情况和需要另行安排更为适当的工作。而对有些家在上海、长期分居的同志，我们寄予深切的同情，多方设法、分期分批将他们安排回上海工作。对于这些同志，虽然先后离开学校了，但他们对我校的建设和发展，有过不可磨灭的建树和功勋，我们不仅感谢他们，而且十分怀念他们。通过种种努力，到建院第3年时，我们基本上配齐了各门课程所需的师资，建起了一支能胜任大学课程较好的教师队伍，按照教育计划规定需开出的各门功课基本上都能开出了（包括实验课）。

第三，根据上级指示，制订发展规划，进行基本建设和新专业的迅速上马。除原有的船舶工程、机械制造、船舶内燃动力装置、船舶焊接、工业电气化自动化专业外，学校又新设了计算机专业和工业管理专业，通过我们不懈的努力，这两个专业也很快地走上正轨。由于六机部的大力扶持，到了1982年学校已完成了建院的第一期工程，达到了规模1200名学生的要求。1983年第二期工程开始，按2400名学生规模继续进行改扩建。到了1984年，实际上在校学生已经达到2000名了。建院之初，国务院教育部和国防科工委先后都曾派人来院视察过，他们都认为在新建的许多大专院校中，"镇江船院的办学条件是属于上乘的"。这既是对我们的鼓舞，又是对我们的鞭策。随着各项工作的日臻完善，我们也较快地完成了从中专到大学的顺利过渡。

第四，认真解决好历史遗留的问题。除了上面已述及的由于搬迁带来的长期分居问题得以基本解决外，还对历次政治运动中所造成的冤、假、错案进行了逐一的平反。所有这一切工作的开展，体现了党的温暖和关怀，极大地激发了广大教工的政治热情，调动了他们工作的积极性。

1983年9月15日，镇江船院举行上海船校建校30周年暨建院五周年的庆祝大会，这次大会是对建校以来业绩的检阅，也是对改建大学后5年工作的小结。中船总公司和省市委领导同志，以及当年为创办这所学校做过决策的人、我国造船工业的老前辈程望同志也应邀到会并讲话。校党委对过去30年特别是改建大学后的5年工作进行了实事求是的评价，并提出了今后的努力方向。

镇江船院第一届教代会（左六为肖流，摄于 1984 年 6 月 15 日）

1983 年 12 月刘东明同志退到二线，上级决定我改任党委书记，由陈宽同志继任院长。1984 年 11 月，我主动请求退到二线，书记由杜义龙同志接任。我们这些教育战线上的老兵，在完成党所赋予的历史任务方面曾尽了一点绵薄之力，但从党对我们的要求来说，总还觉得尚有许多事未能做得更好，这也是退下来后内心有时不安的原因。所喜者是在休息后的这几年，我看到了学校的工作年年都有新的起色，新接班的各级领导同志绝大多数都能在各自的岗位上兢兢业业、孜孜不倦地工作着，这些都使我十分欣慰和振奋不已。

抚今追昔，每当我回想起镇江船院这所从困境中走上新生之路的历程时，便由衷地感到高兴。我深信镇江船院必将在新的航程上扬帆前进！

（作者：肖流，1923—2011 年，安徽省舒城县人，离休干部、新四军老战士、原镇江船舶学院党委书记。1939 年 8 月参加革命，中共上海市一大代表。1952 年转业，先后任上海机械制造学校副校长、校长兼党委书记、上海机械专科学校和上海动力机器制造学校副校长、校长，杭州机械专科学校、杭州船舶工业学校校长、镇江船舶工业学校校长、镇江船舶学院院长、党委书记等职。）

第十三节 江科大的故事：忆镇江船舶学院的专业设置

镇江船舶学院建院之初，根据原六机部（79）六机计字 103 号文的规定，镇江船院设置船舶工程、船舶电气自动化、电子计算机技术、船舶焊接、机械制造、船舶内燃动力装置、工业管理等 7 个专业。后来，有些专业名称虽略有调整但其内容无根本性变化。事实证明，这些专业能满足多种经营的造船工业发展的需要。之所以如此基于下述指导思想：

第一，为了不断适应变革中的工业格局以及不断发展中的科学技术，人才培养不应轻易用设置新专业的办法来解决。新专业的建设需要花费大量人力、物力和时间，变化中的现实世界是否对新专业有稳定的人才需求，一时尚难预言。而多数新专业是在原有学科基础上融合、衍生而成的，因此新型人才的培养完全可以通过原有专业的发展优化来实现，亦即是主要通过原有专业内涵的更新，来满足不断发展的需要。这对基础不厚的新建院校，尤为重要。从人才、器材的使用比较经济，管理比较合理的角度来看，一个专业至少能稳定每年招生 60 人以上，方有存在价值。

为了适应社会对人才的需求，学校对专业内涵的调整、改革和发展，是必须予以重视和鼓励的，如果各专业年复一年、静止不变，势必与社会需求脱节。十余年来，学院每两年对各专业教育计划进行一次全面修订，及时调整课程设置、各类课程配比。在保持基础课程相对稳定的情况下，学校通过调整专业限修课，形成若干专门化，来满足造船工业的需要。例如船舶工程专业，在偏重造船工艺的同时，设立了船舶舾装专门化（首批学生已于 1990 年秋毕业，深受各船厂欢迎）；焊接专业正在设立无损检测专门化；动力装置专业，根据多种经营的发展增设了锅炉、能源方面教学内容；电气专业则形成船舶电气和工业电气化自动化两个专业方向；工业管理专业形成生产管理、经营外贸、管理信息系统三个专门化，工业会计则由专门化逐步形成独立专业。

第二，建院之初，全国高教界在学制问题上，曾有四年制、五年制之争，一些院校希望延长学制。我们从一开始就是坚持搞四年制的。五年制虽然培养的学生肯定会比四年制强一些，但是学制再长，也不能把高等人才的培养工作"毕其功于一役"。尤其是从事工业生产和管理的人才培养，只有通过学校教育与社会实践的反复结合，才有可能解决培养好他们的问题。科学技术发展一日千里，日新月异，不可能通过延长本科学习年限予以解决，而延长学制最大的弊病，是在同样的经费和设施能力的条件下，必须减少年招生人数，这同广大青年渴望接受高等教育，四化建设亟须人才，又没有可能明显增大教育投资的中国国情是不相适应的。

在这样的背景下，四年制本科生又必须吸收新科学技术的营养，因此教学内容必须"少而精"，学校不断努力删减陈旧过时、繁琐累赘的内容，改进教学方法，这通常会受到习惯势力的顽强抵抗，因此必须努力去推动。

中共镇江船舶学院第一届党员大会（左 1 为陈宽）

第三，形成专业特色，这对于一个规模不大、历史不长的学校来说尤为重要。它必须能满足社会某一个方面对某种规格人才的需要，否则就可能丧失其存在的必要性。镇江船院的特色应为造船工业第一线培养顶用的人才，这是对过去上海船校的发展和提高，也是创建学院的宗旨。但是如何能做到这一点，认识上并未完全统一，做法上也有待进一步探索。

建院之初，有一种观点，至今仍有些市场，认为"到工厂去，中专生、大专生更为合适，用不着本科生"，这实际上是一种经验主义的倾向。不可否认在工厂的人才结构中，中专生、大专生要占相当比例。假如工厂结构仍和之前一样，一个工厂主要生产一种产品，产品工艺基本多年不变，或者像某些乡镇企业一样，新技术新产品的开发依赖大城市的大厂、科研机构、大专院校，那么工厂对本科生的需求的确有限。而对于一个要在国内外激烈的市场竞争中，依靠不断的技术改造、产品更新去求得生存和发展的企业，它必然要有高智力结构的职工队伍，因为企业的竞争，归根结底是人才的竞争。

这在工业发达的国家早已是一般常识了。

但要通过教学过程实际形成专业特色，我们则需要有一个过程并要做出持续的辛勤的努力。这包括：（1）从课程设置到训练方法能够保证特色的形成。而在建院之初，学校为了保证教学质量主要是按国家下达的指导计划，统一大纲、统编教材来组织实施教育，要形成专业特色就不能一直这样下去，从继承到发展要有一个不短的过程，方向要明确，步子要稳妥。既不能"老路走到底"，又不能"一蹴而就"。（2）要使学生有特色，必须教师有特色。高校教师的特色是在其学术活动，特别是科研活动中形成的，必须鼓励教师，在认真做好教学工作的同时，努力参加工厂的技术改造和产品改造，鼓励所有教师与企业保持经常的密切的联系。对镇江船院这样的学校，除了专职教师外，学校还必须聘请有丰富实际经验的工程技术人员，担任兼职教师，以有利于加速专业特色的形成。（3）学生的实践环节，要有必要的物质条件保证，以使学生了解企业、熟悉生产。

10余年来，学院是按这一方向去做的，也有一定成效，毕业学生比较愿意去企业工作，一部分毕业生也在企业做出了成绩受到企业欢迎，但这仅仅是开始，尚有大量工作有待进行。

第四，本科院校利用其在师资、设备上的优势，培养一部分大专生，这是投入少、上马快、质量有保证的好办法，较之新建一所专科学校或中专升格有利。10余年来，镇江船院在这方面挖掘潜力，"多种经营"并取得了一定成绩，在培养专科生方面，面向社会，学制三年的物资管理、机械制造、工业会计、工业外贸等专科已经招生，还办过一些帮助三线企业培养人才的三线知青大专班。

在成人教育方面，镇江船院夜大学1980年经国家批准开办，设有机制、工业电气自动化、管理等专业，为专科学制，已有毕业生738人，现有在校生416名。各种学制半年至一年的培训班，主要办过：第1至第10期企业领导干部管理培训班；第2至第5期厂长统考培训班；第1至第4期总会计师培训班，培训企业领导干部600余人次。为企业各类干部开办了物资管理、财务管理、统计、档案管理等专业培训班30余班次，参加培训约1800人；举办了档案管理、物资管理、船舶建造和检验、焊接技术、工企管理、行政管理、应用电子技术、机械制造等专业的专业证书班12个，已经培训和正在培训的在职专业人员488人。所有这些活动既为社会培养了人才，加强了学院与企业的密切联系，又促进了学院的建设。

1985 年 6 月中船总公司总经理冯直考察学校工作（左 3 为陈宽）

　　十年树木，百年树人。一所学校也好，一个专业也好，要建设好，需要二三十年的时间甚至几代人的努力。在原六机部及船舶总公司的领导下，经过 10 余年全院师生员工的努力，镇江船舶学院的专业建设虽然取得了可喜的成绩和一定的经验，但这毕竟是很初步的，上水平、上质量、形成专业特色，仍然是摆在镇江船院教职工面前的光荣而艰巨的任务。

青年时期的陈宽

老年时期的陈宽

（作者：陈宽，1928—2017 年，原镇江船舶学院院长、教授，毕业于清华大学电机系，1949 年 8 月加入中国共产党，10 月 1 日，作为 36 名士兵组成的海军方队成员之一参加开国大典，新中国成立后参加人民海军建设，在东海舰队辽河军舰任见习机电长，其间荣立三等功一次。1953 年 1 月奉调参加哈尔滨军事工程学院建设，参与创建"海军舰炮设计与制造""舰艇核动力装置设置与制造"两个专业，为我国舰炮、舰艇核动力装置的研制培养了首批技术骨干，并参与了我国自行研制舰炮、舰艇核动力装置早期科研工作，获得嘉奖并荣记二等功。1979 年 11 月他调入镇江船舶学院工作，先后任副院长、院长，为学校从中专到大学的顺利过渡和改革发展做出了重要的贡献。）

第十四节　江科大的故事：东鳞西爪话杨槱

【人物简介】杨槱，1917 年 10 月生，江苏镇江句容人，1980 年至 1983 年兼任原镇江船舶学院副院长，是新中国船舶行业的首位院士、船舶计算机辅助设计的创始人、船舶技术经济论证的开拓者、船舶帆船史的奠基人，为中国现代船舶工业的发展和人才培养做出了重要贡献。

杨槱院士是我的前辈，20 世纪 50 年代我在上海船校读书时，所用的船舶概论教材就是杨槱编写的，当时根本没有想到后来我和他会有什么交集。我和杨槱相识，纯属偶然。1966 年以前杨槱是上海交通大学的教授，在交大曾任教务长达 10 年之久。但在 1976 年以后，交大却一直没有给他安排行政职务。1979年当时的六机部任命他为哈尔滨船舶工程学院副院长，对此安排杨槱是无条件服从的，但由于他的夫人极力反对而未能成行，于是六机部又改派他到新成立的镇江船舶学院当副院长，并于1980年2月下达了正式文件。杨槱非常乐意到镇江船院工作，当时船院的主要领导，刘东明书记和肖流院长也都非常欢迎，他们原来早就认识，是老朋友，但杨槱却没有立即赴任，什么原因？无巧不成书，原来就在这时，上海交大成立了船舶与海洋工程研究所并任命杨槱为所长，交大要求杨槱把主要精力放在研究所，任镇江船院副院长只能是兼职，因此杨槱直到1980年6月才到镇江船院赴任。试想如果他1979年去了哈尔滨或者上海交通大学任他为所长一职在六机部发文之前，杨槱任镇江船院副院长之事，就不会发生。

杨槱

杨槱在镇江船院工作的时间不长，1983年底就辞去副院长一职。由于他身兼多职（既是上海交大船舶与海洋工程研究所的所长，又是中国海洋学会副理事长、九三学社中央常委及上海市主委，中科院学部委员），工作很忙，因此在镇江船院任副院长期间每个季度来镇江一次，每次一星期左右。但他曾对学校的建设、发展思路、发展规划以及如何办好大学等提出过不少建议，同时也在干部培训班上讲过"工程经济学在船舶工业的应用"这一专题，美国著名造船学者本福特教授来我校访问时，杨槱也参加了接待工作。

大概在1981年的秋天，我曾有幸陪同杨槱副院长考察长江，其目的是什么，他没有说，我猜想也许是考察长江航道吧。我们驱车沿江一直到金山以西，下车后又在江岸边步行了一段，那时的长江岸边金山段一片滩涂，长满了大片芦苇，有些地段几乎延伸到江中心，其间夹有许多草本植物，我记得他指着一些植物问我是否认识，说实话我虽然生在农村，但对这方面的知识却少得可怜，我是一问三不知。通过这次近距离接触这位大名鼎鼎的学者、长者，我觉得他平易近人，非常朴实，他童趣十足，好奇心很强。我还依稀记得，杨槱刚到学院时，在一次中层干部会议上曾对大家说过这样的话：他虽然已经60多岁，但他仍然喜欢干前人没有干过的事，喜欢探索新东西。我想也许正是这种童趣和好奇心伴随着他的一生，成就了他的事业。

镇江船院举行教职工集体婚礼
（摄于 1981 年 12 月 26 日，左起第四为杨槱院士）

退休后的杨槱还宝刀不老，他和交大、清华、北大三个大学的知名退休教授一起，在上海办起了首个民办大学——杉达大学，办得风生水起。我的老同学王国良在上海成立了一个民办的研究所，聘请杨槱当顾问，该研究所发展很快，为了感谢杨槱，在杨槱百岁诞辰时，他特地为杨槱祝寿，举办了生日宴会，并为设立在上海交大的杨槱奖学金注资。

向童心十足、充满活力、老当益壮的杨槱老前辈学习、致敬！

（作者：蒋安庆，1936 年 11 月生，1959 年 4 月毕业于上海造船专科学校并留校任教，曾任镇江船舶学院院长办公室主任。）

第十五节　江科大的故事：船舶工程系发展历程

船舶工程系成立于 1979 年，设船舶工程与船舶焊接两个专业。船舶工程专业在 1978 年招收首届大学本科生 33 名，船舶焊接专业迟一年，在 1979 年招收首届本科生 38 名，学制均为四年。船舶焊接专业在 1983 年根据上级"脱帽、脱靴"拓宽专业面的要求，更名为"焊接工艺与设备"专业，于 1988 年从船舶工程系划转，与原基础部的金相教研室合并，另成立"焊接与材料工程系"，至此船舶工程系仅设船舶工程一个专业，形成一系一专业的局面。

一系 85 届 111 班毕业留影

船舶工程系成立之初，共有教职工 51 人，教师 37 人，实验室人员 10 人，总支、系办、辅导员 4 人。根据学科性质的不同，船舶工程系划分为四个教研室，即船舶原理教研室，船舶结构教研室，附结构振动实验、造船工艺附工艺实验室，焊接教研室附焊接实验室。各教研室都有一些基本骨干教师，为开展本科教学有了一个良好的开端。学校后来又陆续从厂、所、院校引进了一些人员担任专业教师，同时在现有的人员中进行整顿，调离了部分人员至其他岗位。为了保证本科教学质量，一切从严要求，船舶工程系对原来非教师岗位调来的人员进行严格试讲制度，为站稳大学讲台做好前期准备。以后每年陆续分配来一些其他高校毕业的本科生与硕士研究生充实教师队伍，成为新生力量。另一方面，为了跟上造船专业的发展，船舶工程系吸收新技术，加强对外联系，不断提高教师素质，经常聘请一些国内外学者来校讲学。1984年起船舶工程系又聘请了4名国内著名学者为本专业的兼职教授。

船舶工程专业的办学方向按原六机部的要求是"侧重工艺"，从国内造船业对人才需求出发，培养应用类的高级技术人才，有些国家也称之为"生产工程师"。在学校升格前全国已有8所高等院校设置船舶工程专业，他们的办学方向基本上偏重于理论设计，这样全国每年有大批偏重于理论设计的毕业生，我们再循其后，毫无特色。因此，上级所提出的"侧重工艺"无疑是非常正确的。船舶工程系要坚持这个办学方向也非易事，一方面，因为偏重于理论设计的船舶工程专业不论在教学计划、教学大纲、教材等各个方面都比较成熟，可以借鉴，而侧重工艺方向的专业只能通过摸索，广泛听取校内外专家的意见，掌握造船工业动向，逐步完善。另一方面，我们的教师在上学与工作期间基本上都是侧重理论设计的，如今要转向侧重工艺这一方向，确非易事。我们从本专业开办初期就非常重视办学方向，制订了具有特色的教学计划，并逐年修订与完善。学校开出了一些具有特色的专业课，诸如计算机辅助船体建造（数学放样与数控技术）、精度管理、造船工艺装备、生产设计和焊割操作实习等课程。

1985年起，随着改革开放的深入、学习国内外先进的造船方法，我国造船模式也面临根本性的改革。船体、舾装、涂装一体化的生产模式正在推行，因此要求毕业生不仅具备船体的知识，同时还要有舾装、涂装方面的知识，系里立即着手调研舾装方面人才的培养，这也符合"侧重工艺"的要求。首先船舶工程系在本科生中开设了"生产设计"课程，自1987年起每年都有以"生产设计"为题的毕业设计。经过一段时间的筹备，我们在1986届的三年级学生中抽调了30名学生成立舾装专门化，但就其教学计划与内容而言仍在探索之中，尚有可商榷之处，事物总有一个不断完善的过程。

要办好一个专业，除了要抓好教师队伍的建设外，实验室的建设也是很重要的一个方面，船舶工程系在向大学稳定过渡的同时，即着手筹建流体力学实验室、结构振动实验室与工艺实验室。

1985年原属二系的流体力学实验室划转到船舶工程系，在此基础上开始筹建循环水槽、风筒与波浪水槽，三项设备委托702所设计并通过审查，后因经费不足及其他原因而未能上马。1987年在自筹资产的基础上，因陋就简，自己动手设计施工，利用原有的仓库建成一座浅水池，总共只花了15万元，经国内同行专家鉴定，测试精度均达到国内现有水池的精度。结构振动实验室原计划建立结构试验平台，在完成全部设计任务后，也因经费不足而未能上马。在1990年该实验室的大部分人员连同测试与分析仪器一并划归新成立的综合研究所内。1990年末，结构试验平台再度上马，计划在1992年建成。工艺实验室的主要方向是计算机辅助船体建造，从1982年起陆续添置了数控绘图机、MC-6800、OBM等PC/XT多种设备，并承担了本专业全部专业课的上机任务。各实验室的建立限于经费、场地、人员配备等原因，发展尚不够理想，只能说是尚在建设阶段。虽然如此，实验人员还是积极努力，很好地完成各实验任务，并开展科研任务。

教材建设是一项重要的工作，教材编写人员先后完成了《船体制图》《船体结构》《船舶概论》《造船材料与防腐》《船舶设备》等五本全国统编教材的编写与出版。其他各有关的讲义、习题集、实验指导书等均已完整配齐。

从1978年经全国统考招收首届本科生算起，船舶工程专业至1990年已招收了26个班级，学生约780名。已有九届学生毕业，约540名。其中约70%的毕业生分配在中船总公司所属的工厂、企业，少数学生分配到设计和科研单位，根据各单位对毕业生质量反馈的信息看，基本上是满意的。还有部分毕业生直接考上硕士研究生，得到进一步深造的机会。

1986年与哈尔滨船舶工程学院联合招收硕士研究生2名，他们在哈尔滨研修基础课一年后再来我系继续上学位课并完成论文及答辩。

陈震华

在为地方服务方面，除了每年有 15% 的本科毕业生留在江苏省造船企业工作外，我系还为地方船厂举办了 2 期"小型船舶设计与制造"短训班，为江苏省船检部门培养了 2 期船舶检验岗位证书班，这些学员通过一年半的学习，业务水平得到很大提高，如今绝大部分已成为地方造船厂及船检部门中的骨干。

（作者：姚震华，1933—2014 年，上海市青浦人，毕业于上海交大造船系船舶制造专业，1955 年在上海船舶工业学校参加工作，曾先后担任船舶工程系、副主任、主任。他长期从事专业理论与实践教学和科技服务工作，1986 年被中国船舶工业总公司授予"劳动模范"。）

第十六节　江科大的故事：焊接专业发展历程

焊接专业是 1953 年上海船舶工业学校建校时诞生的三个专业之一。

20 世纪 50 年代初，我国的造船和整个钢结构制造工艺面临着从铆接向焊接转变的重大历史关头，学校迫切地需要大批焊接技术人员，但当时我国的焊接专业是空白的。钢材焊接是造船的基本生产工艺，因此上海船校一建校就设立了焊接专业，而且持续不断。它植根于我国最大的造船基地——上海，面向全国造船工业和钢结构制造业，培养焊接人才。这个专业是全国最早的三个焊接专业之一。

上海船校建校时设立的三个专业中的船体制造和船舶机械两个专业是由并入的上海机电工业学校等四所中专学校的相应专业组建的，因此教师、器材、教材、教学经验等都是有基础的，而焊接专业是一个新兴专业，只能白手起家，因此办学难度大。

1953 年 9 月开学，焊接专业的一年级学生是当年招收的新生，而二、三年级学生是由其他专业转来的，教学计划是应急性的。教师多由船厂和设计室的专业人员兼任，同时组建师资队伍。教材是借用或自编的，在艰苦条件下，首届 49 名学生完成了焊接结构、电焊工艺学、气焊工艺学、接触焊工艺学、电焊设备等八九门专业课的学习任务，进行了专业实习，于 1954 年 7 月毕业，分配到上海、辽宁、黑龙江、广东等六省市。他们是我国第一批焊接专业毕业生（翌年哈尔滨工业大学首批焊接专业大学生毕业），他们到工作岗位后挑起重担，勇于创新，迅速取得成绩，为开拓发展焊接事业做出了贡献。

1954 年至 1957 年，是全国学习苏联，移植苏联中专焊接专业教学计划的阶段。1954年8月，一机部下达高教部批准的焊接专业三年制教学计划，是以苏联相应计划为蓝本的。各课大纲和教材是全套翻译苏联而来的。

焊接专业的第三届两个班（焊304、305）是全部按苏联教学计划培养的，开齐了计划内全部课程。专业课有电弧焊工艺与设备、气焊气割工艺与设备、接触焊工艺与设备、焊接结构、焊接检验，并试行口试制和5级分制。实行毕业前生产实习、毕业设计、毕业答辩制度。

学校对生产实习场地进行了认真挑选，要求必须是设备先进、产品质量要求高、工艺严格、管理完善的大厂。最初两届，去大连车辆厂、大连造船厂，后来改成就近在上海锅炉厂、沪东造船厂等厂。毕业设计内容完全针对工厂生产第一线的工艺要求，保证学生到厂里工作时很快就能上手。

校领导十分重视实验室建设，教导主任、老专家蒋易钧先生十分细致、具体地指导着各实验室的基本建设，1955年下半年焊接实验室已初具规模，设备都是苏联20世纪50年代初生产的，处于全国领先地位。

1957年，焊接专业已基本建成了完整的教学体系，其标志是：有了正规的教育计划和各课大纲，有了配套的教材，有了设备齐全的专业实验室，初步形成了一支专业教师队伍，有了一套完整的实践能力的训练计划和有了优良稳定的实习基地。

1970年搬迁镇江办学前焊接教研室在上海船校操场留影（后排右2为吴肇齐）

1958 年至 1966 年，学校在学习苏联的基础上探索自己的路，不断完善专业教学建设。

1958 年校内开展了以勤工俭学为主要内容，以教育与生产劳动相结合为中心的教育革命，师生们进入车间和实验室从事各种专业生产劳动，建立了船台，生产了 100 吨钢驳（与船体专业合作）、链条、钢管、铝酒槽等焊接产品。这些活动既避免了实习性浪费，为国家创造了财富，又丰富了师生的实际知识，提高了理论联系实际的自觉性，激发了学生的创造性，锻炼了学生爱劳动的品格，更重要的是对以后的教育改革，以至于形成专业特色，起了良好作用。后来学生的专业操作实习都是下厂与工人师傅一起实干，甚至还带着焊机至施工现场参加劳动。这次勤工俭学活动的缺点是影响课时较多，减弱了理论教学，学校在总结经验和教训的基础上，进行了补课。在 1959 年春季，教学又纳入了正常轨道。

遵照上级规定，学校各专业从 1957 年招生，开始执行中专四年制计划，根据我国国情，在苏联教学计划基础上进行了调整。四年制计划与三年制相比，基本特点是大大加强了操作能力的训练，工业劳动从原 16 周增至 45 周，其中焊接专业生产劳动从原 11 周增至 36 周，理论教学课变化相对较小，总时数从原 3240 学时增至 3660 学时，课程内容做了少量调整。

随着我国建设的发展，苏联教材也已不能适应教学需要，根据国务院指示精神，校领导抓紧自编教材工作。1961 年至 1962 年，焊接教研室与南昌航空工业学校、沈阳冶金机械学校等中专校焊接教研室合作编写了《熔焊工艺与设备》《弧焊电源》《接触焊工艺与设备》《焊接结构》《焊接检验》《气焊工艺与设备》等教材，并于 1963 年出版，均被全国各中专校焊接专业普遍采用。这几部教材解决了"有无"问题，但是作为教科书还不够理想，为贯彻中央关于中专校《教学工作若干问题的暂行规定》关于教学内容"少而精"的原则，1964 年焊接教研室又同南昌航空工业学校等同行合作，重新编写了主要课程的教科书，其内在质量远高于前。但这些教材于 1966 年后出版，印刷量又少，故影响不大。

井田校长 1961 年来校，在广泛调研的基础上，1962 年开始深入推进教学内容和教学方法的改革，即"少而精"和"精讲多练"。1963—1964 年还组织学习解放军院校的"郭兴福教学法"，多次请军事院校教员来校现场讲课。焊接教师们学习先进经验充实和改进实验内容，改进教课方法，都取得了良好效果。焊接实习车间的师傅创造了一套手工电弧焊操作的模拟练功方法，既节约了能源、材料，又有效地保证学生操作水平的提高。

　　为了提高教学水平，20世纪60年代教师中出现了基础理论提高进修的热潮，部分同志还坚持订阅外文杂志，关注国外技术发展动向，及时反映至教学中去。

　　1960—1962年之间，学校又进行了一次教师队伍的调整，1962年"定编"时焊接专业已形成稳定的教师队伍，共11人，这一队伍中的大部分人一直工作至20世纪90年代。

　　从1953年至1970年，上海船校的焊接专业共为国家培养毕业生14届、28个班、1197人，这些毕业生在工厂或研究所工作大都很得力，成绩显著，受到好评。早期毕业生大部分都评上了高级职称，不少人还担任了各级领导职务。焊接学会历次全国年会的代表，上海船校校友总数总是排在各院校的前几名。上海船校焊接专业的知名度是较高的。

　　20世纪60年代，船校焊接专业已经成熟，形成了自己的特色：学生的基础理论和基本功比较扎实，没有架子、能吃苦、实干、动手能力较强。形成这种特色的原因，除了学校强有力的思想教育工作外，还有以下诸因素：各级领导对"教学是学校一切工作的中心"的指导思想明确，不断地抓教学改革、教学质量；专业办学的目标明确，培养工厂生产第一线的技术干部，紧密结合工厂生产、突出工艺；有一支长期稳定的师资队伍，教师们都熟悉生产，重视实践能力训练；有先进的实验设备和国防工业学校优越的招生条件。

　　1970年春，学校奉命搬迁镇江，改名镇江船舶工业学校（简称"镇江船校"）。由于搬迁后遗症和上级未予明确方向，故两年内未招生，只承担了为九江地区6124厂和491厂培训焊工的任务。

　　1971年底六机部下文明确镇江船校为三线厂培养技术人员，焊接专业于1972年10月办了第1期"电焊工短训班"（7221班），学制一年半，课程按中专要求，嗣后又办了7321班（以老工人为主，平均工龄8年），7421、7521班，从1973年至1975年三届学制8个月至1年不等。这些班学时虽短，但教研室仍十分认真对待，派骨干教师上课并带队下厂劳动，深受厂方欢迎，他们继承了上海船校的老传统，扩大了镇江船校在上海造船界的影响。

　　1976年学校开始正规招收高中毕业生办中专班，至1980年共培养了三届（7621—7821班）。这三届学生基本素质较好，学习积极性也高，又正值人才缺档之时，所以到厂里都能较好地发挥作用。学校从1970年搬迁至1980年送走最后一届中专毕业生，这10年可以说是焊接专业全体教师克服远离造船基地等困难，努力恢复元气，恢复办学能力的奋斗过程。这10年中，实验室设备基本完好，教师基本队伍得以保存，为升格大学准备了条件。

1978 年镇江船校升格为本科院校。1979 年学校招收第一届焊接专业本科生（即 79121 班），1984 年夏开始每届招 2 个班，至 1990 年夏，已毕业 8 届、11 个班。

12 年来，为办好本科焊接专业，院、系、教研室着重抓了以下几项工作：

第一，是抓师资队伍建设。升格前后，船校焊接教师 11 人中，已先后有 1 人去世、3 人调走，教研室积极引进人才，加强师资队伍建设，其来源 20 世纪 80 年代初主要是从老大学、工厂调入；后来逐渐以引进硕士生为主，建设年轻的梯队，本科毕业生也相继委培、进修。出国进修的目前已学成回国 2 人，正在国外的 1 人。通过几年建设，学校已基本上形成了结构比较合理的梯队。至今，教研室和实验室人员已发展至 35 人，净增 28 人。现计有教授 1 人，副教授 7 人，讲师 7 人，助教 9 人，工程师 4 人，助工 4 人，技术员 1 人，焊工 2 人。本科开课没有碰到多少困难，采用的都是各高校联合统编的计划、大纲、教材，由于教师的认真对待，第一届不仅靠自己力量开出全部的必修专业课，而且大都效果较好，后来又陆续开出了七八门选修课。

1992 年秋访问尼古拉耶夫时留影（左一为许俊华，右一为吴肇齐）

第二，是抓实验室设备购置。根据大纲要求的实验内容，在经费紧张的条件下，学校分轻重缓急先后添置了插销试验机、大屏幕示波器、逆变电源、扫描电镜、百吨拉力机等设备，并建立了微机试验室和计算机房。学校保证了必修课的实验，并逐渐扩大了选修课实验的范围，限于设备的水平，目前实验的质量还不是很高的。

第三，是解决实习场地。这是搬迁给办学带来的困难，由于远离了造船基地——上海，学生的实习场地失去了依托。开头两届（79、80）为专业操作实习场地到处奔波求助。1984 年学校自己建立了焊接实习大棚，缓解了这方面的矛盾。生产实习，这一教育计划中的重要环节，学校根据选择实习厂的严格条件，决定舍近求远仍保持上海锅炉厂和沪东造船厂不变。根据历史传统，在生产实习中安排一次产品制造工艺的设计，从毕业生反馈的信息，说明这种设计对他们十分有益。

第四，是抓好毕业设计。以前中专的毕业设计属于产品工艺设计（相当于本科生产实习中的设计作业），本科毕业设计则应以小型试验研究性课题为主。这就带来两方面困难：课题和经费的来源；场地和设备。对此，我们几年来努力从以下三方面来解决：一是努力争取纵向项目；二是与地方工厂进行横向合作，请他们解决材料、加工、化验等问题；三是学校拨付部分毕业设计费。毕业设计的设备和场地的矛盾也十分突出。每学年的第 2 学期，实验室既要正常开设三年级的教学实验，又要充当毕业班全部学生 14 周毕业设计活动的场所。尤其是从 1988 年开始每年春、夏有两个班 60~70 人投入，学校在课题来源、指导教师、设备、场地、材料等方面都受到了极大的压力。教研室正面应对了这一困难，一则最大限度地挖掘现有设备、场地的潜力；二则新辟烧结焊剂车间作为教学、科研、试生产基地，进行局部分流；三则通过与外厂合作向外厂分流。从长远看，我们要根本解决这些矛盾，还需进一步改善实验室的物质条件。

第五，是开展科研工作。作为一个新大学，学校毫无疑义应把本科生教学放在第一位。但为了不断提高师资水平和教育质量，学校必须开展科学研究。在这方面，焊接教研室一方面抵制了因"创收热"而轻视教学工作的倾向，老教师始终坚持在教学第一线；另一方面从 1982 年开始，教研室陆续开展了纵向、横向的科研。沈世瑶教授来校工作后，利用他在国内外的影响和关系，帮助学校和专业扩大了对外联系，畅通了学术交流渠道，推动了专业科研工作。通过几年的努力，学校已取得了一批可喜成果，如喷焊机器人、逆变电源、喷涂材料、烧结焊剂、微控焊机、X-60 钢可焊性、船舶焊接接头疲劳强度等。

根据追踪调查，焊接专业毕业生大部分表现较好，没有架子，相对来说比较勤快，对生产第一线工作适应较快。少部分表现比较突出，受到重视和培养。但他们中有些人的基础理论还不够扎实，这说明专业教学改革还有待深入开展。

1988 年第三次中日焊接技术交流会曾在镇江船院召开。1988 年经上级批准，焊接专业获得了副教授任职资格的评审权。

根据人才市场需求形势和专业的基础，学院已决定将焊接专业确定为院重点专业，并在"八五"期间重点投资。我们可以确信，20 民纪 90 年代还将是焊接专业发展的重要时期。

（作者：吴肇齐，1932 年 6 月生，毕业于北京机电制造学校热处理专业，1954 年在上海船舶工业学校参加工作，曾担任焊接教研室教师。）

第十七节　江科大的故事：机械工程系与动力工程系发展历程

1978 年经国务院批准，镇江船舶工业学校升格为四年制本科镇江船舶学院。全院共设四个专业系及基础课部，其中机械工程系（简称二系）设置了船舶内燃动力装置专业（简称动力专业）和机械制造工艺及设备专业（简称机制专业）。与专业学科相对应的设置了船舶内燃动力装置教研室、机械制造工艺及设备教研室、机械原理与零件教研室、动力实验室、机械实验室及机械原理与零件实验室。

机械专业 78241 班首届毕业生留影

机制专业于 1978 年首届招生，动力专业于 1979 年首届招生。至 1984 年前各专业每年招生一个班，约 30 名，而后每届招生二个班，约 60 名。毕业生中近 60%~70% 分配到中船总公司所属科研、设计及制造企业，其中相当一部分学生已成为各级领导及业务骨干。

为适应学科发展、巩固与提升本科教学质量，校系十分关注师资队伍建设与教学基层组织的职能健全。在学校统一要求与安排下，师资队伍遵循"走出去"与"请进来"相结合的建设理念。两个专业前后选派了 10 多名优秀青年赴美、英、德、日以及国内一流高校访问与进修，与此同时积极务实从国内高校、研究所及工厂企业引进人才。

经过几年的努力，全系师资队伍不断壮大，而且业务素质也有相当的提升，原两个专业分设的两大教研室已不适应形势发展的要求。学科教研室是教学最基层单位，不仅有落实教学任务的行政职能，而且更重要的是担负教学研究、学科建设、教师业务水平提升及教学大纲审定等任务，不能因系及专业升格而削弱教研室职能。因此，学校将两个专业分设的两大教研室进行拆分。从 1985 年起，机制专业分设了机床、刀具及工艺三个教研室，到 1987 年又增设了金属工艺学教研室。动力专业分设了动力装置、动力机械及热能工程教研室。随后为适应社会需求及科研攻关，系内组建了振动噪声研究室及成组技术研究室，直到 1990 年此两研究室统一并入校综合研究所。

随着学科发展、本科教学质量稳定以及师资队伍的壮大，学校提升办学层次，积极创造条件申办专业硕士点已成了迫切任务。从 1986 年开始，动力专业由程华定教授、叶祖荫教授、王志达教授、朱德书副教授与哈船院、南理工及哈工大等高校联合招收硕士研究生。联合招收的硕士生基本上第一年在外校完成必修与选修的基础课，而后续就一直在本校学习及完成相应的课题实验研究及硕士论文。全体联合招收的硕士生，均如期毕业并取得硕士学位。这种联合培养模式不仅培养了人才，更重要的是为我们申办专业硕士点探索了路子、打下了基础。

20 世纪 80 年代是我校发展的重要阶段，不仅师生数量大幅增加，而且学科、专业门类也相应增设。为适应发展，1988 年底学院以机械制造工艺及设备专业为基础成立机械工程系（简称八系），以动力装置专业为基础成立动力工程系（简称二系）。

随着社会发展的需求，学院为拓宽学生的就业渠道，在动力装置专业中从 1985 级开始连续两届在本科生中开设了"工业锅炉"专门化班，共培养了约 45 名学生，他们毕业后广受社会欢迎。另外，在 1991 年经学校批准，从动力装置专业 1988 级中开设 "制冷空调" 专门化班，为日后增设制冷空调专业打下了基础。

动力专业首届毕业生留影

　　船舶动力装置与机械制造虽属不同学科类，但也有很多学科交叉领域，因此随着学校的发展在机构设置调整中分合交互。在 1978—1988 年组合的机械工程系于 1988 年 12 月拆分为动力工程系（二系）与机械工程系（八系），到 1995 年 5 月又合并为机械系。2004 年学校升格为大学后，机械系改名为机械与动力工程学院。而后到 2008 年动力工程系整体划分到船舶与海洋工程学院。学院改名为机械工程学院。2001 年我退休，在合、分、合、分的过程中，曾担任过系主任的有于哲明、谢崇远、程华定、王志达、朱德书、华瑞敖、赵良才、姚寿广等同志；曾担任过总支书记的有原栓喜、吕永华、朱德书、徐进、许淑珍、王国治、杜苏等同志；其间曾担任过系领导的有叶祖荫、李若莉、董金诚、刘文富、时玉明、陈季达、曾文火、郁飞、徐善发、范牧昌、施银根、王明强、景旭文、蒋宏志、佘建国、卢道华等同志。上述领导同志也仅仅是代表而已，他们各尽其职、勤奋工作，团结动力与机制两个系的全体任课教师、实验室老师及行政管理老师都十分投入地为两个系的初建、巩固、发展尽其所能做出了历史性的贡献。

　　我是 1980 年初调到二系动力专业任教，主要承担专业基础课《传热学》《热工学》及部分专业课。我任教期间由团队完成的热工课程群建设获江苏省一类优秀课程，合编的《船舶辅助机械》获全国高校船舶类专业优秀教材三等奖。在校工作 20 多年来，我尽力做了该做的事，于 2001 年超役 3 年退休。退休前后 10 多年内，我受聘任校多届实验室工作专家组组长、本科教学督导组组长及校、院关工委指导老师。在校关工委领导下，承各学院及有关部门盛邀，我曾为青年教师、学生等做过近 60 多场专题讲座，并编写了《与青年教师、学生谈成长成才》小册子。

（作者：朱德书，1938 年生，教授，1962 年毕业于哈尔滨工业大学动力系，1980 年调入镇江船舶学院，曾任镇江船院二系副主任、主任、总支书记等职，1994 年享受国务院政府特殊津贴，1998 年获全国优秀教师称号。）

第十八节　我和江科大的故事：在镇江船院一系的那段岁月

1978 年，镇江船校升格为镇江船舶学院，当年底我被调入船院，当时学院属六机部管辖。学院及上级组织确定的专业大致是：船舶工程、船舶电气自动化、电子计算技术、船舶焊接、机械制造、船舶内燃机动力装置和工业管理等 7 个。

一、船院伊始重任在肩

船舶工程与船舶焊接在一系，当时的领导最早是沈贻森书记与董全德主任。二系有内燃机动力装置与机械制造专业；三系是电气自动化与电子计算技术专业；四系是工业管理专业。1978 年一系只招了船体 78111 一个班 33 名学生，焊接专业没有招生，二系和三系各招一个班。第二年船体一个班 79111 班 37 名学生，焊接一个班 79121 班 38 名学生，后来留校的有于治水。二系和三系也各两个班。

一系当时的两个专业，船体与焊接的老师基本都是老船校的，他们特别善于讲课。船舶制造工艺教研室的台柱是在退休之前一直担任系主任的姚震华，之前担任系主任的是脱天禄，脱老师后来调到上海 708 所并在那里退休。工艺教研室有船校留校、奋斗能干的蒋志勇以及胡毛字、黄钧跃等人。船舶设计教研室的主任是龚益华，龚老师是我们江苏造船协会的会长。

初始我们教研室人员相对比较多，但各有各的任务。吴仁元老师讲结构，李平老师讲原理，徐昌文老师讲船舶结构力学，朱国英老师讲船舶推进，我也属于结构力学教师，还有比我早到的王广戈。船体制图教研室则有后来调回上海去的卯文玉、翁士纲以及与我几乎同时进学院的杨永祥。焊接专业当时在国内并不多，即便是理工科高校有此专业的也很少。船院焊接专业的老师有：杜玉明、程超云、吴肇齐、张今敖、朱启鸿、蒋瑞珊等人。所以刚刚成立船院的时候，一系应该有 20 多人。

我们很多老师原来也是大学生，不过他们起步于中专教学，工作重心主要为教学，没有来得及参与研究课题、写论文，所以好些人直到退休也只是一个学生爱戴的副教授。

二、教学实习有序展开

因为受到条件的制约，当时教学工作的开展遇到了不少困难，但是系领导努力做了很多工作。譬如船舶工程系主任脱天禄老师带队，请老教师与其他高校调入的教师，在教室里听一些被指定的老师讲 1 小时课，每人都要讲 3 次，连评讲师都是那样。

最初系里连一台电脑都没有。第一台电脑还是谢祚水当主任的时候购置的。老谢也是搞结构的，那个时候，他组织结构教研室全体老师，轮流讲课让大家讨论提意见。船体的水池与焊接实验室都是后来建造的，比起蒋志勇建造的作品后来真刀真枪建立的船舶设计室与特别逼真的大型模型室，还是有差距的。

当时授课所用的已经是统编教材，当然多是上海交大等著名高校的教授们撰写的，譬如《船舶结构力学》。我当时还配合徐昌文老师当 78111 班辅导老师，每天晚上必到教室答疑。接黄钧耀任 79111 班班主任后，我继徐昌文老师之后执教《船体结构力学》课程，并且带领该班到镇江船厂实习。

学院一直安排老师带队到各个船厂实习，但是学生参与动手的机会不是太多。为解决实践问题，正好我担任协会秘书，所以与镇江船厂蔡惠礼厂长就熟悉了，在蔡厂长支持下，79111 班同学曾经到他们厂，在老师傅指导下，用点焊的方法装配了一个仓段的船体结构，这个也是我们重视实践可以想到的办法。其后有好几个班到船厂听蔡惠礼讲课。

我一星期上 3 次课，一次 2 小时。我这个人中气很足，一上课边上两个教室都能听到我的声音，有的老师会跑过来说让我轻声一点。我在大礼堂讲话都是不需要麦克风的。

通过研究生或与一些被分配去某些学院的学生关系，我与吴仁元老师收集了诸如上海交大、哈船院、武汉水运学院、解放军海军船舶学院等学校的有关船舶结构力学的考试题和课程设计题，以此参考与鉴定我们自己的教学水平。有一次哈船院来人到我院参加教学工作相关会议，我谈到此事被大家肯定，并受到赵涌法教务处长的表扬。我认为想方设法提高教学水平是一件十分重要的事情。

三、未来已至各奔前程

刚到船院不久，就听说引进人才与吸收大学毕业生是学院上下的重要任务，当时我与一位后来调走的工农兵大学生一起到内蒙古与天津两地调人。学院引进师资队伍的情况，在上上下下共同努力之下终于有了较大进展。我记得的焊接专业有陈国权、张克惠、韩逸生、沈世瑶、蒋鹏飞、邹家生、于治水等人；船体的有王自力、姚震球、余贵勤、谢祚水、王林、窦培林、王琦、尹群、姜以威、马晓平、杨敏、李维扬、费柄坤、胡哲禅、朱克强、俞敏华、杨松林等人；其他系的也很多。为了队伍的建设，各系还陆续把分配或留校的毕业生送出去读研。

系里第一次考上研究生的两个学生，就是 79111 班的朱庭耀和石德新，分别考取了上海交大和哈船院结构力学研究生，我也给他们上过课。

1986 年寒假后，我重新回到船舶工程系，接替总支副书记许淑珍分管学生工作，1988 年又接替总支书记冯汉斌工作并兼系副主任。在担任一系领导职务之后，曾经做过两件我认为对学院发展与一系建设有一定意义的事。首先，是我曾经向陈宽副院长建议，为使我校焊接专业当时在全国还不多的焊接专业尽快发展，最好让它从一系独立出去，被他采纳；其次，是当我获悉和看到中船总公司七〇八研究所一位高工的文章，强调国内有船舶专业的高校没有专门的舾装专业，而船厂却很需要这样的有理论知识的人才时，就把这篇文章送给丁育中副院长看，得到他的支持。后来由朱国英老师牵头从 86 级开始专门加设相关课程，带一批学生住上海留守处，在上海聘请这方面的专业人员讲课并实习，连续培养了二三批"舾装专门化"毕业生。

我们老师教育出来的学生，现在很多已经在我国造船企事业单位与造船厂一线挑大梁。船体毕业生返校参加校庆活动时，我获悉许多同学是船厂骨干，这是我们学校办学成功的一个方面。譬如外高桥的刘建峰，听说是该厂的总工艺师，原来浓密的黑发，现在已经成了边上白发簇拥着的脱顶，据说出厂的每一条船都必须他签字，他是留校后到上海交大读研的学生。王琦就是外高桥的领导，他是分配到我们学校来了，也是李平老师与其他高校联合带的硕士研究生，可以说他最早也是在我们学校成长的。

盛承志接受记者采访留影（左为盛承志）

（作者：盛承志，1937—2022 年，毕业于哈尔滨军事工程学院，1978 年调入镇江船舶学院，曾任监察审计处处长，机关党总支书记，船舶工程系党支部书记等职。）

第十九节　我和江科大的故事：难忘在镇江船舶学院的日子

我们是 1980 年 11 月份调来镇江船舶学院的。当时学校刚升格为本科院校不久，系部的设置比较简单，总共四个系，一系是船舶工程，二系是机械工程，三系是自动控制及计算机，四系是工业管理工程。我所在的三系只设置了两个专业，一个是船舶电气化自动化，另一个是计算机技术。

三系的两个专业有各自的教研室，其中电工教研室的人稍微多一些，电工学要对全校非电专业学生开课，所以电工学的师资比较完备，其他教研室的规模都很小。电工教研室最初只有三个老师，学生就两个班，一个班大概三十人，虽然老师少，师资力量还是够的。计算机教研室最初连计算机都没有，后来沪东中华船厂给我们学校带来一台机器，是全院共用的，又过了一段时间后，学校购置了 S09 机，这是当时比较好的机器了，但数量还是有限。从前上课的教室也非常简单，是平房，里面摆几排课桌，一张讲台，一块黑板。这些平房现在已经拆掉了，我们看着现在学校进门位置的实验楼一点点盖起来，B1楼也是按原来中专校的规模建的，除此之外，其他的楼栋都还没有。

随着学校的发展，招生规模扩大了，师资力量不够怎么办？一个办法是从外地高校请进来。我们是从哈尔滨船舶工程学院来到学校的，我专门回到哈尔滨去招应届毕业生，去招人才，招到我们镇江当老师。除此之外，第六机械工业部也从同属的外地学校调老师进来，比如当时上海交大也属六机部，从交大就调了毕业生过来。另一个办法就是我们学校自己培养，学校从中专校升格为本科后，计算机专业有好多新的课程，老师们也需要学习，学校就安排老师出去学习，到南邮或者南航进修，学完再回来教学生。

对新进教师，学校提倡导师制。有些新老师没有工作经验，不知道课程重难点在哪里，怎么讲学生能够掌握好，所以我要把自己的教学经验告诉他们。除此之外，我还要教新老师批改学生作业，要求批作业不能简单打个对错，学生错在哪里要指出来。实验课我也要带新老师去上，课前会要求他们先试做实验。当时就是通过这种老带新的方式培养他们的教学能力，新老师一般需要两到三年才能独立上课。

我们的课程设置相对来说是全面的，像自动化专业的自动控制、检测技术，这些课程都有。学校规定学生早上要出操，体委登记出勤情况，晚上要上晚自习，学生去固定的教室上自习课，这样便于老师们找学生答疑。每学期两次考试，像现在一样用学分制，但不是五分制，是百分制，学生毕业有毕业设计，由专业课老师出题目，针对某个问题来解决，有实践也有理论，要形成一篇论文。

学生所用的教材是高教部统一的教材，我们也结合课程实际编写了一些，由我牵头编写的有《海区导航设备》《控制微电机》《陀螺仪器电磁元件》《自动检测技术》等等。《自动检测技术》这本书前后编写了一年多，是国防工业出版社组织的，以前也没有电脑，是用方格稿纸手写完再送去印刷，初稿返还我后，我再校对，有错误的地方我列出来，形成更正表，让出版社重新更正，一般一本书稿至少要校对两遍。

学校升为本科后，添置的都是最好最新的实验设备，比如电工教研室的实验室，当时使用的仪表精度是0.5级，精度很高的，用来给学生做实验。刚来学校的时候我们都很惊讶，因为在哈船院，我们做实验用的只是二级的普通仪表。我们从哈尔滨也带来一些那边大学里的实验的内容，觉得应该给学生做的，就尽可能都给学生实践一下。除此之外，我们每年都会带学生到上海沪东船厂实习，这项工作是一直坚持的，在八号桥还有学校的留守处，有几幢房子是专门给师生实习住的，学校非常注重实践。

颜本慈主编的普通高等教育船舶类规划教材《自动检测技术》

另外，我认为学生不光要会实践，更应该会探索新的内容，要向科研方向发展，所以我们通过找课题来培养学生科研能力。那时候找课题一般要到六机部去找，也去南京的 24 所找过。六机部本身有些科研任务交给 24 所，我们就去和对方商量，能不能把一部分课题给我们来做，如果对方同意就签合同。拿到科研项目以后，我们会找一些学生参加项目，形成一篇论文，培养他们的科研能力。现在大家渠道就多一些了，可以自己想题目来做。

第一批本科生的生源以江苏为主，也有几个来自其他地区，留校的学生很少，大部分学生都回家乡找工作了，一般是去船厂，有去沪东船厂的，还有去云南的昆明和四川、重庆船舶设备集团的。1984 年左右，学校开始招收研究生，与哈船院一起联合培养，也是我去联系的。之所以采用这种模式，是因为当时我们镇江船舶学院有些基础课还开不出来，但实验设备是有的，这样就从哈尔滨选拔比较优秀的学生，由哈船院负责讲基础课和专业课，学生做科研题目的时候再回镇江船院来做。我们学校这四个系，第一批研究生招了五个人，我也担任了学校第一期研究生的指导教师，当时带的这位学生现在是中船八院的副院长。后来我们学校慢慢发展，从外地引进了一些教师，研究生的课可以开设了，学校就独立招收研究生了。我也鼓励老师编写教材，例如方显进老师编写的《船舶控制电器与线路》。

颜本慈夫妇与记者合影

（作者：颜本慈，1931 年 12 月生，副教授。1953 年 7 月他从上海交通大学电机系毕业后，参加中国人民解放军，被派往哈尔滨军事工程学院任教，在苏联军事顾问帮助下，参与我国海军海道测量专业和航海导航专业创建工作。他曾参与我国第一台航海平台罗经以及向太平洋发射导弹所需舰船惯性导航系统关键元部件的研制工作，获集体二等奖。1980 年 11 月他调镇江船舶学院，1981 年 5 月至 1986 年 5 月任三系自动控制及计算机系副主任、主任，从事船舶电气自动化和计算机应用专业建设，担任学校第一期研究生的指导教师和船院第一批外国海军军官技术培训教员。）

第二十节　我和江科大的故事：镇江船院电气工程系往事

一、电气工程系的创建由来

1981 年硕士研究生毕业后，我来到镇江船舶学院工作，开始为造船工业培养人才。当时的镇江船舶学院，刚从中专校升格为本科院校不久。学校百废待兴，从创建专业到课程教学、实验室建设，都有许多工作要做。

学校升格为本科办学后，系里的师资主要还是之前中专时期的老师，还有一部分来自全国各地。1981年3月我来到学校，我们是坐船来镇江的，下午四五点钟的时候在上海上船，第二天早上七八点钟到镇江。学校人事处两位老师用当时学校唯一的一辆小汽车把我们从码头接到学校，可见当时学校还是比较重视的。

我在自动控制及计算机系任教，讲授计算机控制技术和微型计算机原理课程。当时系里面有两个专业，一个是船舶电气化自动化专业，一个是电子计算机技术专业，因为我本科学的是船舶电气设备专业，所以分在船舶电气化自动化专业教研室。

我们教研室的老师为了办好船舶电气化自动化专业，一次又一次到上海，在交大老师的帮助、指导下，一门门专业基础课、专业课开出来了，一个个实验室建立起来了。专业招生后，我们又努力在提高学生培养质量上下功夫。在大家共同努力下，我们送走了一批又一批合格毕业生。

1984年，我作为教育部派遣到意大利帕维亚大学的访问学者，去进修了两年，1987年1月完成学习回国，开始承担本专业的教学、科研任务。1988年11月，学校撤销自动控制及计算机系（原三系），分别建立电气工程系（三系）和计算机科学与工程系（七系），我担任新建的电气工程系系主任。

当时学校指派我筹建关于电方面的系，我们初步考虑叫电气工程系，当时分管教学的冷静副院长也认为这个名字不错，因为 Electrical Engineering 这个名字是比较传统的。但叫电气工程系两年后，就出现一个问题，我们的专业是船舶电气化自动化，但是用人单位理解成电机工程系是强电专业，与自动化没有关系，为了避免混淆，有利于学生就业，就在1990年5月改名为自动化系。后来计划新增应用电子技术专业，为此我们还专门去到全国各地进行了调研。

学校当时隶属于船舶总公司，办学经费都来自船舶总公司拨款。船舶总公司将学校的办学规模定为两千二百人。我们专业每年招两个班，系里老师差不多有二三十个。

二、循序渐进的教学工作

因为我们教研室的老师在学校读书时还没有微型计算机，根本就没有可能接触计算机，因而对这类课程的教学有一定难度。为了提升教学质量，我们一方面坚持自学，另一方面去外面学习，往西是跑东南大学，往东就是跑上海交大，我们好多老师都在这两个学校的培训班里进修过，有的是跟着学生听专业老师的课，有的是参加短训班。当时用于计算机教学的只有一种单板机，只能做很简单的实验，尽管如此我们在当时也算很领先了。我们开设计算机课程在国内是比较早的。当时还买了一批实验设备，记得是 TP801 单板机，只能用最基本的汇编语言编程序。

　　学校准备开一门课时，这门课应该用什么教材，用什么大纲？带着这些问题，我们就在上海交大和东南大学两边请教，他们也都很支持。我们也会把他们的老师请到学校来讲学，通过他们的讲解，了解应该开设哪些专业课程，这些课程目前已经发展到什么水平。我们开设一门课时，会给学生选用一本教材。但我们在备课时，会尽可能收集一些国内的同类教材作为参考，要把这些教材都仔细阅读，以便讲课时取其所长。上课的过程中发现，我们收集到的教材中，每一本都有好的部分，也都有稍微薄弱的地方，而我们讲课时会把这些部分好的内容放到课堂教学中，还要补充一些本学科最新发展的还没有被写入教材的内容，因而会要求学生在上课时做好课堂笔记。经过几轮教学，我就产生了自己编写教材的想法，因为这样可以汇集各家教材中较好的部分，还可以加进自己的理解、体会和本学科发展的最新内容，特别是举例时可以增加一些与船舶有关的例子。1996 年，我编写出版了教材《微型计算机原理》。我们讲计算机结构需要用很多图，离开图很多教学难点都无法讲清楚。以前没有电化教育设备，只能把复杂的图画在黑板上或者用挂图，后来渐渐有了投影仪，方便了很多，但是投影片的问题还得自己解决。我们要先把电路图手工画在白纸上，一般画一张要一两个小时，然后到学校复印

室用复印机复印到透明胶片上，投影片就做好了。投影机的效果也不如现在的教学手段那么理想，后排的同学会比较难看清楚，但是也远比凭空讲的效果好很多了。

我们的学生毕业后肯定要面向社会，因此在教学过程中我们对学生动手能力的培养非常重视，和其他学校相比，学生最大特点就是动手能力强。当时的教学计划中有下厂实习这一环节，学生在四年中要到工厂实习一到两次。比如组织学生到沪东造船厂实习，会让学生上船跟着工人师傅一起实际操作，培养学生的实操能力。学生毕业后到船厂工作时，师傅让做的事情基本都可以很快上手，这也是我们学校的毕业生在整个造船行业很受欢迎的原因之一。

除此以外，我们在实验室建设上也下了很多功夫，实验课都有专门的实验大纲，老师会自己编写实验指导书。实验课对学生的要求也很高，我编写的实验指导书里的计算机程序，会有意识设置几处错误，让学生来纠错，以此来提高学生的专业能力。而且实验室一直对学生开放，方便课堂上来不及完成实验的学生做完实验。

三、率先成立系务委员会

当时，我们在学校内首先成立了系务委员会，制订了详细的系务委员会工作条例，其中特别强调，系务委员会经过一定程序可以否决系主任的决策。委员会汇集系里负责各方面工作的老师七八名，大家一起共同商讨系里面的大事，比如教学计划调整、年终分配、重要设备采购等。系务委员会的成立当时在学校还是新事，校报头版刊登了三系系务委员会成立的新闻，后来一些系也跟着成立了。

担任系主任期间，我大胆放权。当时分管学生工作的副书记开始时事事都要向我请示，我就鼓励他大胆地按自己的想法去做，如果有了难以解决的问题可以由我去帮助承担，需要我协调沟通的我也一定积极努力。我认为，把所有的大小权力都抓在手里，也就把矛盾抓在了手里，出了问题也就没有了退路，要敢于放手让合作的人去做事，这样也可以提高他们的积极性。

当了六年系主任，经多次主动提请后，我于1995年5月离开了系主任岗位，这使三系中一些有较强工作能力的优秀人才有机会脱颖而出，他们被提拔到学校有关部门担任领导工作，他们中的一些人现在仍工作在学校重要的管理工作岗位上。

（作者：黄国建，1942年11月生，1965年毕业于上海交通大学船舶电气设备专业，毕业后在湖北武昌造船厂工作，1981年研究生毕业于上海交通大学应用电子专业，1981年3月到镇江船舶学院工作，曾任华东船舶工业学院副院长，1987年7月至1995年5月任三系自动控制及计算机系、电气工程系副主任、主任。）

第二十一节　我和江科大的故事：建系之初开头难

在全国高校恢复招生的第二年，具有几十年中等专业技术以及专科教学经验和底蕴的镇江船舶工业学校升格为大学本科，校名为镇江船舶学院。学校第一年招录100名高中毕业生的时候，升格大学的正式批文还没到达，学生收到的录取通知书上注的是"镇江船舶工业学校本科班"。

刚升大学的时候，学校规模不大，在原来中专时期设置的"船、机、电"三个科的基础上改建为一、二、三系，无论是师资队伍，还是硬件设施，这三个系的基础都还比较厚实，唯独我们四系（工业管理工程系），一切需要从零开始。好在学校作为六机部所属企事业单位厂级干部培训单位之一，一直承接着六机部所属企事业单位的物资管理人员、劳动定额管理人员的培训，后来又开办了厂长、经理的培训班，为管理专业的教学积累了一定的经验。刚开始，四系和干部培训部是同时存在的，两块牌子一套班子，主任是姜克义老师，书记是邱济华，副书记是沈桂成，培训部还有一位副书记徐琳娣。

姜克义老师是复旦大学毕业，从事政治经济学教学的，他为人低调、亲和力强，在他带领下，四系这支队伍一直比较和谐团结。

我是 1978 年底从其他部门被调到姜主任的麾下，担任厂长、经理培训班的部分教学工作。就厂长、经理培训班的教学而言，当时所面临的困难也是相当大的，担任计划、经营、生产、财务、成本、物资、劳动和人力资源等所谓"八大管理"课程的教师，大多是从外单位临时借用的，比如，大连造船厂计划科的徐彬炎，中国人民大学研究生毕业，是计划管理的专家，上海交通大学的刘涌康老师是留苏学者，原上海管理学校的退休老教师洪正基、邵逸度等都有管理课教学的丰富经验。所用的教材多是自己编写的讲义，孙培林老师和我分别负责物资管理和劳动管理的授课。当时，国家提出领导干部要"革命化、年轻化、知识化、专业化"，我们开办厂长、经理培训班适逢其时。我记得当时上海交大和镇江工学院（现江苏大学）的有关老师还来观摩我们的教学。

四系教师合影

进入本科教学以后，学校对各方面的要求更高、更严，当务之急是要有一支高水平的师资队伍。但是，"文革"时期造成了人才断层，尤其表现在管理人才的短缺上，管理师资更是奇缺。高校恢复招生不久，开设管理专业的院校又不多，仅靠引进高校毕业生，远水解不了近渴。于是学校开始"招兵买马"四处求贤，我被派往徐州，商调原来上海管理学校教师，后在徐州二中教毕业班数学的黄慧智、马道明老师来院任教统计学。同期调来的还有内蒙古自治区计划经济委员会的陈瑞康老师，任教会计学；曾在湖南财经学院任教的张文逸老师，任教经营学；还有毕业于中国人民大学的研究生巢遗棠老师，任教管理学；毕业于复旦大学法律系的卜宗商老师，任教经济法。

为了先从小范围逐步摸索和积累管理专业教学的经验，又能弥补管理专业师资短缺的不足，1980年初，学校决定从第一届已经分班在一、二、三系的在校生中，抽调15名学生到四系，改学管理工程，这个班班号78471，也就是所谓的管理师资班，我有幸被指派当该班的政治辅导员，并随班学习进修。不知道这些同学当初考进大学的录取分数是多少，但是从我亲眼看到的，他们的求知欲望和刻苦学习的精神，足以预见他们以后定可做出一番成就，我们这个班曾经被评为全校唯一一个镇江地区优秀团支部。毕业以后，15人中有8人留校任教，他们又都先后去国内外名校深造，取得了硕士、博士学位，后来又当上了教授、博导。李杰、陆亚平去了美国，王利、吴见平、吴君民一直在本校任教，吴君民是博导，吴家春到日本读博以后到上海交大任教授，卢晓勇是南昌大学经管学院院长、教授，凌迎宾是南京财经大学校长、教授（现省政府参事），鄢雪皎是上海科技大学教授，毛宏是上海二工大教授。1982年底，我被任命为四系的教学行政负责人，次年被任命为系副主任、党总支副书记（1994年，社会科学部与四系合并成立管理工程与社会科学系，我任党总支书记）。所以，我亲历了建系初期的许多人和事，见证了建系初期的各种艰难困苦，也曾为管理系的创建添过砖，加过瓦。

1981年管理系正式向全国招生，设管理专业本科一个班（81471），1982年也是一个班（82471），到了1983年之后，管理专业本科开始招两个班，同时为适应社会需求，主要是满足船舶系统企事业单位的需要，开办了会计专业专科班。1986年，本科管理专业实行专门化教学，在此基础上，逐步派生出会计、工商管理、物流等一系列本科其他专业。1985年起学校还开设了管理专业第二学士学位班，也叫双学士班，第一届双学士班的学员大都是来自中船系统各个工厂和研究所的在职人员，他们大学毕业以后已经在单位工作数年，再来学习两年管理学之后，成为既懂技术，又懂管理的复合型人才，以满足实际工作的需要。他们回到单位，大都成为后备干部，现任中船总公司副总经理孙伟，还有渤海船舶重工有限责任公司董事长李天宝，就是我们的校友。可见，我们系的办学从一开始就把服务社会、满足造船行业需要当作宗旨。那时，我除了主管系学生工作，还一直兼任《生产组织学》等专业课的教学，1983 年我被评定为讲师。当我教的第一届本科学生、81471 班一个叫薛澄的同学，考上了哈工大研究生，并且告诉我他考研的一门《生产组织学》得了 81 分时，我心中感到无比高兴。这既是对学生自己的肯定，也是对我们教学效果的认可。

　　1982 年以后，陆陆续续有高校毕业生分配来院，我还亲自去河海大学招聘了两名研究生（张金贵、陆辉），接着，上海交通大学、浙江大学、同济大学、上海财经大学、上海外贸学院、中山大学等一批应届研究生和本科毕业生逐步充实到教师队伍中。尤其值得一提的是宋逢明、韩德宗、葛文雷、毛定样、许龙贵、沈瑞民等多位研究生的到来，给我们管理系注入了一支强有力的生力军。这些同志在 1966 年以前本科毕业，是恢复高招的首届研究生，他们基础扎实，知识面宽，有过多年基层工作的经验，又年富力强。比如，宋逢明老师北大数学系本科毕业，上海交大管理专业研究生毕业，又在工厂工作多年（后来又在职考上清华博士）。毫无疑问，这些同志都成了四系的骨干和中坚力量，他们都先后担任了教研室和系的领导，开设了《运筹学》《系统工程》《决策论》等新课程。后来又来了留美学者杨世远，开设了《船舶经济》课程。时至此刻，可以说四系实现了第一次蜕变，真正有了一支较高水平的师资队伍，教学秩序开始走上新的轨道。

78471 班第一届学生合影

建系初期，万事开头难。教学大纲的编写，课程设置，实验室如何建立，都是摆在我们面前要解决的问题，而解决问题的最好办法是走出去，虚心请教。姜克义主任带着我和各教研组室主任，分南北两条线到国内知名高校学习取经，记得一个是上海机械学院（现上海理工大学），另一个是天津大学。许多高校还没有开设和恢复管理专业的时候，上海机械学院已经把管理专业办得风生水起了，比较完整的构建起了管理信息系统的专业体系，使我们对现代管理思想、管理知识、管理方法有了一个新的、比较全面的认识。天津大学的管理专业实验室、影子工厂更是给我们在实验室建设方面打开了思路。几所"老大哥"高校管理专业的办学思路和经验，都给了我们很大的启发，对我们以后的教学工作颇有指导意义。

长江后浪推前浪，江科大和经济管理学院的发展已经发生了天翻地覆的变化，今天的经管学院与过去相比有了质的飞跃。对此，作为一个老经管人，我感到由衷的高兴。我特别感谢经管学院后任的几届领导班子对经管学院的建设和发展所付出的努力和辛苦。继姜克义、邱济华之后，当过四系党政领导的还有孙树、陈慧农、宋逢明、董全德、许龙贵、毛定祥、孙援胜、冯建萍、陈琪、张继志、张国华、吴君民、葛世伦、苏翔、顾平、张光明、韩文民、田剑等。他们自身治学严谨、思路敏捷，认准办学方向不放松，带领整个团队一步一个脚印，锲而不舍地奋斗，敢于进位争先，取得了一个又一个令人鼓舞的成绩，真的是来之不易。

（作者：陈国忠，1943年11月生，1970年从六机部第九设计院调入上海船校，随迁到镇江，曾任四系工业管理工程系副主任、党总支副书记、书记，四洋集团总公司总经理。）

第二十二节　我和江科大的故事：本科教学的探索

学校从上海搬迁到镇江办学后，领导不断地对学校进行改革，我工作上的想法很多是受到陈宽院长的影响。在陈院长等领导的带领下，基础部的教学逐渐脱离以往的中专校的教学模式，转变为本科教学，学校也开始一步步发展壮大。

我毕业于山东师范大学，毕业后在曲阜师范大学任教物理，1980年调到镇江工作。我当时在镇江船舶学院担任基础部的主任，还做过系部书记，基础课包括语文、数学、物理、化学等基础课程。之前学校是教中等专科学校的课程，我原来所在的曲阜师范大学向来重视基础课，我来之后就把曲阜师范大学的物理教学模式运用到了船舶学院，其他学校来的老师也会把自己的特点带过来。久而久之就慢慢使用上了本科教学的课程，以往中专教师的教学模式得到了转变。

当时有一个走读班，一共三十几个学生组成一个班。实际上这个班的走读生就相当于本科生，毕业的时候学校为他们颁发了本科文凭。我给他们上了一年多的物理课，当时就是按照大学本科来教的，而不是按照原来的中专教学模式。

为了提升教师队伍，学校主要从三个方面着手：一方面是接收外校的教师。另一方面为了提高原来中专教师的业务水平，组织他们去听外校教师的课，还让他们有参加教研室的提高训练等等。最后一个方面，学校也会引进新毕业的大学本科生、研究生。

学校当时按本科建立教研室，有高等数学教研室、物理教研室、化学教研室等，这些教研室是由好多教师受原来教师的影响建立起来的，慢慢地有好多原来的教师调回上海其他中专学校去了，这就改变了原来的教师队伍。

那个时候设有电气自动化、船舶工程、机械、焊接等专业，这些专业都需要上基础课，为了给以后的专业教学打好基础，我们都会严格按照本科的基础课进行教学。高等数学、化学等基础课都是这样进行教学的。

我工作的时候，因为当时基础课教育还很薄弱，所以没有自己编写教材，都是选用一些全国教材，譬如物理选择天津的一本教材，真正自己编写教材的是专业课程。

学校的专业大多围绕造船行业，在招生的时候我们会考虑到分配的问题。学校毕业生分配工作地点大部分都是沿长江的几个造船厂，比如上海造船厂、武汉造船厂等，所以我们主要在沿江的城市进行招生，学生毕业后分配工作地点离家近，也有利于学生自身的发展。

相对其他学校对教学的重视，我们逐渐意识到这方面是有所欠缺的。所以，1990年的时候，学校安排我和几个教师组建了高等教育研究室，这对提升教师队伍的水平起到相当重要的作用。1992年我退休的时候，高等教育研究室改成了高等教育研究所。老师们互相学习探讨论文写作，互相研究一些教育办法，研究高等学校的教育规律，我们还组织教师到东北的哈尔滨船舶工程学院等地方参观学习。高等教育研究所对提高整个本科教学作用还是蛮大的，这也和当时成立研究所的目的相吻合。

（作者：施元祥，生于1931年10月，毕业于山东师范大学，1980年调入镇江船舶学院，原基础部副主任。）

第二十三节　我和江科大的故事：我与船院根叶情深

一、重回镇江解乡愁

我毕业于江苏省丹阳中学，17岁就参军了，去到了哈尔滨军事工程学院。那时候大学学制是6年，第1年是预科，我感觉在预科期间主要是对自己的学习方法进行了改进，我收获非常大。第一年的预科念完，我就进入到5年制本科阶段。我报的是海军工程系，学习电机与消磁。在这个专业上了不到两年，学校要成立一个导弹工程系，学生从各个系抽取，于是我被抽到导弹工程系导弹自动控制专业继续学习。快毕业的时候，系领导找我谈话，他开门见山地说，现在想把你留下来当教师，你干不干？想到自己是军人，做了军人就要无条件地服从需要，所以我选择留下来。1969年的时候，哈军工迁到长沙办学，我转入哈尔滨船舶工程学院工作，因为学校里没有导弹工程系了，所以我转到了管理系任教。

我一直有个心愿，就是叶落归根，回到家乡当一名老师。几经辗转，终于在 1988 年夏天，我和家人一起回到了镇江。那时已过知天命之年，我从哈尔滨回到镇江，回到了我心心念念的家乡，入职镇江船舶学院。

二、忆往昔峥嵘岁月

我的爱人尹文琴是上海人，毕业于上海医科大学，毕业分配到北京医科大学。但是我那时候在哈尔滨部队里，为了不再两地分居，她在 1965 年调到了哈尔滨。调去以后她一直在哈尔滨妇产医院工作，在妇产医院当了院长，后来又在计生委当副主任。她有一手好医术，在哈尔滨也干出了一番自己的事业。1978 年，她参加了援非医疗队，在大沙漠里、在极端艰苦的环境中待了整整 25 个月。她还与毛里塔尼亚医务工作人员协同配合，给一个妇科病人做过手术，在没有血源、没有水、没有电的情况下做手术，成功给病人切除了一个 27 公斤重的卵巢肿瘤。当时毛里塔尼亚的报纸报道了，后来《人民日报》也报道了这件事。

中船总公司第五期总会计师岗位培训班结业典礼留影（左 1 为张国华）

跟我回到镇江，我的爱人是做出了很大牺牲的。来到船院后，她就在学校校医院工作，也发挥她的专业所长，为师生诊疗以及提供心理咨询等。感谢我的爱人，一直支持我，并把家人照顾得很好。

三、入职船院干事业

来到镇江船院后，我就到了四系（工业管理工程系）做副主任，分管教学。同时我也给学生上课，我上的是"工业技术经济"这门课。当时系里共有100多位教职工，4个专业，分别是工业管理、经济管理、会计和信息管理工程。当时的会计专业比较有特色，运用了计算机来搞会计业务。

那时候作为分管教学的副主任，我发现系里面教学经验丰富的老教师很少，只有七八位，其余都是30岁左右的青年教师。为了提高课堂教学质量，我思考出来2个办法。一是组织老教师去听青年教师的课，从4个教研室抽调了7位老教师，包括我一共8个人组队去听新教师讲课。我会根据新教师上课的时间、地点和老教师的时间来安排听课时间表，一周听课1~2次，每学期从第4、第5周开始，到第14、第15周左右结束。每次听完课之后，我们这个听课小组就会坐下来讨论，找出这位年轻老师讲课的优点和不足。讨论完之后，我会在脑子里面消化整理一下，再去找被听课的老师，把大家的意见反馈给他，提出他的优点鼓励他，指出他存在的缺点希望以后努力改进。在听课制度实施一段时间后，青年教师上课的责任心增强了，备课也更加认真仔细了。另外一个方面是提高教材质量。当时管理科学方面的教材很多，但是适合船舶行业的不多。我在系务会上要求，写教材不要过于着急，要重点收集船舶行业方面的案例，再将管理理论和案例结合起来变成讲稿印发给学生作为教学参考资料。除了分管教学质量外，我还负责给船舶总公司的干部培训。我们负责安排课程，并和成教部加强联系，将教学计划报到成教部，我们还会征求成教部的意见开办专题讲座，尽量做到针对不同的班有不同方向的讲座。陈宽院长也对我们负责的干部培训班很关心，他还主动参加了干部培训班的座谈会，在座谈会中启发大家提出意见和建议。

几年后，原来的系主任去了德国，我就成为系主任，开始全面抓四系的工作。那时候，在科研方面，我们系的会计电算化做得不错，所以我积极支持他们编写教材，吴君民和葛世伦编写了会计电算化的教材，当时市面上这种类型的教材还没有，他们编这个教材也是下了很大功夫的。再到后来，四系跟社会科学系合并了，张继志任主任，我做党总支书记，一直干到退休。我在船院工作的时间不长，但感情很深。

（作者：张国华，1937 年 8 月生，毕业于哈尔滨军事工程学院。1955 年 8 月参加工作，他在哈尔滨军事工程学院、哈尔滨船舶工程学院任教。1988 年调入镇江船舶学院，1988 年 7 月至 1995 年 5 月任工业管理工程系副主任、主任。）

第二十四节　我和江科大的故事：回忆母校　感恩母校

1973 年 9 月，我被招生入校读中专（学校当年为中专校），学习船体专业。1975 年底我毕业留校工作，到 2009 年 2 月退休。我的主要成长、工作阶段是在学校度过的，回首如烟往事，内心的感受和激动，实在是难以言表。

感谢学校对我的关心和培养。当年我被招生入校时，学校刚从上海搬迁到镇江不久，由于当时一切工作都处于非正常状态。特别是教育，作为一所培养造船人才的工科学校，被迫离开近代大工业城市、我国造船重要基地之一的上海，到镇江来办学，其困难程度是不言而喻的。然而，我从当年招生老师身上，就感受到了学校老师敬业、负责的精神。当年我正在皖南山区上山下乡、插队落户，是"文革"中第一批被推荐上学的工农兵学员。我们这批工农兵学员虽然当时也经过了文化考核，但就整体文化水平而言，是参差不齐的。为了保证招生的质量，招生老师硬是不辞辛劳，冒着酷暑下到相关省、市的各地区、县，甚至到田间地头，一个一个地与被推荐上来的学员进行见面和谈话，从中进行认真挑选。当时，我就是在田间地头接到县文教局通知后，赶到县里与招生老师见面的。对当时见面的情景，至今我是难以忘怀的。特别是到了学校后，面对文化程度参差不齐的学员，任课老师更是不厌其烦，非常认真而又耐心地进行教学和辅导，并且一次又一次地带领我们到上海的江南、沪东造船厂，以及有关造船的设计部门进行学习、参观和实践，使我们获得了不少关于造船的理论和生产实践知识。我们绝大多数学员都如期地完成了学业，并取得了毕业证书。与此同时，我还十分荣幸地留校参加了工作。

青年时期的姜怀定与同学在校园留影

我对学校积极向上的精神风貌感触颇深。在我读书时期，就曾多次听到学校老书记刘东明同志提到学校在上海时的"三八作风"，那就是向解放军学习，用解放军的"三大纪律、八项注意"来规范学校师生的行为。老书记还多次自豪地说，我校曾是上海连续八年的"红旗单位"，每年上海举行国庆游行时，都有我校组成的民兵方队，接受主席台的检阅。对此，我虽然没有亲身经历过，但在我当年的学生生活中，还是有所体会的，如从早操、上课和晚自习等集体行动，和到食堂用餐、图书馆阅览和熄灯就寝，以及教室和寝室的布置和物品摆放都有一定的规范当中，我体会到了当年上海船校的"三八作风"。所以，到了我留校从事学生工作时，我也是这么要求学生的。并且，我们每年还要通过"校风建设"和"师生共建文明班级"等活动，来评比"优良学风班"和"文明寝室",从而使学校当时所提的"勤奋、严谨、团结、创新"八字校训落到了实处,并蔚然成风。还有一点值得一提的是在20世纪70年代中后期我校建造"千吨油轮"的故事,这可以讲在我校历史上,乃至我们镇江地区造船史上,是可圈可点、浓墨重彩的一笔。因为当时在镇江地区的造船史上还没有建造过如此大的千吨油轮,但我校当时就是全校上下一心,共同为之努力和奋斗。在这个过程中特别值得一提的,是我校校办工厂的技术人员和工人师傅们付出最多,他们心往一处想,劲往一处使,硬是不怕困难,敢为人先,勇于创新,终于建造出了千吨油轮——鲁烟油2号。这也充分体现出我校上下全体同志不怕艰苦、不断拼搏的精神风貌。

学校一贯重视对学生的培养和教育,除了重视学生的专业知识学习外,也非常注重对学生的思想政治教育工作。为了促进学生世界观、人生观的不断形成和发展,我校升格为高校不久,就对学生先后开设了"人生哲理""大学生思想道德修养""法律"和"形势教育"等课程,并通过组织"学马列、学党章"活动,将那些学习好、政治素质高的优秀学生发展入党。同时为了拓宽学生的知识面,我校还经常举办各种大型的思想、文化讲座和报告会,其中影响较大的,我记得被邀请来我校做过报告的,先后有:多次参加世乒乒球赛的著名乒乓球运动员李富荣、著名电影演员陶玉玲、很有影响的歌唱家金钟鸣和芭蕾舞演员彭清一,还有扬州的"火花大王"季之光等,还特别邀请到我国首个进入太空的航天员杨利伟来我校作报告等等。这对学生的成长和成才,无疑都是起到了非常大的、有益的作用。在我们的历届毕业生中真的是人才辈出,除了当年上海船校老校友中,有曾先后担任过江南造船厂党委书记、中华全国总工会副主席和上海高级人民法院院长的滕一龙,电影导演梁星明,画家唐秉耕等人外,在全国各大、中型船厂的党委书记、厂长中,都有不少曾是我校的毕业生。至于我校升格为高校的40多年来,我校的毕业生也是人才辈出,其中,也有不少同志担任了全国各大、中型船厂的党委书记、厂长(或总经理),或在有关领域发挥了重要作用。记得我在20世纪90年代初期专职负责学生工作时,曾对我校86~90届共5届的船舶工程专业中近75%的毕业生,进行过一次问卷调查,在所列出的"政治思想表现、工作态度、基础理论知识、识图与制图能力、使用计算机能力、设计与创新能力、动手能力、组织与管理能力、分析和解决问题能力、外语水平、体质和精力"等共15个调查项目中,所反馈回来的数据显示:A等(优)占31.53%,B等(良)占45.17%,C等(中)占22.33%,而D等(差)只占0.97%。其中特别是用人单位对我校毕业生的"政治思想表现""工作态度"和"识图与制图能力"这三个方面评价最高，可见用人单位对我们的毕业生是持肯定态度的。

抚今思昔，值得我们回顾和有感慨的地方还有很多。我们学校之所以能取得今天这么大的成绩，我最大的体会就是：学校能善于不断地进行工作总结和不断地提出新的工作目标；全体师生员工能立足平凡的工作岗位，发挥自己应有的作用。我相信：只要我们大家努力学习，不断发扬"船魂"精神，践行"笃学明德，经世致用"的校训，同心同德，共同努力，我们就一定能够把我们学校建设成为"国内一流造船大学"。

（作者：姜怀定，1949年2月生，1975年毕业于镇江船舶工业学校，毕业后留校工作，曾先后担任华东船院一系团总支书记、主任助理、党总支副书记，江科大离退办副主任、党总支副书记。）

第二十五节　我和江科大的故事：长风破浪　砥砺前行

一、创建计算机专业

创建我校的计算机专业虽算不上艰苦卓绝，但至少是困难重重。1975年，以夏祖勋老师为首，创建了电子技术应用专业，增设了计算机原理和BASIC语言等课程。1978年，学校升格为本科院校，这是我校发展历史上的重要里程碑。当时的三系只有船舶电气自动化专业，根据学校学科和专业建设要求，三系需要再增加一个专业，教研室主任夏祖勋老师组织开展了广泛调研。

当时创建这个专业确实是非常困难的：一是缺乏基础，校内没有相关或相近专业；二是师资力量薄弱，不仅老师少（当时只有夏祖勋、顾建业、陈保香、翁妙凤、魏元凤、杨丽君、刘同明等几个老师），而且都是非计算机专业毕业，也从来没有接触过计算机；三是专业实验条件就是一张白纸；四是1981年就要开始招生，百废待兴。我现在回想起来确实是为了国家需要，硬着头皮迎难而上。1981年我校第一次招收本科生，是当时招收计算机本科生比较早的高校之一。我有幸担当了这个班的班主任。

为了解决师资问题，学校组织现有老师去南京大学、上海交大、东南大学、南京理工大学等高校，进行半年不等的进修。我去上海交大进修了计算机原理和操作系统，在南理工进修了计算机体系结构，和他们的学生一起听课、做实验。老师在讲课中结合科研体会，往往一堂课就能讲几十页内容，信息量很大；老师答疑也是不厌其烦、循循善诱；深夜上机实验经常可以看到老师现场指导学生。进修期间，我不仅学到了专业知识，也明白了老师不是简单地传授知识，既要教书也要育人，还要提升学生的思想道德水平，让学生知道解决问题的方法，提升看待问题的高度，打开自身格局。

我们这些参与创建专业的老师，限于非科班出身，专业造诣不及现在的年轻老师，眼界也不那么开阔，但每个人都兢兢业业，希望能干出一番事业来。夏祖勋老师对待教学异常认真，为了上好离散数学，专门去其他学校进修，备课笔记是我们这些年轻教师的学习范本。翁妙凤老师每次上课前都会提前到教室，把要点工工整整地写在黑板上，令我印象深刻。

从 1982 年开始，学校陆续补充了一些重点大学毕业的"科班"生，师资状况得以缓和，这些年轻老师也是立马上任，连助教的机会也没有。计算机专业只有一台微机，还是港商赠送的。计算中心有一台"719"机，面向全校，教师和学生黑天白夜轮班倒，小型计算机实验要到江苏大学进行。办学条件尽管不尽如人意，但依靠全体教师的师德、担当、敬业和团结，克服了重重困难，比较顺利和出色地完成了 1981 级学生的培养任务，并有 3 名毕业生分别考取了中科院计算所、东南大学和合肥工业大学的研究生，在学校放了一颗小"卫星"。

在创建计算机专业的前几年里，学校工作重点是：初步构建教学体系，编写适用的教学大纲，逐步建立课程体系；增强师资力量，提高教学水平；初步建立实验教学环境。学校当时限于师资力量和科研条件，科研总量几乎为零。

二、建立独立的计算机系

计算机专业经过 1978 年—1988 年 10 年的建设，师资力量和实验条件都得到了较大的提升和改善。1988 年，计算机与船舶电气化两个专业分开，成立计算机系（七系）和自动化系（三系），这是我校计算机专业发展的一个分水岭，标志着我校有能力独立建设计算机学科专业。从此，计算机专业进入了一个新的建设时期。顾子天老师是计算机系第一任主任，总支书记是陈保香老师，副主任是陈祖。

顾子天老师是从西安交大调来的，非常重视科研和成果转化。在他的带领下，计算机系的科研有了良好的开端，那段时间承接了广州造船厂、山西侯马 874 厂、常州武进纺织机械厂、镇江港务局等企业的管理信息系统等项目。这些项目的完成，有力地推动了教师能力和教学水平的提高。

1990 年夏，从日本留学回来的吴瀚声老师接任计算机系主任，党总支书记还是陈保香，副书记是生佳根，副主任有刘同明，后来增加了吴陈。

这段时间，计算机系的建设方针和措施有：（1）提高教学质量是核心，教风和学风建设是保证，CET-4 通过率和毕业设计质量是标志；（2）以科研为导向，鼓励教师参加科研和撰写论文，带动师资队伍建设；（3）以 1995 年申报计算机应用硕士点为目标，组织师资队伍建设和科学研究。

系领导齐心协力，按照上述方针开展各方面的工作。例如，负责科研的系主任吴瀚声，开辟了人工智能研究方向，还与哈尔滨工程大学联合培养了研究生；党总支书记陈保香在高质量完成"微机与接口"新课教学任务的同时，全力为教学和学生工作保驾护航；我那时任副主任，主管教学工作，和主管学生工作的副书记生佳根同志把提高英语等级考试通过率作为一项专题工作，请了英语系的老师进行课外辅导，从而使计算机系的英语等级考试通过率在全校名列前茅。所有老师都非常重视课堂教学，认真备课，精心教学。根据学生的反馈信息，翁妙凤、归宝琪、魏元凤、杨丽君等一批老师的教学态度和质量，都得到了学生的充分肯定。顾建业老师是几任班主任，他既是学生的老师，也是学生的知心朋友，对学生体贴入微、关怀备至，被学生当作"父亲"一样看待。

这段时间，计算机系的科研和论文论著取得了长足发展，其标志性事件是在 1995 年国家教委批准我校建立计算机应用硕士点，并且是当时我校新建专业中最早获得硕士点的专业之一。特别要说的是，年轻教师的教学能力和学术水平都得到了很大的提升，王士同、吴陈、曹奇英、胡广朋等都是计算机系的佼佼者，他们发表和出版的论文论著，为获批计算机应用硕士点做出了重要贡献。

三、分久必合，合久必分

三系与七系的关系应了"分久必合，合久必分"的规律。1988 年之前船舶电气与计算机两个专业组成了三系，1988 年分为两个系；1996 年，出于信息学科整体建设的需要，学校又将三系与七系合并为电子与信息系，系主任是吴瀚声，一年后王士同接任系主任，党总支书记是方显进，张宪生是副书记，副系主任有王建华、吴陈、刘同明，刘同明退任后曹奇英为副主任。2000 年秋，我接任系主任，党总支书记是张宪生，高健任副书记，副主任有蒋贻廉、邓志良和曾庆军。2001 年春，邓志良接任总支书记。2002 年，电子与信息系改名为电子信息学院。2004 年春，我离任院长，邓志良成为电子信息学院的第二任院长，生佳根任总支书记。2006 年邓志良调离后张再跃任院长。2008 年，电子信息学院再次拆分为电子信息学院和计算机学院。

四、院长生涯中的二三事

刘同明主编《数据融合技术及其应用》书影

2000 秋，学校希望我任系主任（后改称院长）。校长吴立人代表党委找我谈话时，我表态：第一，已过天命之年，如有更好的人选，希望另行考虑；第二，作为党员，服从组织决定，并尽我所能做好工作，同时希望组织尽早安排年富力强的同志接任。

任职期间，做了以下几件我认为比较有深远意义的事。

加强科研，以科研促教学，提高教师的学术水平。当时，电子与信息系是全校最大的系，但是科研总量与系规模极不相称。针对这种情况，我采取了三项措施：召开全系科研大会，动员全系教职工大力开展科学研究；重组和优化科研队伍；制定了相应的科研激励政策。例如：为每个科研团队配备了专门的研究室，利用创收收入补贴科研和论文论著等。经过全系教职工不长时间的努力，科研总量有了显著提高。

规划了硕士点的增设工作，以此为目标推进其他学科建设。当时，全系只有计算机应用一个硕士点，通过整合和积极申报，经过几年努力，终于拿到了自动控制、电子信息技术、模式识别等硕士点。

制订了师资培养计划。根据电子信息学院学科建设和科学研究的需要，我系积极组织教师到重点大学攻读硕士和博士学位，以及到国外做访问学者。例如，吴陈去了美国做访问学者；吴小俊、韩斌、高尚等到外校读了博士，不包括学院其他专业的老师。

积极引进海外人才。记得有一个加拿大博士，镇江人，是美加几个刊物的审稿人，在学院工作了几个月，重点是教会大家写论文，如何提高在国外刊物上发表论文的命中率。

我虽然在担任院长期间尽了心，也尽了力，但也许只有苦劳，谈不上什么成就，现在回想起来深感惭愧，借此机会，再次感谢学校领导和全院教职工对我工作的大力支持。

五、为国家健康工作 50 年

我的学生对我有一个共同的评价，就是认真。每一堂课我都会精心准备，学生的毕业论文和毕业设计，也会一字一句帮他们修改。但是学生也不会认为我很严厉，因为平时我和学生以及年轻教师相处融洽，喜欢和他们交流互动，由此感受到年轻人思维的活跃。

从 2000 年开始至今，我一直坚持研究和开发舰船装备综合保障，算起来有 20 多年了，拿到了一些大项目，也获得了国防科技进步奖，为学校做出了一定贡献。综合保障是一个交叉学科，涉及装备、系统工程、管理、信息等学科专业，事关国防装备建设和作战能力提升大事，也是国家非常重视和大力投入的领域。

长风破浪会有时，直挂云帆济沧海。在大学读书时，学校有一个口号：为国家健康工作 50 年，我做到了。而今，我已"进"黄昏，夕阳无限好。我衷心希望学院继续围绕船舶特色，找准突破口，捏紧拳头形成合力，集中力量谋求更大的发展。老师们在重视教学、重视理论的同时也要重视应用，重视科研、教学、产品"三结合"，真正把论文写在祖国大地上。

刘同明

（作者：刘同明，1945 年 8 月生，1970 年 7 月毕业于哈尔滨工业大学，同年 7 月分配到第六机械工业部 431 厂工作，1972 年 11 月调入镇江船舶工业学校，参与了计算机专业的创建和建设，历任计算机教研室副主任、主任、系副主任、电子信息学院院长、教研室党支部书记等职，2007 年退休后从事舰船装备综合保障的研究和开发至今。）

第三章

江科大人物

第一节　钱平：愿做春蚕独辛苦，不辞昼夜吐柔丝

2018 年是钱平扎根一线辅导员的第 10 个年头。2007 年，硕士毕业的钱平来到江苏科技大学蚕业研究所，从事家蚕遗传育种专业教师岗工作。2009 年，他放弃教师岗，转岗成为一名辅导员。

"不是因为美好而爱，是即便知道不美好，还依然选择爱。"辅导员之于钱平就是这样的爱。

一、因为热爱，从教师转为辅导员

2009 年，源于对学生工作的无比热爱，钱平从一名专业老师转岗成为一名专职辅导员。身边的老师、同事都劝他"辅导员工作太累了，事无巨细、纷繁复杂""辅导员待遇低、发展前景不如专业老师""辅导员在高校评职称困难"，可他还是毅然决然选择了辅导员这个岗位。

也正是这次选择，改变了他以后的职业生涯轨迹。2016 年博士毕业后，导师希望他转岗为专业老师从事科研工作，钱平还是委婉地拒绝了，他坚信辅导员的工作是他的最爱。

二、因为知心，甘做成长"营养剂"

钱平心中有学生，为了学生的成才梦想，他甘做学生成长的"营养剂"。

为了"拯救"每天"宅"在寝室的"低头族"，他开展了"三走"活动，提供"强身"营养剂；读万卷书，行万里路，他带队组织学生参加实践活动，提供"修德"营养剂；面对错综复杂的网上舆论，他利用网络媒介，传播正能量，提供"明辨"营养剂。他把学生当成自己的孩子，将所有的爱都无私奉献给了学生。

三、因为热心，为学生"抽丝剥茧"

在担任辅导员的日日夜夜里，钱平经常到学生宿舍和学生聊天、谈心。学生病了，他会买营养品去看望；学生进步了，他及时给予表扬；学生退步了，他比谁都着急；学生有不良嗜好了，他积极引导疏解……每次学生有事给他打电话，无论几点，他都会不厌其烦地解答或开车赶往学校。

同事都开玩笑地称他"随叫随到"，但他知道，"只要学生能够舒心，就是最开心的事"。

2015年，学校开设了蚕学本科新专业，第一次招生18人，全部是被调剂录取的学生。面对这样一个冷门专业，学生、家长忧心忡忡。开学后，很多学生都找钱平咨询转专业问题。

他开始思考如何开展灵活多变、对学生有吸引力的专业教育，将校园文化活动与专业教育紧密结合，以第二课堂促第一课堂。为此，他开展"教授进班级"活动、将新生专业教育"搬进"名企、开创"蚕桑文化"学生社团等，搭建平台，让学生了解蚕学、爱上蚕学，实现蚕学专业开办以来"零"转专业率。

10年的工作摸索，钱平给自己确立了"四互"原则，即在与学生的互动、互信、互学中实现师生互赢。他坚持每周与一名学生进行深度谈心谈话；每周学生干部例会都会给学生讲一个励志小故事；每月至少一次宿舍深度走访、一次专业教师意见反馈。通过这一次次面对面的谈心交流、一次次一对一的深度辅导，他为学生抽丝剥茧、拨云见日，真正成为一名"知学生情，解学生难，暖学生心"有热度的思政教育践行者。

2014级的一名同学多次萌生退学的念头，钱平反复找他谈心，指定班级学生干部常态化帮助他、指导他，并将他聘为学工助理，帮他树立信心、合理规划。最终，该生顺利毕业并考取南京农业大学研究生。

在毕业生座谈会上，那名学生对钱平说："您在我身上花了很多时间和精力，没有您我可能会一直颓废下去，是您让我找到了人生的目标，谢谢您。"

四、因为专业，蚕乡欢迎"蚕博士"

作为农业生命科学领域的博士，钱平担任生物技术学院的辅导员，钱平有着"专业对口"的优势，组织学生创新团队参加各类学科竞赛，先后获得全国大学生生命科学创新创业大赛、"挑战杯"大学生课外学术科技作品竞赛、"创青春"大学生创业大赛等学科竞赛全国奖项 100 余次，其中获全国一等奖 14 次。

"纸上得来终觉浅，绝知此事要躬行"。钱平放弃暑假休息时间，主动请缨，利用自己的专业优势，先后 10 余次带领学生投入到火热的暑期社会实践中，他们走基层、下农村、进农户，科技支农，助力精准脱贫。他带领的"服务蚕桑·共筑丝路"蚕桑科技支农实践团足迹遍布江苏苏北蚕区，广西平果、德保蚕区。

2016 年暑假，钱平带领一支实践团队来到广西围绕当地蚕桑产业现状、蚕和桑树品种、蚕种生产经营等开展了调研，向当地蚕农培训规范的饲养和消毒方法，并赠送了蚕业研究所精心培育的、针对广西高温多湿气候环境的优质蚕种和蚕药。

蚕农在钱平的指导下，改进养殖技术和消毒防病措施，试养了"华康 2 号"新品种家蚕，多数农户收入从 4000 元/亩提高到近 8000 元/亩，收入实现了翻番。

2017 年暑假，钱平再次带着实践团队来到广西德保燕峒乡，当地村民告诉钱平，自引进"华康 2 号"品种以来，季利润相比之前翻了一倍多。

在钱平带队的蚕桑科技支农实践团的帮助下，燕峒乡富民桑蚕专业合作社从 2010 年的 20 亩桑园，发展到如今拥有 3000 多亩桑园、2000 多平方米的大蚕房，实现年利润 80 多万元，带动 12 户贫困户顺利脱贫。

10 多年来，钱平始终坚持"学生不同，关爱不变；思想多元，倾注不改；需求变化，付出不减"，用专业素养和职业能力帮助学生成长成才。"愿做春蚕独辛苦，不辞昼夜吐柔丝"，钱平就是这样用持续关注和无限关爱让辅导员的角色绽放光芒。

（作者：韩天琪、王琳　该文刊发于《中国科学报》）

第二节　高秀：心有希望，处处阳光

"高枝带雨压雕栏，秀樾横塘十里香"。2020 年 3 月 24 日，2019 级翻译班学生写给"秀儿老师"一幅书法联，借用两句古诗点赞恩师出征上海战"疫"，也隐进了老师的本名"高秀"。晚上，出完"接你回江苏"防疫任务返回驻地，高秀看到视频里稚嫩脸庞和真情留言，"眼泪不争气地往下掉"。她在当晚的战"疫"日记中写道——发自内心地觉得自己的选择是对的，我来"守护国门",也是在保护自己的学生,教师这个职业是我不悔的选择。

一、亦师亦友的"秀儿老师"

获得以色列巴伊兰大学人文学院翻译与口译研究系博士学位后,2018年9月,高秀作为引进人才进入江苏科技大学外国语学院,两年内先后承担了10多门课程的教学工作。"在旁观者眼里,甚至我自己也曾认为大学教师职业轻松,不用坐班,上完课就可以回家。事实上,大学老师没有下班时间,不站讲台就在办公室批作业、辅导学生,或者在电脑前看论文、写本子。"高秀一度怀疑过自己的选择,是学生的真诚互动让她"觉得一切都是值得的"。

很多学生称呼高秀"秀儿老师"或者"秀儿"。她们会把自己的生活、情感跟"秀儿"分享,因为觉得跟她没有距离感。在学生心中,一个独自在以色列攻读博士、想做什么就全力以赴实现的"秀儿老师"很酷,是"正能量女神","不用向学生点明怎么做或不应该怎么做,通过老师的经历,就会听到自己内心的声音,去厘清自己的定位,制订下一步规划"。

有女生从大一犹豫到大三,不知该选择口译还是笔译,迷茫中也不知怎么利用大学时光。有一次上课,高秀跟学生分享当时正在进行的一项翻译工作,以及对待笔译的观点,那位女生才明白自己适合的是什么,从此坚定投身笔译,考了一系列笔译证书。高秀说:"其实她的性格确实适合做笔译。有志向是好的,但总要结合个人情况。"还有几名学生在高秀刚入职时正好读大三,听了她的鼓励表示要考研。高秀帮助联系了一些大学的同行和已经在读的研究生,几经筛选他们确定了考研目标。2020年2月考研初试结果出来时,学生们第一时间向高秀报喜,一起在线讨论复试准备内容。

在高秀的心里,大学生应该试着以成年人的心态对自己负责,去思考清楚自己想要什么样的未来、想要什么样的生活,大学的时间应该怎么高效利用,在他们对自己的前途迷迷糊糊、似知非知时,教师的"灯塔"作用会在很大程度上影响学生。

2020年2月25日,高秀开始了疫情防控期间"十八线女主播"的"职业生涯"。作为电脑技术"小白",第一堂网课下来,"大三的学生很贴心地意识到了我电脑'小白'的窘境,就制作了符合我电脑使用的腾讯课堂视频,一目了然,还配合我进行了测试,效果很好,让我从第二周开始就掌握了语音、腾讯课堂、屏幕共享等技能。"有了"主播"经验的高秀一边讲课,一边跟学生进行"刷游艇""刷飞机"以及点赞互动,课堂气氛非常活跃。

二、支援口岸语言战"疫"的"花木兰"

高秀是山东人，长发飘飘、个子高挑、声音柔美、话语简短、决定果断，是同事眼中"话不多、高学历、高颜值"的"花木兰"。当学校接到上级任务，需要选派一名外语专业教师前往上海进出口岸协助防疫工作时，高秀觉得"其他同事肯定都能胜任，但家里都有孩子需要照顾。而我孤家寡人，父母在山东，又是翻译专业出身，舍我其谁？"于是，她第一个主动请缨："作为一名年轻老师，我有精力、体力、能力，我去吧。"

在 2020 年 3 月 23 日的出征仪式上，高秀说："两年来，自己时刻感到学校和学院家文化的温暖，也未对学校和学院有贡献，如今才有机会尽绵薄之力。在以色列学习时身处战火中，害怕的时候是志愿者的安慰陪伴我走过焦灼，今天终于能为别人送去安慰了。"任务来得如此迅速，她踏上征程便直奔战场，23 日早上 10 点从镇江出发，下午 5 点高秀已经在上海虹桥机场护送第一批入境人员前往昆山进行边检分流。

"你们见过凌晨 4 点的上海吗？"26 日凌晨 4 点，高秀睡意正浓，忽然听到"当当"敲门声，组长在门外简短命令"出发"。组长是有 30 年工龄的老公安，做事从来都是雷厉风行。高秀在战"疫"日记中记下了工作感受——"前一晚江苏省防疫防控指挥部下达新命令，所有回江苏入境旅客都配发防护服，以防交叉感染，所以当天的任务就多了一项。到达浦东 T2 已有 26 人在等待，机场接驳的战友建议先跟外籍人士解释一下，希望他们配合穿戴防护用品。由于是第一次执行这项任务，整个配发及讲解过程有些忙乱，有的乘客随意发挥，不是弄坏鞋套就是手套戴不上。当 26 人全部穿戴好，我已是汗流浃背，汗透的衣服在不透气的防护服里潮潮地黏在身上。"

同事们担心高秀安全："病毒无孔不入，害怕吗？"她说："不怕，我们身上写着江苏二字，他们看到了我们，就像看到了家人。家的爱是无穷的。"学生们崇拜"逆行者"老师："没有人生来就是英雄，总有人用平凡成就伟大。致敬迎难而上的老师，我们一起加油。"

支援入境防疫翻译工作后，高秀执行任务期间的课程由同事代劳，她休息的时候指导任课班级学生专业比赛，批阅、反馈学生参赛作品。"身在一线，关注点基本与疫情有关，看到权威部门发布的疫情术语翻译，我也会转发给学生，希望她们能结合现实生活学习。"高秀说，自己最挂念的还是自己带的 4 名毕业生的论文，"在出任务回来之后跟她们交流，信息说不明白的就语音。好在她们也已经陆续提交初稿，距离胜利越来越近了。"

战"疫"经历，促使高秀思考人生的价值和实现方式。"或许，这次任务会影响我的论文撰写、会导致考核不合格，甚至会影响职称评定，但是入境的人越来越多，一线工作人员压力越来越大，他们已经为我们撑起这片天撑得太久了。我是一线工作需要的人，不应该待在舒适圈守着自己的一亩三分地。"高秀觉得，人生的价值实现方式多种多样，"在我暮年回首往事时，我会无悔且自豪——在祖国需要我的时候，我没有退缩。"

（作者：谢凌燕、韩菁菁　该文刊发于《中国科学报》）

第三节　嵇春艳：女科学家心中的海洋梦

"选择这个方向是兴趣使然"。去年底，江苏科技大学副校长嵇春艳获得2020年度国家杰出青年科学基金资助项目，实现了该校历史上零的突破。长期从事船舶与海洋工程结构物动力特性分析和结构安全性评估方面的研究工作，这位女科学家心中始终有一个"海洋梦"。

2003年，从中国海洋大学博士毕业的嵇春艳意气风发，对蔚蓝海洋产生了浓厚的兴趣。当时，正值我国船舶与海洋工程飞速发展的黄金时期，"我坚信中国会在不久的将来成为世界造船大国和造船强国。"嵇春艳说。这是难得的机遇，她从此立志要为中国船舶与海洋工程的发展出一份力。

2019年8月，由嵇春艳主持研发的我国南海首个浮式防波堤工程样机正式下水

她所申请的"海洋工程结构水动力学理论与可靠性评估方法"项目，主要攻关方向是发现浮式防波堤新的消波机理、提出新的构型设计方法来提升浮式防波堤消长周期波浪的效果。"浮式消波具有生态环境破坏少、建造时间短、深水工程造价低、可迁移使用等特点，应用前景广阔。海上施工临时掩护、远海养殖、岛礁建设等均需要解决防波消波问题。尤其对远海岛礁的建设，浮式防波堤可实现陆上模块化预制、海上现场连接、快速安装定位，能够有效降低工程成本，是固定式防波堤的有益补充。"她说。目前国际上浮式防浪消波装备主要应用于近岸和短周期、低海况海域，对深远海，能够消长周期波、抗极端海况的浮式防波堤核心技术还属于"无人区"。

嵇春艳带领团队开展技术攻关

对此，嵇春艳带领团队展开科技攻关，"遇到的最大难题是浮式防波堤工程样机的研制和在我国南海进行的海上示范，我们联合中国船舶集团第702所、交通运输部上海打捞局等国内优势单位，克服了安装过程中南海土台风袭击、地质地貌复杂等一系列难题，最终顺利完成了任务。"嵇春艳自豪地说。目前浮式防波堤已成功海试2年，运行状况良好，各项监测数据性能优异。

当前，我国正从浅蓝走向深海，这让嵇春艳对未来更加充满希望。她说，中国需要在智能船舶和绿色船舶方面进行重点突破，大力发展更加安全可靠、经济高效、环保舒适的新一代船舶，面临的技术瓶颈依然不少，随着国际海事环保技术与安全规则日趋严格，下一步，要着力解决海洋装备设计制造的能耗、材耗、工耗"高三耗"问题，将绿色船舶新船型的研发放到创新的重点领域，积极开发能效指数（EEDI、EEOI）优异的品牌船型和绿色动力设备。

"因为喜欢，所以选择，所以坚持，并乐在其中。"一路走来，嵇春艳将自己最美的青春年华奉献给了这片蔚蓝海洋，如今的她已收获2项省部级科技进步奖一等奖等殊荣，未来还将在科技兴海中实现更大的人生价值，不断用科研梦成就海洋梦、强国梦。

（作者：王拓）

第四节 江科大新青年丨王彪：十年磨一剑 砺得梅花香

王彪教授，主要研究方向为水声工程与声呐技术，江苏省"青蓝工程"优秀青年骨干教师，江苏省"六大人才高峰"高层次人才，江苏省"333"工程中青年学术带头人，镇江市"十佳教师"，中国声学学会声学教育分会委员、江苏省通信学会水下通信专业委员会秘书长。

"每年给自己定一个小目标、每年取得一项成果、每年获得一点进步"，这是王彪的自律与坚持。自2009年从中国科学院声学研究所获得博士学位后，王彪就来到江苏科技大学电子信息学院工作，至今已满10个年头。时光不会辜负努力的人，10年间，他一步一个脚印、稳扎稳打向前走，用点点滴滴的积累换来满满的收获。

一、发挥专长为学科建设出份力

来到江苏科技大学后，王彪发现学校的水声工程方向基础薄弱，学院没有从事水声工程相关的教师，也没有任何与之相关的实验室和课程。作为水声工程方面的专业人才，一到校，学院领导就交给他一项艰巨的任务——把水声工程学科和专业建起来。

那时王彪刚入职，学院的课程任务很重，又担负着张家港校区上课的任务，时常要在镇江和张家港两地奔波往返。尽管"感到沉甸甸的责任和巨大的压力"，凭着"初生牛犊不怕虎"的劲儿，年轻的王彪和团队成员一起开始了白手起家的"创业"过程。

从无到有、从零到一最难。王彪带领几个青年教师，多方奔走，向行业专家取经，向相关高校讨教经验。几经辗转，他和团队顺利完成了水声工程学科建设的方案初稿，并且结合电子信息学院的学科特色和水声工程的不同研究方向，将水声工程学科建设方向确定为水声信息与通信技术。看到成果那一刻，王彪"感觉自己的所有付出没有白费，所有的挫折也都是值得的。"

2015年，王彪和团队又着手水声工程本科新专业的申报工作，组织老师准备申报材料，一次一次地反复修改，制订培养计划，完善教学大纲……在王彪和电信学院众多领导、老师的共同努力下，2016年江苏科技大学成功获批水声工程本科专业，成为全国第三所开设该专业的高校之一。

二、坚守初心做好"教书匠"

上大学时，王彪就在心中种下一颗种子：当一名高校教师。他从未忘记自己对教师这一职业的赤诚之心和热爱，在工作中始终保持着敬业精神，兢兢业业当好一名"教书匠"。

他承担本科生、研究生、留学研究生的专业课和学位课，至今培养了20余名研究生。王彪认为"言传身教、身行一例、胜似千言"，"我和学生们在一个办公室，这样交流起来非常方便。我晚上加班的时候，学生们也都在学习，我以身作则，对学生们也是一种激励。"目前他带的学生中有2人获得国家奖学金，3人获得研究生电子类大赛奖项。他指导的本科毕业设计获得江苏省优秀本科毕设二等奖。

工科学习难度大，为了保证好的教学效果，王彪煞费苦心。"为了让每一位同学能够对所学课程有所认识，我课后经常与同学沟通交流，吸取同学们的各种意见，然后进行分类，再对照自己在教学活动中遇到的问题，综合提升教学质量。"在美国与英国访问学习期间，他与国外高校教师积极交流和研讨，学习西方先进的教学理论和教学方法，将先进的教育理念带回国内。他尤其关注交叉学科研究生创新能力的培养，先后主持完成了多项教改课题。

有一次，王彪发现班上有一个转专业的学生，到了水声工程专业，因为自己基础差、跟不上学习进度，总有畏难情绪、想打退堂鼓。王彪急在心里，"我给他介绍这个专业未来的发展前景，这个学生逐步产生了兴趣，喜欢上这个专业了。"毕业后，这个学生找到了不错的工作，薪水也很高。王彪欣慰地笑了，"这就是对自己工作的最好的回报。"

三、追求卓越成就"科研达人"

"要给学生一杯水，自己要有一桶水"，对此，在教学的同时，王彪非常注重自身科研创新能力的培养，不断提升自己的科研能力。

科研的过程没有一帆风顺。王彪第一次申报国家自科青年基金也没成功，"只好想着这是正常的，路还是要走的，如果遇到第一个困难就趴下了，那以后就不要走了"。后来他成为电子工程系第一个获得国家自然科学基金资助的老师。

经过多年的研究工作，目前王彪的研究方向已经固定，主要开展水声通信与网络、水下声学目标感知研究。王彪认为"这个方向符合我校船舶与海洋工程特色的发展需要，对加强我校特色学科具有积极意义"。

长期坚持不懈的努力与奋斗终于换来了累累的果实，王彪成了大家眼中的"科研达人"：截至目前，主持国家自然科学基金面上项目、中央军委科技委国防科技创新项目、"十三五"国防预研基金等国家级项目5项；主持包含江苏省自然科学基金面上项目、国防科技重点实验室预研基金等省部级项目近10项；在水声工程研究领域出版专著2部、主编教材1部、发表SCI/EI收录论文20余篇；国家发明专利授权15项，完成专利转化2项；获得中国海洋工程科学技术奖等一系列奖项……

光鲜的成绩背后也有别人看不见的艰辛。"我先后两次出国深造，顾不上家里，那时孩子还小，老人身体也不好，我爱人只好辞掉了工作照顾家庭"。很少有人知道，王彪的爱人是金融类专业硕士、注册国际投资分析师，曾有一份不错的工作，为了成就王彪的事业，她放弃了自己的事业。还有一次，王彪参与的一个项目要做海上实验，偏偏遇上孩子患阑尾炎要紧急手术，"时间冲突了，我只能选择继续做项目，没法赶回来照看孩子"，对家人，王彪觉得亏欠太多，只愿未来能更多地陪伴他们。

"十年磨一剑，砺得梅花香"，2019年，也是王彪职业生涯的第十年，他成功通过学校职称评审被直接认定晋升为教授，同年遴选为博士生导师。新的学年开始了，王彪又在朝着新的小目标拼搏了。

（作者：李巍男）

第五节　江科大新青年丨沈薇：蔷薇花开一路香

她一袭长发，一副黑框眼镜，面带微笑，目光坚定；她名为薇，如蔷薇，朵朵精神，叶叶温柔。两种特质在她身上成就了科研创新路上的累累硕果，她是蔷薇花开好颜色，笑看春风一路香。

她生于1988年，2018年成为教授；她本科毕业于浙江大学，博士毕业于新加坡国立大学；她致力于肿瘤等疾病早期诊断技术的创新研发，主持国家自然科学基金等6项科研课题，已发表SCI收录论文43篇，申请发明专利6件，PCT 1件……这些耀眼的成绩背后，是环化学院青年教师沈薇不懈努力的奋斗。沈薇获得第十三届"镇江市十大杰出青年"称号，荣誉的获得不仅是鼓励，更是她一路用汗水奋斗的见证。

一、科研创新：轻如燕燕欲凌空

2016年，沈薇学成回国来到江苏科技大学，适逢学校大力实施"533"人才工程，遇上好政策，有相应业绩可以直接走海外绿色通道评教授。2018年，她凭借过硬的科研实力顺利晋升为教授。

沈薇本科时学的是化学，博士读的是生物分析化学，属于理科，到了江苏科技大学，发现学校特色鲜明，特别是学校有蚕业研究所这样的国家队，在新加坡做过核酸检测的沈薇就想着怎么与学校的特色结合向应用方面转型。能不能和蚕学方向相结合，比如家蚕病毒的核酸检测？沈薇觉得，核酸检测的方法学应该成为长期坚持的方向。

去年，学校的自然指数排名逐渐上升，从183名到175名再到173名，这个排名主要看发表的自然指数的期刊，学校总的分数是5.08（FC值），沈薇和唐盛老师课题组贡献了1.75，大概是三分之一。

学校党委书记葛世伦、校长周南平等非常关心青年教师的成长，找到沈薇老师，跟她谈科研方向、未来发展，这让沈薇既忐忑又感动，不知如何面

对领导，但领导平易近人，希望她在科研上再上一层楼，有更好的发展，这
让沈薇很是感动。沈薇定下了自己的个人目标，立足当下，把事情做好，把
科研做在江科大。

沈薇

研究能不能更实用一些？目前，对沈薇而言，基础研究方面的研究文章
多一些，她特别想多做做应用方面的事情，她积极与江滨医院合作，也在跟
省内的一些企事业单位合作，"要不然就仅限在实验室的话，总觉得没有太多
成就感。"

二、师生相处：绿叶黄花相映深

除了科研，沈薇大部分时间用来带学生，她担任了本科生分析化学、仪
器分析，研究生现代仪器分析（双语课程），留学生的全英文课程现代分析与
测试技术等课程的教学，每个学期都在备新课，每周6节课左右，还要带本
科生毕业设计和研究生。

"我觉得做科研就要有毅力，你如果没有办法坚持，那肯定是不行的，就
算你再聪明也不行。"沈薇对研究生要求特别严格，首先就要吃得了苦，"周
一到周五理论上都要在实验室，周末自由安排，虽然不需要打卡，但是要保

证在规定的时间内该完成的任务要完成，不然的话，你就只能牺牲周末的时间去做。"一篇文章和学生来回改个七八遍都是正常的，包括文字、格式、标点这些非常细致和繁琐的工作，同学们常常觉得沈薇老师太吹毛求疵了，但是当大家读了已经发表的论文后，就觉得这样做是必需的。

沈薇如绿叶，学生就是五颜六色的花，她和他们聊规划，"大二下要做优秀生，大三的时候要做本科生创新计划，本科期间尽量四、六级考过，然后要做一些实验的积累，大三下就可以参加一些比赛，比如创新杯、创新创业大赛等等，这样大四的时候做毕业设计就轻车熟路了……"

应用化学专业大四的学生朱安妮在沈薇老师的指导下获得了第四届全国生命科学创新创业大赛一等奖，快要毕业了，她特别庆幸遇上这样的好老师，"沈老师看起来挺严厉的，同学都开玩笑说这是来自女博士的威严，有时候觉得她的要求太刁钻，有强迫症，其实沈老师是个很温柔的老师，从来没有凶过我们，真正做科研的人，就需要这样的严谨。"

"沈薇老师会让人不禁想要朝着老师那样努力，虽然差距很大，但还是想要成为老师那样的人。"刘静轩已经考入浙江大学读研究生，她非常感谢沈薇老师在她考研期间的鼓励和帮助。

现在拿全额奖学金在澳大利亚新南威尔士大学读博的孙俊从研二的时候进入沈薇老师课题组，在他眼中，沈老师就是榜样，除了认真负责外，会让人觉得她很棒很想学习，她能把很深刻的问题用很简单的语言讲清楚，她很重视学生各方面的能力，特别是语言表达能力，后来申请读博受益很多。

成为"镇江市十大杰出青年"，沈薇觉得以自己的资历和水平入选实在惶恐，特别感谢校团委和学院的一路支持与帮助，未来还有很多事要做，立足当下，把事情做好，把科研做在江科大，要如蔷薇花开一路香。

（作者：王琳　该文刊发于《江苏科技报》）

第六节　江科大新青年Ⅰ毕克：奔跑在创新创业大道上

阳光帅气，他是有型的创业之星；大奖众多，他是实干的创新达人，他是毕克，在2020年镇江市"我们身边的好青年"评选活动中，他被评为"勤学上进好青年"。

毕克曾担任过经济管理学院学生会主席、经济管理学院学生党支部书记等职务，读研期间担任研究生会主席，每一阶段、每一种身份的工作都充满了挑战，也让他拓宽了视野，锻炼了能力，收获了志同道合的挚友，特别是为后来的创新创业实践奠定了基础。

毕克是在读博士生，现任镇江元一智能科技有限公司总经理，以第一作者或主持身份参赛获得中国研究生电子设计大赛全国一等奖、"创青春"全国大学生创业大赛金奖、江苏省优秀学生干部、百色市优秀青年志愿者等各类获奖评优共计 120 余项（含国家级 12 项，省级 26 项），参与编写学术专著 1 部，授权及受理专利 5 项，多次获得一等学业奖等各类奖学金。2019 年 8 月，毕克所在项目团队顺利申获镇江市金山英才，创立镇江元一智能科技有限公司，同年 11 月被教育部创新方法教学指导分委会评选为 2019 ICAN 创业之星。在创新创业的大道上，毕克奋力拼搏，全速奔跑。

一、科技支农到远方

2016 年 7 月，K1557 次列车头顶烈日，越过城市湖泊、田野高山，抵达了广西壮族自治区百色市，毕克和他的同伴们来到德保县鉴河小学进行为期一年的支教，同时，作为"服务蚕桑·共筑丝路"蚕桑科技支农社会实践团队成员做好当地的相关科技支农服务工作，进行常态化的科技支农帮扶，加强产学研互动，打通科技成果转化"最后一公里"，为地方经济注入动力和活力，使该县桑蚕业发展呈现一条龙的发展新格局。湿热的天气让毕克特别不适应，"但我们没有办法，唯一能做的就是去适应、克服。"他说。随着九月的微风，毕克踏进他的第一节课，迎接他的是黑板上歪歪扭扭的"欢迎您，老师！"五个大字和孩子们的热切、活泼。"小孩子们很顽皮，经常捣乱，但是他们更多的是纯真可爱。"他回忆，"开始上课后，我发现当地缺的并不是语文、数学、英语老师，而是科学、音乐、美术等课程老师。"作为支教老师，毕克承担了科学等课程的教学，一个人平均要教2到3个学科，每个学科4个年级，工作量比较大，"但教小学生并不是难事"，他说，更享受和这群顽皮可爱的孩子们相处。

谈及支教感受，毕克说："用上一年的时间，去做一件终生难忘的事，不管支农还是支教，只要是对德保发展有益的，便都是我们义不容辞的分内事，很荣幸能成为团队中的一员。"为了纪念这一段青春，一位同伴还将赵雷的《成都》改编，将他们在这里的时光填入词中。

二、一发不可收拾地喜欢上科技竞赛

2013年，毕克第一次参加"创青春"江苏省大学生创业大赛，拿到了铜奖，"这奖项很吸引我，我也觉得这充满挑战，便水到渠成地投身至竞赛领域，从此一发不可收拾。"回忆第一次参加竞赛的经历，毕克庆幸那次比赛结缘创新创业，时至今日，他已是身经百战的老将，各类竞赛获奖评优已有百余项。

除了参加学校的竞赛，毕克还会去参加各类地方的创新创业竞赛等，参赛过程中，遇到很多高水平评委，"这些评委都是行业大拿、有名的投资人。他们看待项目的眼光不一样，经常能够一语中的地道出项目的市场方向，产品迭代趋势发展等，特别是遇到作风严谨的评委，能够从他们尖锐的批评中找到项目及团队的短板。"毕克说，在一次次竞赛的过程中收获了不断壮大的团队，"第一次竞赛时团队只有4人，研究生时有6人，现在团队已有50多人，我们的团队愈发壮大，团队成员互相鼓励支撑我能去面对新的挑战。"如今，毕克团队不仅有学业和专业技能过硬的佼佼者，也有形象气质好，能够担当门面的背书人，更有擅长设计、作图、建模等特殊技能的人才。创新创业的路上，毕克越来越忙，在竞赛途中领略祖国大好河山也成了青春岁月中的一大趣事，"东北、山东、海南、广西、江浙……我的足迹遍布大江南北。"毕克说，一路上的景色，是他得到最大的精神慰藉。对他而言，他喜欢的是竞赛本身，而非获奖，因为获奖并不会带来太大的愉悦，更多的是一种责任感的体现，"我在江科大8年了，我的青春都在这里，我对江科大的热爱之情不亚于任何一位老师。而作为学科竞赛的常客，我也把双创竞赛作为自己的

本职工作。"

三、"创新，让我们与竞争对手划清界限"

在大家眼中，毕克是创业青年，但在毕克心中，只是趁着还未完全迈出校门，对未知却又熟悉的领域进行尝试。未成立创业公司时，毕克和团队便已成功完成无锡地铁四号线、超级工程深中通道等项目部分标段，而今，已成立了镇江元一智能科技有限公司，"创新，让我们与竞争对手划清界限"，这是毕克和团队的座右铭。

公司致力于做应用领域的创新，在毕克看来，要走在行业前面，速度非常重要，要比其他团队更快地研发出成果，才能占领市场，让自己的成果有用武之地。毕克希望团队的研究能填补当前国内隧道爆破贯通过程中的管控技术领域空白，"现在十四五提倡推广新基建，事实上，团队在三年前就已经开始进行市场验证了，我们一直想做别人没做过的事情：让隧道施工信息化、施工安全可溯化、技术研发独立自主化，用更低的价格让国内隧道施工企业掌握核心科技。"这是团队的愿景，也是努力的方向。

（作者：伍键俊、王琳）

第七节　江科大新青年 | 护佑大江豚影　守望美丽中国

叶雷凯，江苏科技大学环境与化学工程学院化学专业环境化学方向2021级硕士研究生，学校长江江豚保护团队负责人，信仰公开课讲师团成员。近3年获中国国际"互联网+"大学生创新创业大赛铜奖、生态环境部"清洁美丽青春行"一等奖等8项国家级和8项省部级荣誉。

"即使眼角流着泪水，身体布满伤痕，脸上依然洋溢着迷人的微笑，这就是长江江豚。长江江豚作为长江生态的指示性物种和伞护种，保护长江江豚就是为长江生态系统撑开了一把保护伞。"进行大学生年度人物路演汇报时，叶雷凯这样开场。

7年来，叶雷凯积极响应国家长江大保护号召，主动投身长江江豚保护事业，带领志愿者组团队、编教材、建平台、广宣传、办夏/冬令营、开展科学考察，多次进企业、进航船、进社区、进学校、进保护区开展江豚保护宣教和科学研究，足迹覆盖5省20市，累计行程10万千米，以滴水之功书写"尊重自然、顺应自然、保护自然"生态文明实践，为人与自然和谐共生的美丽中国建设贡献青春力量。

一、成为江豚保护的同行者：把最美好的青春献给长江

长江江豚是国家一级保护动物，也是长江生态系统健康状况的指示性物种，被誉为"水中大熊猫"，因为拥有一张与生俱来的笑脸，又被誉为"微笑精灵"。高中时，叶雷凯被这抹正在消逝的微笑深深触动。他得知武汉中科院水生生物研究所是我国长江江豚研究和保护中心，生活着世界上唯一长江江豚全人工饲养繁育群体，为了零距离接触长江江豚，他决心报考武汉的高校，并在高考结束第二天独自一人从家乡广西前往武汉，以志愿者身份参与到长江江豚研究与保护工作中，由此开启了江豚保护志愿生涯。

本科4年，他在中科院水生生物研究所参与了长江江豚人工饲养、科学实验、野外科考等，累计达1000余小时，周末、寒暑假等课余时间几乎都在陪伴江豚中度过——亲眼见证江豚宝宝的出生，为世界上第一头在人工饲养环境下出生的长江江豚"淘淘"过生日……"我陪伴它们一起成长，和它们一起度过了最美好的大学时光，结下了终身的情谊，更有幸见证了我国长江江豚保护与研究事业的发展，这也让我更加坚定了保护长江江豚的决心"。

2016年10月，在前往镇江豚类保护区开展江豚野外调查活动时，叶雷凯与江苏科技大学环保协会江豚保护团队结缘，并成为协会名誉会长。本科毕业后，他以超出录取线122分、总分402分专业第一名的成绩考入江苏科技大学读研究生，继续立足所学专业，带领团队一起在江豚保护的道路上砥砺前行。在接受央视采访时叶雷凯说，能把自己最美好的青春留给长江、留给江豚的微笑，感到无比幸运。

二、带领江豚保护的实践者：用最坚定的足迹丈量山河

叶雷凯带领团队历时 5 年多主编完成了全国第一部江豚科普教材《我们的江豚　我们的长江》，《光明日报》对此进行了专题报道。他牵头制订了全国第一套江豚科普课程标准和课程实施方案，自主研发了面向不同人群的配套教学资源；打造了具有科普、交流、培训等多项功能的"长江江豚保护志愿者联盟"微信小程序，注册量达 16 万人；发起并组建了全国第一个江豚保护科普宣讲团，带动长江流域 7 省 14 所高校的大学生联合开展了近百场江豚保护活动；创办全国大学生江豚保护夏令营和冬令营，已成功举办 14 期，带动全国近百所高校 500 余名大学成为江豚守望者。他还配合老师在全国高校中首开长江江豚保护课程，作为课程主讲人之一，播撒保护江豚的种子，为培养江豚保护志愿者奠定基础。

"看到我拍摄的江豚照片在城市地铁站、公路等地方亮相，同时还被用于打造江豚保护主题地铁车厢，心情特别激动。"翻阅叶雷凯的微博"江豚凯凯"，共发布了 1000 余条江豚保护相关微博，有多条微博的阅读量突破 20 万至 50 万次，总阅读量近 3 亿。他主持拍摄的长江江豚科普与保护专题片《遇见·守望》历时 5 年完成，以独特的视角生动讲述长江江豚及其保护工作。

在 2017 年镇江长江豚类保护区科学考察项目中，叶雷凯担任领导小组副组长和技术负责人，这是我国首次由大学生自主设计和实施的长江江豚科学考察。他带领团队立足镇江豚类保护区，配合保护区开展长江江豚科学考察和栖息地监测，统计江豚数量、开展水环境监测，编写研究报告，为野外江豚种群的保护提供科学依据，同时辐射鄱阳湖、洞庭湖等多个保护区，先后 9 次前往鄱阳湖、11 次前往洞庭湖开展江豚保护活动。

三、播撒江豚微笑的追梦者：将最迷人的微笑留给世界

在学校的大力支持下，叶雷凯带领团队取得了骄人的成绩。由叶雷凯负责的"守望微笑——长江江豚保护的先行者"项目夺得第七届中国国际"互联网+"大学生创新创业大赛铜奖。团队作为唯一一支长江江豚保护队伍入围世界自然基金会"湿地使者"计划、"一个长江"项目，并在 2020 年生态环境部"清洁美丽青春行"项目评比中获得第一名。他带领的实践团队多次获

得全国和全省大学生暑期"三下乡"社会实践优秀团队等荣誉，事迹被国家级、省级媒体报道 200 余次。

在中央电视台和北京师范大学中国文化国际传播研究院共同主办的"看中国·外国青年影像计划"中，叶雷凯作为中方组织人员，带领外国大学生前往洞庭湖拍摄长江江豚纪录片，让世界看到江豚的微笑。在世界淡水豚日·第三届全国长江江豚保护日活动中，他作为唯一大学生代表发言。

"我国长江豚类研究与保护事业的奠基人陈佩薰教授曾经对我们说，她愿意用自己的生命，换白鱀豚在地球上多生存一些时间。如今，白鱀豚已经消失，而长江江豚仍然极度濒危。7 年来，我与江豚、与长江结下了无比深厚的感情，我愿意用自己一生的时光，把这抹最迷人的微笑留在长江、留给世界！"一路走来，叶雷凯始终牢记保护长江江豚的初心和使命，把留住江豚的微笑作为自己毕生为之奋斗的事业。作为我国长江江豚保护事业的青年力量，他用生命呵护生命，以青春驻守长江，谱写了"护佑大江豚影，守望美丽中国"的生动篇章。

（作者：喻永光　谢凌燕）

第八节　校友风采丨张启贵：
扎根岗位　为中国高铁建设做贡献

张启贵校友在他把关计算的 **450** 吨大跨度提梁机前留影，
该设备投入新建北京至雄安城际铁路站前工程使用

张启贵，1959 年 9 月生，工学硕士，教授级高工，原中铁工程机械研究设计院副总工程师兼工程计算中心主任，中铁工业第一届专家委员会成员。1979 年至 1983 年，他在镇江船舶学院（江苏科技大学前身）机械制造工艺与设备专业学习，担任班级生活委员。

一、孜孜不倦人生路

从镇江船舶学院毕业后，张启贵踏上工作岗位，来到安庆 477 厂工作。在三年多的工作时间里，他主要完成日本大发柴油机标准件工艺编制，独立完成 200mm 长、齿升量达 6mm 的非标准腰孔推刀设计，成功完成对淮南煤矿苏式腰型孔联板加工，独立完成合肥水泥设计研究院破碎机工艺编制，圆满完成外协件加工任务，深受职工和领导的高度好评。

工作三年后，为了提升自己的专业素质，张启贵选择了继续求学之路。他考入吉林工业大学理科部、华中科技大学机一系学习，获得工学硕士学位。在吉林工业大学学习期间，他系统学习了计算力学专业知识，后在华中科技大学名导师余俊教授指导下，完成国家"七五"重点科技攻关项目《轧机轴承内外圈与支座应力分析》。1990 年张启贵结合本课题在美国 ASME 国际会议发表了论文《四列轧机轴承三维有限元分析》，该课题于 1991 年通过国内专家评审，认为本课题达到国际先进水平。

张启贵在他的人生路上不懈追求，从未放松。在武汉机械工艺研究所工作期间，他先后完成德国模具的数控编程和加工，计算机辅助设计教学，AL-GOR 软件的推广。后受江海集团委托，他任江海家具总工程师，负责对德国引进的家具生产线进行调试和安装。外国专家认为至少需要一年时间的消化，但由于在船院学习的数控知识和线切割编程经验，他仅用一个月就正式投入了生产。张启贵先后完成武汉市市徽雕刻，部队指挥控制台加工和武汉无线电厂几千对高级音箱外壳的设计和生产。由于加工中心主轴旋转速度高达 18000 转/分钟，他编写了严格的操作规程，从而保证了设备安全使用。

1998 年，张启贵开启了他的人生新旅程，转入中铁工程机械研究设计院工作，任机械院副总工程师兼计算中心主任，他在这个岗位上连续工作了 21 年，扎根行业，为中国高铁建设贡献智慧和力量。他主要从事高铁施工装备的有限元计算和结构优化。21 年来，他先后完成各种型号的高铁箱梁架桥机、运梁车、搬运机及提梁机（数十种型号）的结构分析与有限元计算，积累了丰富的经验并正确应用于设备的研发，发表了多篇学术论文，并在本专业领域多次作为专家参加业内学术会议及评审。全程参与我国三代高铁架桥机总体结构有限元总体结构的分析和计算，在架桥机计算中，他利用自己专业知识对箱梁结构进行把关计算。除参与计算我国三代高速铁路架桥机外，他还先后参与了国际领先水平的 850 吨宁波杭甬线余慈高速公路 JQ850 架桥机、国内在役最大的 1300 吨三门湾跨海大桥箱梁 JQ1300 架桥机、900 吨运架一体机、900 吨双跨架桥机和 JQ170 铁路架桥机的总体结构有限元分析。

二、为港珠澳大桥技术攻关贡献智慧

张启贵在工作岗位上参与过的重大项目很多，而最让他激动和自豪的，就是参与了港珠澳大桥建设。

2011 年，为满足港珠澳大桥大吨位钢箱梁场内吊装、转运、线形控制、装船等苛刻要求，中铁机械院专门研究设计 2000 吨轨行式门式起重机。它是国内同类型最大起重能力的门式起重机，在大型钢箱梁的吊运装船过程中也是首次采用这种门机，满足了港珠澳大桥所有大节段钢箱梁的吊运。张启贵负责该设备的总体结构有限元分析，其科学计算结果对设备的成功设计和安全使用起到关键作用。

2015 年 10 月，受武船重型工程股份有限公司即港珠澳大桥桥梁工程 CB02 标项目组委托，中铁机械院负责对 2000 吨门式起重机翻身钢索塔进行安全评估。这是一项在世界范围内从来没人完成过的任务，要用两台 2000 吨双轨门式起重机将一座巨型且不规则的重达 3234 吨钢索塔翻转 180 度。原来，港珠澳大桥桥梁工程 CB02 标段江海直达船航道桥为中央平行单索面三塔钢箱梁斜拉桥，索塔为"海豚"形状，其中 138 号钢索塔由于现场吊装工况制约，需要变为副塔在下、主塔在上进行运输吊装。因为超重、不规则，索塔在翻身过程中四点受力在不断变化，只要其中一个吊点受力过大就可能引起钢绳断裂，对工程建设造成不可估量的损失，所以在外人看来异常简单的一次索塔翻身，张启贵和团队整整花了六个月时间反复计算才最终确定方案。因为没有先例可循，他们提出的方案存在一定风险。施工当天，单位操作手产生较大心理压力而不敢上去操作，自己的装备自己最有信心，为了保证工作进度，张启贵立即指挥他们设计院的技术人员亲手操作。翻身开始后，现场数据和图片由现场不断传递到张启贵手中进行复核，他的心提到了嗓子眼。"丁零零——"，张启贵接到了人生中最让人激动的一个电话，相关项目负责人兴奋地说："成功了，你们的设备帮了大忙，万分感谢！"接过电话，张启贵已经哽咽地说不出话来，眼里都是幸福的泪水。

三、为我国高铁施工装备结构安全保驾护航

英雄终有用武之地。一次偶然机会，张启贵被调到铁道部武汉工程机械研究所工作。那时我国第一代高速铁路架桥机研究在这里展开，当时由于高速铁路架桥机设计在国内刚刚开始，资料缺乏又无经验，有关架桥机有限元计算的文章也很难见到，这给设计和计算都带来较大挑战。在课题组同事的信任和配合下，经过日夜奋战，他圆满完成第一台高速铁路架桥机 JQ600 的三维有限元分析，保证了架桥机结构和施工安全。第三代架桥机是我国最新的架桥机，也是难度较大的高铁架桥机，由于跨度增加，额定载荷增加以及横截面尺寸限制，每一个工况对他来说都是一个坎，经过反复计算和优化，张启贵提出很多合理化建议并最后取得成功。

无论是求学期间还是工作期间，一个人一生中能接到这种特大型设备 3 至 5 台的计算就很不容易，但张启贵累计计算已达 100 多台并做到零失误，整整在这个岗位上坚持 21 年，这对一个计算者来说就更加不容易了。他几十年如一日，几乎放弃了所有周末休息时间，常常工作到深夜。在他的努力下，减少了施工载荷并为国家节约了大量钢材，科研成果荣获省部级以上奖项 16 项，其中中国铁道学会科学技术奖 1 项，在高铁搬提运架设备有限元计算方面所取得的成绩也得到了中国铁路桥隧工程机械名师、西南交通大学唐经世教授的肯定和赞扬。

（作者：江苏科技大学校友会）

第九节　校友风采 | 探访"雪龙 2 号"总工艺师

赵振华，2006 年毕业于江苏科技大学船海学院船舶与海洋工程专业，同年进入江南造船（集团）有限责任公司，在设计部（现江南研究院）船装所外舾室工作至今，"雪龙 2 号"极地科学考察破冰船、"中山大学"科学考察船总工艺师。他曾获得过公司、集团、造船工程学会多项荣誉，并通过技术积累获得多项科研课题奖项和专利审批，其扎实的业务能力、敢拼能吃苦的工作精神、钻研不畏难的工作态度，赢得了公司上下的一致好评。2017 年他获得江南造船集团"科学技术进步奖"二等奖，2018 年获得中国造船工程学会"优秀科创人才"。

2019年7月11日，备受瞩目的中国首艘自主建造极地科学考察破冰船——"雪龙2号"在上海顺利交付。"雪龙2号"交付后，他将正式加入我国极地考察序列，开展船载科考设备调试等工作，计划于下半年和"雪龙"号极地考察破冰船共同执行我国第36次南极考察任务。

江南造船（集团）有限责任公司极地科学考察破冰船总工艺师赵振华在当天接受了记者的专访。专访中，他分享了建造全球第一艘双向破冰极地科考破冰船背后的故事。

赵振华说，2019年7月11日是一个令无数人激动不已的日子，但对他而言，心情很复杂。

"出去的时候，光荣地带着使命，回来的时候，顺利地完成任务，回到江南""在它的全生命周期中，江南承诺把它保养好，恢复好，以崭新的面貌投入到下一个科考任务中"。

一、"这条船太难了"

赵振华坦言："这条船太难了，没有任何一条科考船有这么高的技术难度。"

"雪龙2号"是全球第一艘采用船艏、船艉双向破冰技术的极地科考破冰船，具备全回转电力推进功能和冲撞破冰能力，可实现极区原地360°自由转动，并突破极区20米当年冰冰脊。"雪龙2号"具备全球航行能力，能满足无限航区要求，在极区大洋安全航行。它船长122.5米，型宽22.32米，设计吃水7.85米，设计排水量13996吨，航速12~15节，续航力2万海里，自持力60天，能以2~3节的航速在冰厚1.5米+雪厚0.2米的条件下连续破冰航行。

这样的破冰能力是中国极地研究中心的迫切需求。中国极地研究中心船舶与飞机管理处处长徐宁在早前接受澎湃新闻采访时表示，南极夏天冰层厚度一般在1.5米左右，而老"雪龙号"的破冰能力只有1米，破冰困难。"极地研究中心一直盼着能有新船破冰开路，为科考作业、运输物资提供保障"。

为了达到这样的要求，江南造船（集团）有限责任公司的建造团队投入了整整32个月。

2016年11月起，"雪龙2号"总工艺师赵振华和团队正式投入"雪龙2号"的建造工作。他们分解了"雪龙2号"的关键技术，从极地破冰、大洋科考、总体性能指标上，分出17个关键技术，完成了7891份设计图纸的设绘。团队从只有图纸，到联合各方、整合国外的资源、服务商、技术组成单位、研究院所进行协调突破，形成初步方案，再经过研讨评审产生固化方案，再到现场环节，产生可行方案……

为了满足破冰需求，"雪龙2号"船艏冰刀和船艉2个分水舯都要与冰区结构相连，为保证重要声学设备使用，船底还采用了箱型龙骨设计。"雪龙2号"冰区结构使用的钢材板厚、线性曲率大，加上焊材的特殊性，对焊接工艺要求极高。"雪龙2号"船艏部冰刀区域板厚达到了100毫米，而21000TEU超大型集装箱船最厚的板也仅有85毫米。为了保证焊接质量，船厂派出了全厂技术水平最高的焊工队伍，全船平均每天有100个焊工同时作业。

二、"走出万里，荣归江南"

"对我们而言，'雪龙2号'就是一个孩子……我们看着它从一块一块的钢板变成现在这一艘船。"

2018年9月10日

"雪龙2号"正式下水。赵振华说，真正的困难在下水之后才开始。"雪龙2号"搭载的设备精密度高、系统集成度高、设备多达400余台套、全船管系达22000余根、电缆敷设480余千米、舾装件84000余件……设备布置如此复杂，系统集成度如此之高，都需要在下水之后开始验证和试验，工作负荷和难度可想而知。

2019年5月23日

"雪龙2号"完成了倾斜实验。"当时，船东和我们一起，一天一夜都没有睡觉。"试验的结果令人惊喜。赵振华介绍，首先，空船重量减少了418吨，重心指标满足设计要求，意味着在相同排水量的情况下，可以多载重418

吨。这既有助于长航线航行的续航能力，又能使"雪龙2号"在经过"魔鬼西风带"时保持足够的稳性。

2019年5月31日至6月15日

"雪龙2号"在我国东海海域进行了为期15个日夜的海上试航。赵振华说，结果显示，"雪龙2号"的实际航速高于规格书要求，机动性指标高于规则要求，减震降噪指标更为出色，"在高航速航行的情况下，感觉不到振动"。同时，使用电力推进系统的"雪龙2号"，其谐波干扰指标小于3%，优于现行国际最高标准5%。这对科考试验数据的传输、处理及分析，提供了良好的洁净电网环境。

如今交船，赵振华心情复杂。"我很蒙，一直在忙，突然间发现回头一看，它已经好了，它要走了。"赵振华对澎湃新闻记者说，自从他和团队投入"雪龙2号"的设计和建造工作后，已经有不计其数的夜晚没有回家，或是通宵地赶工，交船前这一个月，团队每天都是10点到12点下的班。他想对"雪龙2号"说，"余生很长，祝它乘风破浪。走出万里，荣归江南。"

他希望，"雪龙2号"每年都可以回到江南造船厂，江南永远承诺它终身维护、保养，全生命周期的管理。

（作者：江苏科技大学校友会）

第十节　校友风采丨袁红彬：执着追求　感恩前行

袁红彬，江苏科技大学（原华东船舶工业学院）1998届校友。江苏科技大学首批"深蓝教授"。曾先后担任华泰证券南京草场门营业部总经理、华泰证券镇江分公司总经理。现为华泰证券湖北分公司总经理。曾被江苏省国资委评为2018年度"优秀党委工作者"等荣誉称号。

1998年，袁红彬从华东船舶工业学院经济管理系毕业，进入政府工作，脚踏实地、兢兢业业，在工作中获得了领导同事的高度认可；随后他投身金融界，厚积薄发、拓展资源，为华泰证券的跨越发展贡献力量；他饮水思源、捐资助学，积极为学校的发展建言献策。多年来他始终自律自强，初心未改，执着追求，感恩前行，在平凡的岗位上做出了不平凡的成就。

一、大学时光　以梦为马

大学是人生中最重要的美好时光，在大学中如何提升自我成为重要命题。1994 年初入校园，大学生活对于袁红彬而言既是新的征程，也是未知的挑战。回忆起当年在母校的时光，袁红彬记忆犹新。

"毕业多年，您还记得刚入大学校园的深刻印象吗？"记者问道。

袁红彬笑道："1994 年进校已经过去了 28 年，我永远忘不了主干道旁两排郁郁葱葱的梧桐树，忘不了食堂物美价廉的红烧大排和肉圆，忘不了古运河畔宽敞明亮的图书馆自习室，忘不了敬爱的老师和可爱的同学！"

"您还记得曾教过你的任课老师吗？他们对您产生怎样的影响呢？"记者问道。

"师恩难忘哪！当年经济管理系的老师们都非常和蔼可亲，尽职尽责，我也很喜欢和教授们天南地北地聊天。但在众多老师中，给我印象最深刻的是马才华老师。他为人正直，待人真诚，博学多识，这是我最佩服的，也是在他的教导影响下，我进入了金融领域。"回忆起自己在母校的日子，袁红彬纵有千言万语，也难赋深情。

求学期间，袁红彬积极参加学生活动，同时刻苦学习专业知识。他兴趣广泛，从小喜欢集邮，进入大学之后担任学校集邮协会会长。除了在校生活，他经常参加校外兼职。这些不同的职业身份对他影响颇深，让他在人与人、人与物的接触和交往中，锻炼了沟通和交际能力，也更加明白了统筹兼顾的重要性。当问到上大学最大的收获是什么时，他若有所思地说："只要心中有理想，有志向，每个人终将走向成功。我们所要做到的就是在这个过程学会艰苦奋斗，学会持之以恒，要具备忍受挫折和失败的能力，不断扩大自己的心胸，锻炼自己的韧性，追求更好的自己。"

二、日积跬步　脚踏实地

人生之路，以其多样和繁盛充实着我们的生活，亦用其复杂和差异考验着我们的选择。时代巨变，前路难测，不同的人生价值决定不同的人生之路。

1998 年袁红彬从华东船舶工业学院本科毕业后，进入政府工作，其间深入基层，脚踏实地，表现出色。2001 年，工作两年后的他决心投身金融界，顺利进入华泰证券镇江营业部工作。当记者问起他为什么愿意辞掉令人羡慕的"铁饭碗"转战金融界时，袁红彬说："虽然政府工作相对稳定，也能学到很多，但根据个人爱好和特长，我想追求不同领域的人生价值，因此来到了华泰证券金融行业工作。"

转角的精彩人生从此开始。袁红彬最初是在华泰证券镇江营业部办公室担任主任助理，2003 年调至华泰证券总部工作，2008 年任华泰证券南京草场门营业部总经理，2009 年任华泰证券无锡永乐路营业部总经理，2014 年任华泰证券镇江分公司总经理，2019 年任华泰证券湖北分公司总经理。2021 年 9月至今，任华泰证券常州分公司总经理。当记者谈起如何面对工作中的新挑战时，他笑着说："最重要的是要坚定信念、转变思维、提升能力；要持续学习、整合资源、认准目标、明确路径、找对方法、呈现结果；要敢于担当、不惧挫折、勇往直前。"

三、感恩母校　温暖前行

"母校是校友永远的精神家园和心灵港湾。从黄浦江畔到运河之滨，如今又到长山之麓，一代代江科大人恒守兴船报国、向海图强的信仰，书写了一部从无到有、由弱向强的创业奋斗史。在学校波澜壮阔的发展进程中，无数青春学子与江科大相遇，在这里留下了奋斗足迹，书写了最美芳华。"2022 年10 月 26 日，在江苏科技大学办学 90 周年校庆倒计时一周年启动仪式上，袁红彬作为校友代表发言，深情地讲述他和江科大的故事。

回首过往，初心不改，不管身在何方，不管世事变迁，袁红彬一直关注着母校的发展，铭记着在母校度过的时光。从学校步入工作岗位后，他以各种方式对母校进行无私的回馈。在繁忙的工作中抽出时间多次回母校讲座，分享专业知识、职场经历和人生感悟。2019 年他和武汉校友会其他校友牵头承办江苏科技大学校友学术高峰论坛，来自全国各地 50 多个校友代表齐聚"九省通衢"武汉共同商讨学校校友工作及助力学校发展事宜。2021 年袁红彬和同学高晓敏共同向学校捐赠 50 万元助力学校发展，2022 年袁红彬以个人名义无偿捐赠 20 万元支持学校海韵湖"天鹅岛"、樱花林等园林绿化工程，至此他累计捐赠金额达 45 万元。

"离开母校多年，作为学长，您有什么话想对学弟学妹们说？"记者问道。

袁红彬高兴地说："现在的学弟学妹们都很幸福，在依山傍水的优美校园环境里学习专业知识。希望同学们在大学期间一定要珍惜时光、提高认知、积极奋斗、仰望星空、脚踏实地，打好扎实的知识基础，掌握科学的学习方法，只要努力去做，人生梦想一定能够成真。"

无须过多言辞的描绘，杰出校友袁红彬精彩的人生故事告诉我们：有梦想才能让人生扬帆起航，有坚持才能让人生发光发亮，有感恩才能让人生幸福快乐！

（作者：林少雄）

第十一节　校友风采丨2019 届校友刘镕瑞获 "江苏省最美大学毕业生" 的荣誉称号

近期，江苏城市频道"江苏最美人物"栏目报道了江苏科技大学 2019 届校友、淮安市盱眙县管仲镇文卫科员、四级主任科员、芮圩村党总支副书记刘镕瑞"西部支教传爱心、扎根基层助脱贫"的故事。

一、"一定要做让孩子们终身受益、让自己终生难忘的事"

2015 年在江苏科技大学的焊接技术与工程专业本科毕业赴内蒙古赤峰市克什克腾旗萃英学校支教前，作为学校第二届研究生支教团团长的刘镕瑞就郑重许下誓言，"一定要做让孩子们终身受益、让自己终生难忘的事"。一年里，他尽心传道授业解惑，为草原的孩子们插上了科学的翅膀，带着他们领略外面的世界。他也关心学生身心健康，积极创办了主题为"放飞梦想·七彩青春"的夏令营、"健体优维"的素质拓展、"七彩雷锋课""我与博士面对面"等特色活动，强健了孩子们的体魄，也点亮了孩子们心中的光。大雪封山前的家访让他看到了牧区深处的满目荒凉和贫困学子的家徒四壁，于是他积极嫁接渠道、搭建平台，一年中多方筹集了 10 万余元爱心物资，为 30 名特教中心的残疾儿童送去过冬的物资，解决了 13 名困难学子整个小学阶段的学杂费和生活费。

二、"90 后是有梦想的一代人，我愿意做一个在田野上奔跑的追梦人"

2016 年 9 月至 2019 年 6 月，刘镕瑞选择在母校继续读研，指导教师邹家生教授。刘镕瑞在校期间获得"江苏省优秀学生干部""江苏科技大学优秀共产党员"等荣誉称号。2019 年他被招录为省委组织部名校优生定岗特选计划——脱贫攻坚类选调生，同年 8 月至淮安市盱眙县管仲镇工作，硕士毕业后，他放弃城市里高薪的央企工作，选择到基层成为一名扶贫选调生。每逢周末，只要没有特殊工作，他总是放弃休息，骑着小电驴进村入户，深入了解贫困户的生产生活情况，想方设法地帮助解决问题，积极向困难群众宣讲政府脱贫帮扶政策，教会他们用帮扶手册免费看病、减免学费；多次往返银行，帮助低保户耿国光办理了小额扶贫贷款，并成功办起了家庭农场；主动发挥自媒体技术特长，帮助黄庄村种养殖户在线销售因疫情滞销的映霜红桃 2000 余斤、螃蟹 900 余箱，解了养殖户的燃眉之急；还协助镇民政条线为 71 名低收入劳动力安排了公益性岗位，看到低收入农户家庭"有活干、有钱赚"，刘镕瑞心里乐开了花。他常说，90 后是有梦想的一代人，他愿意做一个在田野上奔跑的追梦人。

二、"得知行洪区的群众安全撤离、平安返家，是我觉得最欣慰的一件事"

2020 年 7 月，淮河 1 号洪峰来势汹涌，抵御洪水、保护人民群众生命财产安全成了管仲人民的头等大事。面对汛情，刘镕瑞勇挑重担，当起了全镇的"大总管"。505 名应急队员的分工、数 10 万元物资的转运、32 台抢险机械和 100 余班应急车辆的调度、干部群众的一日三餐还有每小时就要报告 1 次的数据……这些都是"大总管"的工作。经过应急队员的连日奋战，管仲镇境内淮河段无任何险情发生，行洪区内 2 个村 100 位村民全部有序撤离。当洪水退去，群众有序返家时，他欣慰地说："得知行洪区的群众安全撤离、平安返家，是我觉得最欣慰的一件事。"

6 年来，从支教到扶贫，从在校园里教书育人，到为村民排忧解难，刘镕瑞不忘初心、躬身力行，诠释着一名共产党员的赤诚初心，诠释着一名有志青年的责任担当。近期，刘镕瑞被授予"江苏省最美大学毕业生"的荣誉称号。

（作者：文轩）

第十二节　校友风采丨1983 届杰出校友 姚熊亮荣获 2022 年全国五一劳动奖章

姚熊亮，江苏科技大学 1983 届本科毕业生。他是中共党员，现为哈尔滨工程大学船舶工程学院教授，博士生导师，黑龙江省教学名师，教育部课程思政教学名师，国防科工委委属高等学校优秀教师，"龙江学者"特聘教授，享受国务院政府特殊津贴。近十年，他获国家技术发明奖一项，省部级科技进步奖五项，全国高校教师教学创新大赛奖。

一、种桃种李种春风　为船为海为国防

他带领团队与船舶、航天等部门强强联合，跨越海空成立复杂动力学与控制创新中心，引领新型装备创新。

他带领团队建设了国内高校首个高智能化大型减压水池，为我国未来新型水下装备的发展提供了必不可少的基础性研究手段。

他积极落实立德树人的根本任务。他主讲的课程"船舶与海洋工程结构

动力学"，获批教育部首批国家级一流本科课程、教育部课程思政示范课程，他荣获省教学名师、全国首届高校教师教学创新大赛三等奖……

多年来，姚熊亮教授牢记立德树人的使命初心，在科学研究、实验平台、人才培养等方面取得了显著成绩，为教育和科技事业的发展不断做出贡献。

二、注重基础研究　致力于攻克海洋装备关键技术难题

姚熊亮带领团队潜心研究冲击动力学三十余载，注重基础研究与国家重大工程结合，着力解决相关工业基础难题。

他带领团队发展完善了多物理场数值模拟、模型试验与高效评估技术体系，攻克了海洋装备水动力载荷异常的难题，解决了我国海洋装备领域的设计技术、分析技术、试验技术等多方面的关键技术难题，掌握了多项专利技术，自主研发数套具有完全知识产权的专用软件，这些有力支撑了我国海洋装备的发展。

为推进复杂动力学与控制重点工程任务顺利完成，姚熊亮教授常常夜以继日地查资料、看书、推导公式。由于长期劳累免疫力低下患上了带状疱疹，他忍着神经剧痛坚持到北京汇报科研进展；为了履行专业领域专家职责，他在痛风发作期间拄着拐杖出差；在面对重要技术难题久攻不下时，他带领团队三天没日没夜地完成了各种讨论计算，终于圆满完成任务……

姚熊亮面向国家战略需求，真正做到了科研问题来自实践应用，把科研成果及时转化到工程之中。近十年，他带领团队承担国家自然科学基金重点

项目、重点科研项目等百余项科研任务；获得国家科技进步、省部级及以上奖项十余项；发表 SCI、EI 等高水平学术论文四百余篇，申请国家发明专利八十余项。

三、凝练育人文化　"三得"精神锤炼英才品质

在姚熊亮的老家四川，有句老话叫"忍得、饿得、跑得"，是指在早年蜀地师徒关系中，学徒要想学得真本事，需要做到这"三得"。

姚熊亮将这"三得"进行新解，并作为团队持续发展必不可少的团队文化。"忍得"是指科研工作能坐住冷板凳，受到冷落委屈要能忍辱负重；"饿得"是指要有不完成任务不吃饭的劲头，一定把国家交办的事情完成好，做任何事情要有严谨细密、精益求精的劲头；"跑得"是指要有较强的团队合作能力，要为团队人员多跑腿，帮助他人解决困难。

这种"跑得、饿得、忍得"的"三得"精神，成为人才培养的活教材，在科教融合、课程思政方面取得了显著效果。多年来，姚熊亮带领团队以"跑得、饿得、忍得"的"三得"精神，围绕国家战略需求，相继开展多个重要项目的相关研究，科研成果直接助推海洋强国事业的发展；培养的二百余名高层次人才，大都已经成为相关领域骨干和学术英才。

四、聚焦三尺讲台　创新教学模式培养时代新人

姚熊亮从教至今已近四十载，专注于结构动力学教学工作，四十年磨一剑，建设出"船舶与海洋工程结构动力学"国家一流本科生课程。作为省教学名师，姚熊亮教授以培养船舶与海洋工程学科一流人才为己任，在教育教学改革和课程思政建设等方面不断创新，着力强化团队的教学能力与科研水平，打造了一支敢啃硬骨头、能打硬仗的一线二十余人教学科研团队。

姚熊亮常对年轻教师说："理论教学要紧密联系工程实际，没有三年以上的工程经验，是无法合格地讲授一门专业课程的。"他坚持教学与科研相辅相成的理念，把科研方面的实际工程应用转化为教学中的鲜活案例。

他还注重结合现代信息技术教学手段，开展新时代大学生的教育教学工作。他录制线上视频课程、线上线下混合课程，将科学新技术与现代化教学手段相融合，使学生们能够利用先进的教学手段及时了解最新科技技术，受到同学们的广泛好评。他主讲的课程"船舶与海洋工程结构动力学"获得了教育部首批国家级一流本科课程、省一流本科课程。在省首届高校教师教学

创新大赛中，他荣获大赛一等奖，同时包揽了教学活动、学术和设计三个单项奖，并在国赛中荣获三等奖。

姚熊亮教授始终坚持为党育人、为国育才的理念，在专业课授课过程中将知识点与课程思政有机融合，培养学生的爱国主义情怀和建设海洋强国的信念，以及培养学生脚踏实地、一丝不苟的学习态度和勇于改革、敢于创新的科学精神；带领团队获得了教育部课程思政示范课程、教学名师与团队等荣誉。

（作者：万旻）

第十三节　身边的榜样丨李滨城：一片赤诚写担当

李滨城，中共党员、博士、教授、硕士生导师，中国机械行业卓越工程师教育联盟理事，中国机械工业教育协会工程训练教学委员会委员；在教书育人、管理服务等各项工作中都积极发挥先锋模范的作用，为学校教育事业的发展做出突出贡献。

李滨城36载全身心投入人才培养，12年"白加黑"试点教学改革，他说教学是一个系统工程中的良心工程，"从不后悔做这个事情"。2020年3月，他被推荐参选镇江市2020年劳动模范，同事纷纷点赞"实至名归"。

青岛人李滨城有着面朝大海的胸襟和气度。他致力引入德国工程教育理念并获首批国家卓越工程师试点专业；积极推进学校专业认证、MOOC、翻转课堂、智慧教室等教学改革和建设，使学校实现了在国家实验教学示范中心、国家虚拟仿真实验教学项目和国家精品在线课程中"零"的突破。而今，年近花甲的他依然不改初衷，在教学求索的路上行色匆匆，用赤子之心书写下一名教育工作者的忠诚与担当。

一、挺身愿做长征马

登录江苏科技大学新闻官网检索"李滨城"，11 页 205 条信息发布记录中，绝大部分都是他分管并且参与的教学管理工作，在实践教学、教学运行、课程建设、专业建设、培养方案、专业认证、学科竞赛等各方面侧记不一而足。2006 年留学德国 6 年后再回母校，李滨城义无反顾地选择了教学，因为"当时回来的想法就是希望把德国工程教育、专业教育的理念能够引进国内，在更高层面上去推进教学形成良性氛围。"

机械学院张胜文教授是李滨城所在的先进制造技术团队的负责人，也是李滨城合作多年的同事兼挚友。长期接触下来，张胜文觉得李滨城"是一个纯粹的人"。他介绍，李滨城从德国回来后一心扑在教学建设上，两人经常一起讨论本科培养方案、培养计划、专业改革等，"比如我们机械专业的人才培养，就思考怎么样把本科生培养成卓越人才，能在我们同类学校名列前茅。当时机械专业在他的带领下，建了一批本科生'卓工'实习基地，解决了长期以来实习不能落地的问题，这一项当时走在了学校前列。"

专职从事学校教学管理工作后，李滨城岗位在机关，业务在学院，基本上白天晚上都在办公室。"分管的事情多了，关键看你这个事情你想怎么做，想简单也可以，但认真起来时间就没底了，任何一件事都要去学习、去了解。"李滨城一直觉得时间不够用，业务上的部分事项只能请团队老师协助，他把个人绝大部分精力放在了学校教学管理和建设这一块，尤其是 2019 年，在教学条口的 12 项重点工作中，他分管或者参与的达到一半。

2019 年春节，李滨城难得抽空回家陪伴孀居的八旬老母亲，可是依然被各种工作电话缠绕。教务处实践教学管理科同事李增利说，有一天要跟他报告相关事项，"电话打过去正好他妈妈接到。老人就说回来也是天天忙着工作，这么忙还不如不回来，安心在学校忙工作吧。"李增利经常和李滨城一起出差，他们中午晚上都在交流工作。

2020 年春节，李滨城更没闲得下来。"春节接到通知就开始做教学正常开展的方案，组织线上课程建设。之前已经有两三百门超星平台线上课程，以后引进中国大学慕课平台课程，增加到了六七百门。"此举奠定了学校"停课不停教，停课不停学"顺利实施的基础。

二、俯首甘为孺子牛

"做工作兢兢业业，这个在学院是共识。""在教务处什么事都干，各种各样的事情都做，一心都在工作上。"量力而行、尽力而为、兢兢业业、不求名利，有责任心，有包容心，同事们心中的李滨城是"一个很正的人"，是"名副其实的劳模"。

"他是一名非常值得我尊重的前辈和师长。"船海学院陈悦副教授眼中的李滨城"风风火火、忙忙碌碌，工作认真负责，感觉他走路都在考虑事情。平易近人，对像我这样的普通一线教师非常关心，每次有问题咨询，他都非常耐心地解答，没有一点儿架子。"

陈悦讲授的《船舶设计原理》是一门专业性很强的课程，2016年获江苏省首批在线开放课程立项建设，2017年9月正式上线。由于全国拥有该专业的学校较少，没有很大的受众面，所以陈悦在申报国家级精品在线开放课程时碰到了很多困难。"2018年第一次申报国家级精品在线课程未果，对我打击很大，那段时间我甚至怀疑自己选择做这件事是否有意义。李处及时给我鼓励，并且帮助我理清思路。作为我们学校第一个通过国家级精品在线开放课程的负责人，他毫无保留地把经验传授给我。一方面，在课程本身质量上下功夫，突出船舶特色；另一方面，加强与其他高校和船企合作，形成共建共享的良好态势。在他的帮助和鼓励下，课程在2019年成功通过国家级精品在线开放课程审核。"

学校第三次党代会提出要以培养高水平应用型人才为导向，实施人才培养质量提升工程，当前正抢抓国家一流专业、一流课程"双万"计划建设机遇，以教育质量工程建设为抓手，合理布点，重点资助，积极培育国家级教学成果、课程、教材等。李滨城介绍在课程建设过程中，自己会提前了解国家需求，然后再具体指导老师"怎么建好，如何用好"，目前根据学院特点，挖掘了一些有学校特色的课程着手培育，对外发布到国家慕课平台江苏省课程中心，其中一些课程2020年、2021年两年有望申报国家精品在线课程。

回顾9年教学管理服务，李滨城感觉投入大、成效比较明显的是卓越工程师教育计划、工程教育认证、实践教学示范中心建设、课程建设以及学科竞赛。"我们的作用是牵头组织、策划、指导、督促、协调，最终建设、参与都在学院。'互联网+'竞赛是学校层面组织实施，所以我们介入比较深，要经常到学院去查看项目进展，请专家针对性指导，重点项目我们更是全程跟踪。"

三、历尽芳华终不悔

"你看，这个校标最早就是当年我们学生会的同学设计的。"指着教务处铭牌上醒目的帆船大海蓝色校标，李滨城兴奋地忆起 1984 年本科毕业前夕的豪情时光，当年他作为优秀毕业生留校。

2009 年李滨城申报的《机械原理 Matlab 辅助分析》成为江苏省级立项建设精品教材，2018 年认定为江苏省重点教材；2010 年他在全校推介"人才培养模式创新实验基地"建设经验，2011 年申报国家首批卓越工程师计划，2013 年作为主要负责人参与的"面向船舶行业的机械类应用型人才培养模式创新研究与实践"获江苏省教学成果二等奖，2014 年带领团队指导学生参加全国机械创新设计大赛获一等奖；作为《工程导论》的负责人，2013 年启动课程建设，2018 年该课程被认定为国家精品在线开放课程，目前每学期在线学习学生逾千名；2008 年他出任所在机械学院教学副院长，2011 年转任江苏科技大学教务处副处长，2020 年卸任中层领导职务回归学院督导教学建设……在教书育人和管理服务上，他倾注了一腔热血、一身才情。

36 年弹指一挥间，从最初的学生管理走到后期的教学管理，李滨城对教书育人钟情一生，已然是"衣带渐宽终不悔"。"这么多年我经常是早上七点左右到办公室，晚上十点回去，双休日不是在学校就是在出差。家里人已经习惯了我的状态，知道这是我的职责。"李滨城工作之余"唯一的休息就是运动，跟大家一起踢踢球。教工足球队每周三中午和周末举办活动，我尽量参加，但是有讨论、有会议就去不了。"

今年新学期开学后，李滨城的干部任职年限也正式到期，他即将转入机械学院做专任教师。等待工作交接之际，他的节奏依旧紧张忙碌——全校线上教学的组织运行、各学院"互联网+"竞赛的督导调研、机械学院机械电子专业工程教育专业认证申报前期准备、《机械原理》课程在线教学等。李滨城介绍，回归学院后，他还会增加一项教学建设与督导工作的任务，带领青年教师做教学和课程建设。

对推选为 2020 年镇江市劳动模范候选人，李滨城自我评价，作为学校中层干部"做的工作都是很平常、应该做的，在分管范围内尽最大的能力做好"。他认为工作要么不干，要干就好好干，"自己选择的工作、选择到教务处，就要认清到这里就是必须奉献和服务的。我不后悔做这个事情，我对得起我的这份工作。"

（作者：谢凌燕）

第十四节　身边的榜样｜陈立庄：风雨兼程奋勇向前

陈立庄，环境与化学工程学院教授、博士生导师，主要开展分子基铁电材料和无机绝热保温材料等领域的研究，现为江苏科技大学化学学科负责人，曾先后获得江苏省"青蓝工程"中青年学术带头人、"六大人才高峰"高层次人才、"333 工程"中青年学术带头人、"双创人才"科技副总等省级人才的称号。2021 年他被评为镇江市师德标兵。

2011 年成为江苏科技大学教学新秀的时候，陈立庄正好 34 岁，恰是风华正茂的年纪。此后 10 年，他的人生犹如登峰，国家自然科学基金、国家级一流本科课程、国际知名期刊发表高水平科研成果……他一路向前从未停歇。拒绝安逸的他，选择了奔向远方，便只顾风雨兼程。

陈立庄

一、教书育人春风化雨

在同事眼里，1999 年就走上讲台的陈立庄，可以说是一位拥有 20 年教学经验的"老教师"。日积月累的教学沉淀，时至今日即便让他不对照讲义直接走进课堂开讲也不是一件难事，甚至可以讲得精彩。但是陈立庄深知作为一名专业教师，认真钻研学科专业知识是教书育人的基础，也是关键。

"陈老师是一个停不下来的人。"2015级硕士研究生吉沁如是说。停不下来的陈立庄认定学习无止境，探索出真知。他拒绝做一位安逸的老师，从未停止提高、丰富自己。在2015—2016学年教师教学业绩考核中，他学生评教得分96.30，同行评教94.23，两项得分均在环境与化学工程学院参评教师中名列前茅，并且获得年度江苏科技大学"学年教学优秀奖"的教师称号。教务处组织的学生考评中，陈立庄近5年承担的《有机化学》和《涂料化学》两门课程，学生评教平均得分位居全校教师前列。他指导的多名本科学生考取了东南大学、江南大学、上海大学等高校，教学成果获江苏省优秀教学成果一等奖、江苏省研究生教育改革成果二等奖，2020年主持的《船舶绿色涂装工艺虚拟仿真实验》获首批国家级一流本科课程认定。

二、潜心科研栉风沐雨

"做科研要甘坐冷板凳，要有十年磨一剑的精神"。从2006年开始研究分子铁电到2021年，15年中陈立庄碰到无数困难，包括研究方向的改变，特别是博士毕业后3年没有拿到国家和省级项目，在经费非常紧张的情况下，他仍然坚持不放弃，不动摇研究分子铁电的决心。

千磨万击还坚劲，任尔东西南北风。2010年陈立庄博士毕业以后，经过3年的连续申请，终于在2012年获批他的第一个国家级科研项目。他说："国家自然科学基金青年基金资助的'手性配体诱导合成分子基铁电材料及其性质研究'这个项目，教会我如何独立开展科研工作，帮助我真正地走上科研道路，也建立了自己独立科研的信心。"陈立庄2016年获批国家自然科学基金面上项目，2020年以第一作者在美国化学会的旗舰期刊 *Journal of the American Chemical Society* 上发表分子铁电最近研究成果，2021年硕士研究生李俊毅为第一作者、陈立庄教授为通讯作者，在化学与材料领域国际著名顶级期刊 *Advanced Functional Materials* 上发表学术论文。

"博士生导师熊仁根教授有两句座右铭——志存高远以兴趣始探索学问，思索进取持毅力坚攀登巅峰。一直激励着我奋勇向前。"陈立庄目前主要开展分子基铁电材料相变温度调控及其性质研究的工作，还保持着不间断阅读文献的习惯，及时了解最新的研究进展。据不完全统计，2009年以来，陈立庄共发表署名SCI收录文章148篇，其中第一作者和通讯作者文章70余篇。他发表的论文被引用1466篇次（其中他引1141篇次），篇平均被引9.91次，h-index为21，获授权国家发明专利18件。他的相关科研成果获得2017年度中国产学研合作二等奖和2019年度中国商业联合会科学技术奖三等奖。

"做科研既要顶天又要立地，顶天就是一定瞄准世界科技前沿，做最好的基础研究；立地就是要把基础研究转化为实际生产力。"陈立庄目前开展的分子基铁电材料研究已经取得了一系列的研究成果，他申请了相关发明专利，接下来考虑将开发分子铁电材料做成器件，并应用到实际中，"真正解决目前陶瓷铁电存储器存在的密度大、重污染、生产耗能高、矫顽场高等不足。"

三、亦师亦友和风细雨

"通过对学生的培养，激发学生自信心，使学生自发对科研产生兴趣，进而引导他们从普通本科到名校攻读博士学位，这是我最大的幸福。"对研究生的科研指导，陈立庄从学生进入实验室到毕业，都力求做到尽心尽责。

陈立庄经常早上七点半不到就和学生约在实验室内，共同交流讨论课题，从课题方向、研究思路及解决方案到文章架构等各方面，都事无巨细地给出建议，并进行修改和标注，一点一滴地对学生启发教导。即使在两度出国访学期间，他对国内学生的培养也从未间断，常常召开视频例会，实时关注学生的科研进展和心理状态。

当学生对学术研究迷茫时，他会不断地给予学生鼓励和指点，引导学生了解研究背景、拓宽视野、转换思维，多角度分析问题并从中寻找方案解决问题。当学生遇到难题时，尤其是认为有些问题无法解决时，陈立庄以严谨的科学态度教导学生要开阔思路、敢于尝试、勇于突破。"虽然退后一步海阔天空，但陈老师教会了我如何坚持而不放弃，鼓足勇气，勇敢地往前再迈一步，才是真实的海阔天空！"学生曾在毕业时这样致谢陈立庄。

在学生们看来，陈立庄既是成长道路上的指导老师，又是生活上的知心朋友。他将每个学生的学习、家庭、生活等基本情况熟记于心，当学生学业受挫的，他会有针对性地帮助学生设计有效可行的解决方法，并时刻关注实施情况。"老师他真的很体贴和细心。"2019届硕士研究生赵文勇说，"不管是家里还是感情上的事，但凡有困难，都可以找他。心里有一种很踏实的感觉。"陈立庄平时还会关注学生的生活状态，给他们的朋友圈点赞，时常提醒学生要注意调节情绪，即使遇到困难，也要积极地去面对。

"既要当好领头羊，又要甘当铺路石。"这是陈立庄作为团队负责人和研究生导师的信条。他用心培养着每一位研究生，学生取得的成绩就是他最大的喜悦。近年，在陈立庄培养的12名毕业研究生中，其中6人获国家奖学金，5人获校级优秀硕士毕业生和校优秀毕业论文。课题组2位研究生赴美国肯特州立大学访学交流 2 年，4 位毕业生分别赴澳大利亚新南威尔士大学、日本北海道大学、东南大学和江南大学等国内外知名高校攻读博士学位。

（作者：谢凌燕）

第十五节　身边的榜样｜陈悦：为有初心逐浪高

陈悦，江苏科技大学船舶与海洋工程学院副教授、硕士生导师，校优秀共产党员、党员标兵，镇江市"出彩教育人""师德先进个人"。

"我是土生土长的江科大人。2003 年毕业留校时就想，要珍惜来之不易的机会，努力工作、刻苦钻研，不辜负大家对我的期望。希望有一天，我能成为学校的骄傲！"18 年来，陈悦扎根教育教学第一线，坚持"以学生为中心、以问题为导向"的教学理念，推动教学与现代教育手段深度融合。她主持的《船舶设计原理》在线开放课程获得国家级线上一流课程（金课）的认定，她代表学校参加首届江苏省高校教师教学创新大赛（本科）获二等奖，她还获得全省高校微课教学比赛二等奖。

陈悦与学生课堂讨论

一、成为学生精神和情感停泊的港湾

惦记父母，难以安心学习、对未来感到迷茫找不到方向……每当学生在生活、情感、人际交往、就业等方面遇到问题的时候，他们第一时间想到的

人总是陈悦。"在我们心中，她就是一位'大朋友'。"船海学院学生张一弛介绍"亦师亦友"的陈悦，"大一的时候，陈老师带着我们参加合唱比赛，下班后赶到我们所在的校区，一个一个地教会我们怎么唱，这段一起努力、一起拼搏的时光至今记忆犹新。"

"培养学生不仅要教好书，更重要的是育好人。教师对待学生要舍得付出时间、精力和感情。"这是陈悦为师多年的心得体会。她是 2016 级船舶与海洋工程专业卓越工程师班的学业导师，她刚接手这个班时，很多学生基础较为薄弱。陈悦说："一个一个找来谈话，帮他们找原因，鼓励他们积极面对，同时和班干部商量对策，制定了一对一学习帮扶小组制度。"最终，在大家的共同努力下，班级整体成绩及其他各方面不断进步，这个班还获得了校优良学风班、校优秀团支部等多个奖项。

"陈老师是一位和蔼可亲的老师，对大家的科研和生活都非常关心。"船海学院研究生余佳豪说。陈悦无论教学科研任务有多繁重，都不会错过与学生沟通和交流的机会，在新生入学典礼、班级群、党组织活动中都有她活跃的身影。陈悦积极主动承担班主任和学业导师的工作，孜孜不倦地教导学生如何面对大学生活、如何规划自己的未来，"愿意把时间奉献给这些需要温润的心灵，把学生当作朋友，希望能够成为学生精神和情感的港湾"。

二、打造独具魅力的特色课堂

"第一次上讲台讲的是《船舶静力学》这门课程。踏进教室，一双双渴望知识的眼睛静静地望着我，一瞬间，觉得心跳加速。"讲好每一堂课，是陈悦 18 年来对自己不变的要求。

"陈老师最大的本领是将课堂变成了综艺节目，令我们耳目一新，使枯燥的知识学习起来十分轻松。"这是学生对陈悦的普遍评价。从 2016 年开始，她逐步探索以加强课堂"互动"为主要特征的"翻转课堂"教学方法改革，采取线上线下混合模式，线上采用自建的国家级一流线上课程，线下翻转阶段完全按 BOPPPS 教学设计实施。为打造不一样的"魅力课堂"，陈悦融入问题教学法、讨论教学法、案例教学法、发现教学法、项目教学法等多种方法，形成了"综艺游戏类""专题汇报类""工程实践类"等颇具特色的课堂。讲授《横剖面面积曲线的认识与设绘》时，陈悦精心设计慕课堂扫码签到、航母之我见、前测、挑战答题、思维连连看、大显身手等 6 个环节，巧妙地把信息化考勤、知识能力前测、热点问题导入、学习目标确立、答题竞赛、分组讨论、汇报展示、解决实际问题、课程总结这些教学诉求融入当中。这种教学改变了"满堂灌"的方式，更加生动有趣、重点明确、深入浅出，充分激发了学生主动学习和探索的欲望。

陈悦还关注时事政治，把自己的学习收获融入教学，让课程思政赋予专业课崭新的内涵。在《船舶设计原理》绪论部分的教学中，陈悦结合我国船舶设计的发展历程，用老一代科技工作者忘我奉献的精神，激发学生的爱国情怀，树立学生为中华民族伟大复兴贡献力量的远大理想。主讲"船舶主要要素确定"部分，陈悦引入"小数点"的故事，教导学生形成严谨的作风，重视职业素养，培养学生爱岗敬业的工匠精神。陈悦的课堂，从不缺少热烈的分享与讨论，以润物无声的方式，引导青年学子坚定理想信念，树立报国之志，形成了专业与思政兼修的特色课堂。

三、教学改革和课程建设永远在路上

"课程在高校发展中起着举足轻重的作用。早些年，大多数老师都很重视科研，我考虑到自身实际，就尝试错位发展，做擅长的事，走自己的特色之路。用教学带动科研，再用科研反哺教学，形成良性循环。"陈悦重视课程建设、教材建设和教研教改。她从 2012 年开始关注微课制作；2013 年作为主要编著者，参与编写的《船舶设计原理》教材获校级规划教材立项建设，2015年《船舶设计原理》正式出版后授课效果良好，2019 年该教材获得江苏省重点教材立项建设。

经过不断积累和创新，2016 年陈悦主持的《船舶设计原理》课程获江苏省高校首批在线开放课程立项建设；2017 年该课程正式上线，在中国大学MOOC 平台上面向全网免费开放；2019 年《船舶设计原理》在线开放课程被认定为首批国家级线上一流课程，实现了船海学院"国家级一流课程"零的突破。这是陈悦工作以来最幸福的记忆，"得知喜讯的那一刻，我的眼睛是模糊的。"荣誉的背后，也许只有她自己才清楚究竟付出了多少努力。"这么多年的教学改革和在课程建设道路上，我也曾经彷徨过，甚至质疑过，却一直执着地坚持着，只因为对教学的那一份热爱和对学生的那一份责任。"

2021 年暑假期间，陈悦参与了省级教学成果奖的申报。秋季开学后，中国大学 MOOC《船舶设计原理》线上课程第九轮开课，她又着手进行线上运营维护，同时展开线下混合式教学。"智慧教学工具——慕课堂的使用，有效地对学生和课堂进行了管理，每节课前都需要用慕课堂进行备课，虽然花费不少时间，但是为了学生能够更好地掌握知识，我觉得还是值得的。"

问渠那得清如许？为有初心逐浪高。"如果重新选择一次的话，我还会选

择教师，因为有爱——对教学事业的热爱，对江科大的依恋，对学生无私的关爱。"陈悦坦言课程建设过程十分艰辛，但是会努力让自己走得更远，"教学改革和课程建设这条漫漫长路充满了坎坷和荆棘，我们永远在路上，向着更高的目标奋进。"

（作者：万旻、谢凌燕）

第十六节　我在平凡的岗位上 | 沈九兵：爱生如子静待花开

沈九兵，博士，讲师，1987 年 12 月出生，毕业于西安交大动力工程及工程热物理专业，研究方向为空调制冷系统及其压缩机，现任能源与动力学院人工环境系教师，2016 级建筑环境及能源应用工程专业学业导师。

"正是因为学业导师这份工作，让我认可了教师这个职业。"2016 年，刚入职的 80 后老师沈九兵带着一群刚入学的 90 后学生，他一样思维活跃，一样爱玩好动，很快和学生无话不说打成一片。3 年多来，师生一起努力、一起成长，他收获了校优良学风班、优秀学业导师、专利、论文、竞赛奖项等。临近毕业，沈九兵告诉学生："想有更好的发展，就要付出更多。"

沈九兵指导学生实验

一、踏踏实实的感觉很好

"九哥，我想跟你聊聊。""九哥，看我什么时候去找你一下。""九哥，我现在方便过来吗?"晚上8点，沈九兵老师参加完学校的"爱党爱国，爱校兴家"主题演讲比赛，匆匆赶到学生宿舍楼，和约好聊聊的班级学生一圈一圈地绕着校园开怀畅谈。

"那天回到家都10点多了。原来我以为没事，结果学生一见面就哭了，家里的事、毕业工作的事情，都征求我的意见。我就跟她聊了一个多小时。第二天上课看到，她还挺开心的。"沈九兵说着也笑了，"学生愿意主动跟你说，心理负担说出来就没有问题。你对学生用心，学生也很开心，这种踏踏实实的感觉很好。"

班级所有学生都叫沈九兵"九哥"，班长刘舫辰解释这是因为"他像个兄长，同学们有事都愿意找九哥"。没人叫"沈老师"，沈九兵毫不介意："说起来都是缘分。大一的时候他们经常去唱歌，我也会带着孩子一起过去跟他们玩玩，防止他们受骗。他们上晚自习我也陪，班级体育活动日一起打羽毛球、乒乓球、做素质拓展游戏，把我岗前培训的一些好东西、好思想带给他们。"

每天回到家，不管多晚，沈九兵都会看看班级群动静，问问学生在干什么。学院辅导员居鹏飞介绍，"九哥"事必躬亲，学生的问题、困难他都及时解决，晚自习他会给学生讲高数和工图，竞赛比赛他认真指导，学生考试考得好、学习进步时他还会发红包鼓励。班长刘舫辰后来和其他班同学交流，才知道"九哥"开班会比较勤。"他除了让每个人讲讲自己的学习生活，还会用事例跟我们交流，每次都带些小食品和我们分享。"刘舫辰笑着说"九哥"的班会气氛太好，所以大家都愿意去。

二、引导他们走向正确的方向

大一读完，学生们转入专业课程学习阶段，学生之间学习效果逐步拉开差距。有个学生家里条件很不错，但是父母从小管到大，他到大学后不想学，挂科很多。沈九兵通过一段时间观察发现这个学生笔头懒、光看不做。"我正好领了一盒笔芯还有笔，跟他说给你这些，看你能不能用完。大二的时候，刚好我做的一个实验项目可以写专利，也找了一些文献，然后就布置给他们寝室几个人，让他帮着画图做一些辅助工作，然后又带着他做认知实习。现在这个孩子不但对专业有了兴趣，还想考研。"这个学生从没自信到做事有把握、有想法，从没有目标到尝试后有了想要努力的方向，沈九兵看着学生一步步成长觉得很开心，"爱生如子，我希望自己的孩子也能有一个陪伴他成长的老师。"

沈九兵推崇鼓励式教育，学生犯了错不批评指责，而是告诉学生要反思错误在哪里，如何寻求改变。有学生犯错后心理负担很重，整天关注会不会对以后产生不良影响，经常反反复复问沈九兵这个问题。"我就说一条路不好走咱换条路走，就业单位更看重当下你的社会价值，不要把以前的错误变成前行的负担。如果你足够优秀，人家不会在意你的过去。这个孩子大二欠了很多学分，大三就很努力地学习，目前学分也修得差不多了。昨天还在这里跟我说，九哥，有一年那件事我真的是过不去，现在已经想开了。"沈九兵听了很欣慰，"自己正确引导，看到他们能够走向正确方向的时候，我会感触很深。我觉得这才是一个老师的职责所在，也是老师真正的社会价值体现。"

三、从没想过任何回报

"建筑环境这个专业是干什么的呢，就是老天管室外，我们管室内，冷热两条线，节能减排主力军。围绕这几句话，我可以讲很多例子。比如说为什么冬天下雨、雨越下雾越大？为什么冬天室内加热之后会觉得干？空调夏天滴的水是哪里来的？围绕这些去激发学生的专业学习兴趣。"沈九兵介绍，这几年自己一步步摸索，他坚持查阅书本、文献资料，坚持向前辈请教，教学之余做了一个整理文档，记录所有教书育人的反思、学生问题的应对，他根据这些记录和总结反思，还撰写了三篇教研论文，"教师这个职业一点儿都不平凡，所以才要努力做好。"

"科技竞赛有问题找九哥，肯定是不厌其烦地解答。"冯慧敏是2016级建环1班的学生，她眼中的"九哥"对学生非常细心，做事一丝不苟，学术态度严谨认真。从文献资料查阅，到专利论文撰写，沈九兵对学生严格要求，共同探讨和解决问题。她今年参加中国制冷空调行业大学生科技竞赛和全国大学生节能减排社会实践与科技竞赛决赛，从前期一起完善申报书、制造宣传海报与三维动画，组装实物模型，到赛场作品的展示与问题回答，师生一起克服重重困难，获得了优异成绩。

"可能自己在科研上成就不是很高，为社会发展做的贡献不大，但是我培养了优秀的学生，他们在各行各业为社会做贡献，也就是我为社会做了贡献。"沈九兵笑得很坦然。班级学生现在进入大四阶段，沈九兵在班会上要求他们"顺利毕业，寻找一个爱好，有一个自己擅长并且值得骄傲的特长。"

代表学院参加全校教师演讲比赛时，沈九兵这样总结陈词："说句心里话，为学生所做的一切，我从没想过任何回报，只是出于一名教师的责任感，出于一名党员对教育事业的无限忠诚。学生无小事，我会一直怀着这份忠心，做好学生的人才培养工作。"

（作者：谢凌燕）

第十七节 我在平凡的岗位上丨后勤集团：
用心谱写服务者之歌

"三服务、两育人"是高校后勤服务的根本宗旨。江科大后勤人"甘于人后，勤于人先"，秉持"忠诚、服务、育人、安全、敬业、友善"的价值观，努力践行"以师生为中心，服务学校进位争先"的初心和使命，致力打造"有温度、有文化、有科技、有质量、有安全"的五有后勤，用一点一滴的勤劳、专心服务的坚守、默默无闻的奉献，为实现广大师生对美好校园生活的向往而不懈努力。这节讲述两位后勤人踏实勤恳的工作故事，以点带面展示平凡却生动的后勤保障服务者的风采。

一、曹福根：让老师和学生都有下饭的菜

凌晨四点，曹福根把爱人送到南校区食堂后，马不停蹄地帮她做好早餐，下面条前的预备工作。早上六点半之前，曹福根要赶到东校区教工食堂、舫苑餐厅，这时候"菜都来了，该称的就称一下，七点开始加工，不然中午就来不及"。然后趁食堂员工吃早饭的空隙，他楼上楼下看看早点开餐准备情况。中午十一点开饭后，曹福根继续楼上楼下地跑，看上菜进度和窗口供应。他中午一点审核第二天的菜谱，包括配菜变化、品种替换等。他下午三点半到一楼、四点半到二楼再次查看配菜和制作，五点晚餐开始。"这中间顾客有什么需求要及时解决。晚上八点下班，有时候会拖到九点。"

一天十几个小时，上班早下班晚，曹福根坚持了三十五年。他说："做餐饮其实很辛苦。每天都在想菜肴怎么做，怎样改变品种。嘴上讲没用，写纸上也没有用，只有去做才能有创新，必须要让老师和学生都有下饭菜。"

1984 年，初中毕业的曹福根到了学校南校区，跟食堂师傅拜师学艺，从炸油条做烧饼开始，到制作全套早餐和烹饪小锅菜。2014 年他转岗西校区食堂，2018 年 3 月 5 日接管东校区舫苑餐厅，2019 年 3 月接手东校区教工食堂管理工作。1992 年他也出去单干过一个暑假，但是遭遇了创业"滑铁卢"，"因为我平时都是勤勤恳恳做事，领导知道了就说，你还是回来吧。"

重新回到学校，曹福根安下心来钻研菜品翻新。他有一个专门的笔记本，

记录工作三十五年以来自己研究烹制的每一道菜，原料、辅料、搭配、口味、颜色、分量、炒制时间等等，清清楚楚，细致分明。"工作要创新，菜的品种要迎合消费者的需求，只有在不断做的过程中才能把品种创新出来。适合学校用的原材料不是太多，如果不经常进行组合，那菜肴就没有变化。重新组合搭配，就是一个创新。"

曹福根，饮服中心舫苑餐厅经理

曹福根介绍，菜品看感官和口感，丝、块、片的刀功好，菜的感官就好。土豆、山芋、南瓜可以蒸烂了变成泥，可以切成块烧，或者加点儿蜂蜜等去改变。针对学生他做过土豆黄金球，表面撒点糖，口感很好，尤其女生很喜欢吃。叶类菜只能炒和烧，比如肉圆用白汤煮，再配点三芽菜。"教职工和大学生虽然口味不一样，但是都要下饭，不然没人吃。"

算上曹福根自己，东校区教工食堂和舫苑餐厅是一个三十人工作的地方。凌晨三点半做面点员工最早到岗，和面醒面发面，六点半开早餐；四点多是下面条的员工进驻，餐厅其他员工六点半到岗。开过早餐他们要打扫干净工作场所才能下班，十点又要开始预备午餐。每天上午最繁忙也最辛苦。原料送到食堂后，素加工、荤加工、备餐、炒菜、清洗、保洁等各工位联动，确保午餐正常开始。接待量最大的午间时段，一共有一千一百多人次。

教工食堂主打简餐散餐，舫苑餐厅主营中式快餐，同时承担点菜、酒席、工作餐等。2019年3月接手一楼教工餐厅后，曹福根着手调整菜的品种，错开上菜时间，"这样让消费者感到菜式有变化，也是经营的一种策略吧。每天把菜弄出很多花样，实事求是地讲也不现实。食堂菜原料适合使用的只有三四十个品种，有几个品种专门可以用来调节，比如杏鲍菇、蘑菇、茶树菇就可以互换。土豆、青菜、西红柿这些常规菜就必须每天都有。"

2019年暑假舫苑进行了改造，拆掉吧台，供应台后退，扩大就餐区，原来的包厢改成明档。曹福根索性把所有的菜式品种也放到供应台公开展示，"让消费者看着菜选菜，跟对着菜谱点菜是不一样的感觉。9月2日晚餐点菜开始经营，目前来看还是比较受欢迎的。"舫苑餐厅消费虽然定位校内中高档消费，但是价位并不虚高。曹福根和同事做过实验，"一斤肉只能烧出来六两二三，一碟红烧肉三两二，卖八元一份，成本都达到十二块钱了。每个月集团饮服群都开会，每天大家也都在群里交流，讨论近期菜肴有什么变化，应该怎么去做，价格上怎么统一。做个新菜就拍图发群里，讲明成本多少，建议售价多少。因为我们是保障部门，不能随行就市调价。"他考虑到不同需求，教工食堂和舫苑餐厅中午的主食现在还增添了杂粮和馒头。

在食堂工作三十五年，加班加点早已成为他的常态，尤其是大年三十，曹福根基本要忙到晚上七点半才能回家吃团圆饭。他说："到哪里都想把工作做好，所以感觉压力很大。但是干工作就要摆正心态。不给自己压力，那就什么工作都干不好。压力逼着你想办法动脑筋，把菜肴供应品种、供应模式往前推，主要把事情做出来就好了。"

二、朱勤：每天看到孩子们平安开心地学习生活挺好

"刚才去宿管拿牛奶，看到阿姨在房间很紧张，一直在搓手。我就问阿姨怎么了，她告诉我等会儿有一个采访。那时正好有点事我要先处理，完成就赶紧打电话给她，想来看看有什么能帮忙。"周得瑾是经管学院2017级工业工程专业研究生，每天早上或者晚上进出东校区C14研究生楼，都会碰到宿管阿姨朱勤，"见到都会打招呼，阿姨也关心我们，所以平时过来过去都会问问阿姨，感觉她就像妈妈一样。"

2019年四十九岁的朱勤2007年开始做宿舍管理工作，在东校区三个不同楼栋迎来送往了三四届莘莘学子。"有的时候他们喊我姐姐，有的时候喊我阿姨，还有喊妈妈的，说我像他们第二个妈妈一样。因为宿舍就是他们的第二个家，我们陪伴他们时间最长。"朱勤说自己的孩子大了，可以花更多的时间精力照顾学生，"每天看到孩子们健康、平安、开心地去学习、去生活，挺好的。"

朱勤（左一），公寓中心东校区 **C14** 研究生楼宿管员

三、把心交出来，孩子们就能感受到

朱勤和同事倒班轮流管理的 C14 有七层楼五百多个学生，她除了出入登记、环境保洁，还要负责巡视楼栋安全、物品保修维修，掌握学生进出情况，晚上关门前要查看学生在不在宿舍。"我们必须要熟悉每一个学生，了解学生动向和心理动态。每天都在关注花名册、样貌，半个月就要基本熟悉。"

生性开朗的朱勤非常善于观察细节，"看学生的神情，觉得不开心就上去问一问，跟他沟通交流一下。外向的学生会跟你分享，内向的学生不会轻易透露，我们就特别去关注。通过他们的舍友同学侧面了解，然后再单独喊到办公室耐心沟通，引导他们打开心结。"

有一次，一个同学的家庭出现情况他心情很不好，喝了酒返回宿舍，被朱勤发现了。"我就问他是不是有什么心事，能不能跟我说说，不说事情也不要紧，心情不好跟阿姨交流交流就好了。沟通了一段时间后，他终于告诉我，家庭破裂的情况，对父亲很不谅解。我就安慰他各家有各家的难处，父亲肯定也有苦衷，而且是生你养你的长辈，要学会理解和包容父亲。说出来他就释放了，后来说挺感谢我的，今年也顺利毕业了。找到工作走的时候，还特地来跟我告别。"

遇到学生不理解宿舍管理规定时，朱勤就耐心反复地沟通，"举例子说明事情的严重性，慢慢感化他们。"有一次她发现学生使用违章电器，要通报批评。"他跟我大声喊，拒绝签字。我就慢慢跟他交流，然后问他是不是在外面遇到什么事，所以带有情绪。他就说又要忙毕业又要找工作，心情有点急躁。我说没事，但是你以后走向工作岗位，这样带着情绪人家就不会接受你。他后来意识到了问题，跟我承认了错误。我也挺感动的。"

没有规矩不成方圆，遇到外来学生不愿意配合登记，朱勤就打比方："有人到你家里，你肯定要问问人家你找谁，不可能随随便便让一个陌生人进你家的。楼栋就是我们的一个家，来了外人肯定要问清楚情况。这样一说学生就会理解了，也会配合我们做好工作。只要用心沟通，孩子们还是能理解的。把心交出来，再内向的孩子也能感受到。"

四、愿意花时间精力去照顾他们

学生们衣服坏了，朱勤帮他们缝缝补补；头疼发热，给他们送点备用药；出去聚餐，提醒注意喝点牛奶保护胃；聚餐回来，会让他们喝点红糖蜂蜜水……做宿管十二年，朱勤时刻提醒、照顾、关爱学生已经成为一种习惯。

"有天晚上我肚子疼要出去看病，但是学校规定十一点以后必须有室友陪同，可是我觉得一个人可以去医院。阿姨就把登记做好，然后我再请老师跟阿姨说明清楚。阿姨这方面做得特别到位，后来还记得给我打电话，关心我的病情。"周得瑾说，朱勤平时一定要知道大家完全没事了才会放心，"我们也不会觉得烦，知道阿姨关心我们。"

"天冷了加衣服，风大了收衣服，下雨了就帮他们收被子。因为，我会心疼他们晚上回来没有被子睡不着觉，就收了放到楼栋值班室里面，然后写个通知，告诉他们来认领。"朱勤觉得自己其实做的都是小事，"我乐意帮他们，他们也乐意帮我，我们都是互相帮助。有时候我要爬高，有时候我在搞卫生，他们看到了都会过来帮忙。"天天和学生打交道，朱勤感觉就像回到年轻的时候，仿佛跟学生一样的年纪。

采访中途，朱勤接到一个电话和一条短信，"学生给我打电话，经常是问阿姨你在楼栋吗，想跟你交流交流。有时也关心一下，说阿姨天冷了，多穿点衣服。要找工作了，也会跟我们了解外面社会找工作趋势。有的谈女朋友了觉得很开心，也会过来跟我讲。"短信则是得知消息的一位学生询问朱勤"采访进展顺利吗？"

周得瑾觉得在成长过程中，宿管阿姨其实是一个很重要的角色："我本科在学校西校区住宿，宿管阿姨也很好。我的体会就是刚独立生活，要是没有阿姨帮着我们，我们可能会变得懒散。我们就这样跟阿姨建立了一根情感的纽带，很多年都不会消散。我们同学现在还会回到西校区2栋2号楼，看一下阿姨还在吗，然后打个招呼。"

自己照顾的每一届学生临近毕业，朱勤都会很感慨、很难过。学生们就会跟朱勤说："阿姨，要不我留级，我来陪你。"心里虽然不是滋味，但是朱勤也很欣慰，"看到他们一个个走出校园走向社会，到了新的工作岗位上，也为他们感到很开心。人嘛毕竟要长大，要走出去的。"

2019年中秋节，在苏州工作的几个学生相约回来看望朱勤，还有毕业生从外地寄了月饼向她祝贺节日快乐。"经常有毕业的学生回来看我们，很多学生毕业后也联系我们，节假日还会打电话问阿姨你现在怎么样了？有时间过来玩啊。"朱勤挺感谢他们，因为"只要看到他们就开心"。

（作者：谢凌燕、王琳）

第十八节　我在平凡的岗位上 | 沈超明：实验室也可以"开花结果"

2002年留校工作的沈超明，如今已经在船舶与海洋工程学院工程力学实验室工作了17年。全校每年有21个专业2000多名学生上力学实验课，实验量达到24000多人时数。

沈超明，船舶与海洋工程学院工程力学实验室教师

回顾 17 年来的实验室工作，沈超明感触最深的是老一辈力学教师那种兢兢业业、一丝不苟的工作态度，以及他们对教学的高度热爱之情，这些对他的工作都有很深的影响。其中景荣春老师是沈超明从刚参加工作就接触且交流较多的老教师之一。沈超明第一次见到景老师是暑假，天很热，没有空调，景老师穿着背心在力学教研室里专注地备课，旁边一台老旧的电扇吹着。那次，沈超明深刻地感受到作为一名老师应该坚守的品质——无论外部条件和环境如何，对待教学和科研都必须始终认真、严谨、坐得住冷板凳。所以到力学实验室工作的开始几年里，实验设备台套数虽然很少，教师也只有邓小青老师和沈超明两个人，最少时只有他一个人常驻实验室，但他始终认真细致地做好工作。

一、"实验室工作需要好的心态"

经过多年建设，现在的工程力学实验室在师资和装备条件方面有了很大提高，较大型的机测类实验设备都达到了 6 台套的规模，通常五六人一组，基本可以容纳一个小班。由于每年涉及的各专业学生 2000 多人，而且学校上半年同时开设材料力学、工程力学的课内实验，另外还有独立设课的工程力学实验，实验特别集中，每位老师平均每周大概有 20 大节实验课，晚上上课是普遍现象。沈超明告诉记者："实验课与理论课差异较大，它一方面要尽量让每一位学生有动手实践的机会，但同时又受到设备台套数的限制，那就必须分组分批，不能按班级来分，而是要按照规定的每组人数结合设备情况来分。比如拉伸实验、扭转实验，这就需要将一个专业分两到三批甚至四批以上进行实验，教学任务还是比较重的。"

实验室的工作比较枯燥，实验教学的内容相对于理论课要少，但是批次多，相同的内容需要不断地重复，沈超明经常用"驴子拉磨"来形容，"但是即使如此，也不能简单地重复，因为对于学生来说每次实验都是新的，我们必须按照不同专业的特点，尽量把实验内容和相关知识点与他们的专业背景结合得紧密一些，保证教学效果。"

"实验室工作需要好的心态，长期在实验室工作，很多人待不住。"长期工作在实验室的沈超明已经习惯了这样的工作，他觉得，实验室非常适合自己。"学校就像一部机器，每一个零部件都有自己的位置，缺了任何一个都会影响到正常运转，哪怕是一颗小小的螺丝钉。你只要调整好心态，努力做一颗高品质的螺丝钉，一样可以让平凡琐碎的工作变得有意义和富有乐趣。"

二、"实验室工作很琐碎"

实验室工作很琐碎也很平凡，这是沈超明多年工作的切身感受。"实验室的工作主要包括教学、管理、建设三类。第一类是实验教学，这是实验教师必须要做的。第二类是管理，管理包括资产、安全、卫生及日常事务。第三类就是建设工作，主要是装备与师资建设。"在沈超明看来，他要澄清装备建设与买设备两个不同的概念，装备建设不是简单地采购设备。沈超明说，装备建设需要服从学校和学院的总体部署，要服务学科发展，要跟教研室老师或者系主任、学科负责人充分沟通，在这个基础上凝练实验室的特色和发展方向，做好实验室的规划；在具体执行过程中，调研、选型、采购、验收，这些中间环节需要反复不断地沟通，来确保能完全满足需求。设备进来后要形成"战斗力"，要尽快熟悉设备，开发新的实验项目，试做实验，形成相应的实验报告，编制实验指导书，同时面向科研需求提供条件支持和服务。

工程力学实验室的设备"非尖即硬"，需要特别注意的是使用过程中防止人身伤害，"首先，学生进实验室都要进行安全教育。其次，是防火防盗，主要是防电器火灾，防仪器设备等被盗。从一开始就要筑牢安全防线，要加强教育管理，要用制度去杜绝，人离开实验室必须检查门窗，离开即拉闸断电，大型设备操作规程、规章制度要上墙，规范实验流程，危险性高的实验，不允许学生独立操作，要求老师在旁指导。"实验室安全要让所有老师紧绷"安全之弦"。

每年2000多本实验报告，实验室老师不单是打分数，还要修改订正，"因为你的目的是要让学生掌握知识，那么你有问题就要来回修改。"这是从邓小青老师负责实验室工作时就形成的习惯，或者说是要求，近20年来已成惯例，实验报告批改必须认真细致，沈超明告诉记者："工程专业认证的时候，我们的实验报告可以随时拿出来接受检查。"

除实验室工作外，沈超明目前有在读硕士研究生7名，指导研究生做课题是他的日常工作。他在指导之余，纵向、横向项目还要按照时间节点去完成。

2019年暑假期间，沈超明和同事们没有休息，他们与学生一起备战全国周培源大学生力学竞赛，"现在我们已经习惯了这种作息时间，大家一直处于这种状态"。

三、"实验室是可以开花结果的"

学校正在奋力进位争先，工程力学实验室的定位也在转变，从一开始的基础课实验教学，到现在教学科研并重，教师的工作热情也在日益高涨。沈超明说："以前没有工程力学专业，现在有本科专业还有硕士点，而且我们学院船舶与海洋工程的博士点也有了，实验室的各项工作要关注研究生的培养，要与科研紧密结合。"这也带来实验室人员角色的改变。

"以前实验室的教辅色彩非常浓厚，教学和科研的参与度不足，那个时候更多是定位在'实验室技术人员'，实验室在人员配置、学历结构上一直都比较弱，科研和教学的产出不多，实验室人员的地位相对比较低；后来，学校出台文件将实验室人员定义成了'实验教师'，这样的提法实际上是提高了实验室人员的地位，也提高了大家的工作积极性。"沈超明觉得，如果撇开职称系列和岗位这些表层的东西，实验室非常适合想干事的人，"欧美发达国家有实验室要抢着进，没有实验室的教授找到经费后的第一件事就是希望建自己的实验室，因为你要做事，就需要资源和条件支撑，除了少量的学科以外，像我们工科和理科的研究，都需要大量的实验资源支撑，所以实验室是适合干事的人待的地方，工作效率高、产出也有保障。"

"当你把自己当作一名教师，与其他教师放到同一个平台上去考虑的时候，你会更有动力。你做好自己的事，人家写论文，你也写论文，人家做科研，你也做科研，人家在教室上课，你在实验室上课，都在江科大上课，都是教书育人，你把自己放在同一个层次上去看自己，你自己能发展，对学校的发展也能出更多的力。"沈超明觉得，不要把自己框定在"教辅人员"这个称谓上，在自己的心里不能把"辅助"放前面，要把"教师"两个字放前面，都是"教师"，把工作做好，也能为学校发展做贡献。"你只有把自己放到一个正常的位置上，你才愿意做更多的事，才能把更多的事情干好，自我的定位很重要，我个人觉得实验室是比较好的地方，你可以把各个方面融合到一起，资源整合到一起，很多东西在实验室是可以开花结果的。"

（作者：王琳）

第十九节　我在平凡的岗位上｜朱永梅：三尺讲台，一片丹心

朱永梅，女，江苏科技大学机械工程学院教授，主要从事现代设计理论

与方法研究、海工装备关键零部件的服役性能、微结构特征及曲面结构特征等方面的研究。

从教 17 年，朱永梅老师付出满腔热情，春风化雨育人，打造魅力课堂。

朱永梅

一、命运选择和遵循初心，踏上教师之路

1991 年从镇江船舶学院（江苏科技大学前身）毕业后，朱永梅被分配到镇江锚链厂，负责产品设计，一干就是 7 年。为方便照顾家庭，她调动到技师学院工作，开始教师生涯。本着"干一行、钻一行、爱一行"的职业操守，朱永梅逐渐成熟的教师业务素质越来越受到学校领导和老师的肯定。为求自我提升，毕业 10 年后，朱永梅又重新拿起书本，开始考研。"想做一件事情的时候，就全身心投入地去做，就想把它做成"。凭着这样的信念和韧劲，朱永梅顺利通过全国统考，重回校园读书。留校、副教授、教授，一路走来，朱永梅感恩学校的良好氛围，感谢师长的谆谆教诲，不敢有丝毫"船到码头车到站"的懈怠和"一蓑烟雨"的随意，心存敬畏，老实做人，踏实钻研，也享受着"得英才而教"的乐趣。

生活中的朱永梅随性、恬淡而温润，她说："我每天必不可少的就是读书，小说、人物传记等等都喜欢看，这么多年乐此不疲。"正是读书万卷、脱去尘浊，成就了朱永梅朴实为人、踏实为师的风格。

二、洞明学问，使人昭昭，让工科课堂生动起来

由浅入深、融会贯通，善于结合实际是朱老师基本的教学风格。"把螺栓比作山，把螺母比作你，拧螺母的时候就像是你在沿着螺纹盘旋上山一样……"朱老师习惯于用生动鲜活的案例，讲授枯燥的专业知识点。"我们这门课偏工程应用比较多，我在工厂的多年经历恰是宝贵的财富，利于我结合实际，拓展书本内容，多讲一些工程案例，讲活这块知识，学生也能够更好地理解。"她的学生李如俊对朱永梅老师的课堂赞赏有加："朱老师课上比较喜欢互动和灵活使用多媒体增添教学氛围，不单调乏味，属于循循善诱的老师。"今年研二的房文静更是深有体会，"《高等机械设计》里的断裂力学是相当专业、枯燥的难点，我们虽说是研究生，说实在的，有些知识点还是云里雾里，朱老师首先会讲解一些基本的、简单的案例，之后会给综合案例，让我们自己深刻理解，学以致用。"

任劳任怨、永不满足是朱老师圆满完成每项工作的良好素养。作为课程负责人，朱永梅一丝不苟，致力于精品课程建设。她主持完成了《机械设计》江苏省在线开放课程建设，自主开发微课视频 98 个，共计 1260 分钟。课程采用线上线下混合式教学模式，她加大研讨课的开发力度，使教师讲授和研讨等活动对分课堂。朱永梅介绍："微课不能像上课一样，再照着 PPT 讲一遍。我们插入大量的动画以及实物的照片，很多知识点是以动画或小视频等多种手段结合来体现，力求生动，这样才能在有限的 10 多分钟讲透知识点，让学生理解比较深奥枯燥的概念。"

不断突破，勇于探索是朱老师做事的风格。微课是一个新的教学领域，校内校外可以借鉴的经验很有限，朱永梅和课程组的老师们整理思路，善于总结，勤于实践，深入企业，在教学内容上突出学校的船舶机械特色。付出很多，可是朱永梅觉得值得，"有了在线平台，给了学生很大的帮助，他们随时随地可以学习。我们做这些工作还是得到了学生的认可，学生获益了，我们就觉得劳动得到回报了。所以我每学期都在网上补充新的微课，现在还在做"。

付出了艰辛的劳动，总会收获累累硕果。朱永梅担任《机械设计》课程主讲教师 17 年，平均每学年授课 150 学时以上，得到校内外教学专家和学生的一致好评。她被评为校师德建设先进个人，校教学优秀教师，多次获校级教学成果奖，近 5 年教师教学工作业绩考核均为"A+"，学校并授予她学年教学优秀奖。她在江苏省高校微课教学比赛中多次获奖。

三、春风化雨，润物无声，让学生"得其所欲"

作为教师，朱永梅老师有参悟也有心得。

她觉得首先要培养学生做人和做学术的格局，引导学生热爱自己的专业，熟谙专业发展方向，提升做人做事的高度，这样在以后的工作和生活中，他们才能够坚毅笃行，得其所欲。正像她的学生李如俊所说的，"朱老师对我帮助最大的事情，就是让我相信女生也有能力在学习工科的路上既能德才兼备，又能落落大方"。

朱永梅觉得做老师要随时掌握学生的思想和动态。通过敏锐觉察学生的思维节点和情绪焦点，她能够"庖丁解牛"借势助力，精准解惑，有效帮助到学生。学生房文静说："朱老师平时很关心我们，我觉得就像是朋友，可以和她谈心。"在开题答辩中，因为觉得自己表现得不好，房文静很沮丧。后来朱老师主动找到她，和她聊天，耐心地指出问题出在哪里，给她分析，并给出建议，这件事让她很感动。"每当我做课题卡壳了或者方向偏离时，朱老师会和我一起分析，找突破口和方向，完全没有老师的架子。"她的研究生李如俊这样说。

研三的汤文宁要在家里做毕业设计，但是家里的网络时好时坏，让他内心很着急。朱老师每天准时给他辅导，有网时就线上指导，没网时就电话告知。汤文宁说："那种感觉就像家人日常'煲电话粥'一样。得到她的鼓励，让我心里安定了。"

（作者：李巍男）

第二十节　我在平凡的岗位上 | 你好，阿不

大学毕业后，第一次以辅导员身份给学生开班会，他旁观前面登台的汉族同事中气十足地"吼"着"安静"，都不太镇得住一大班小子丫头，心里阵阵发怵。轮到自己登台发言的，他面无表情有样学样先喊了一嗓子"安静"，台下立马鸦雀无声。

"就一下子特别安静，真的是一点儿声音都没有。把我吓住了，以为出什么事了。后来跟学生都熟悉后，他们说第一次看我的样子很严肃，以为我很凶。其实当时我自己也蛮害怕的，不知道学生心里面有什么想法。"他说着忍不住笑起来，天然卷的头发跟着晃动的脑袋起伏，"现在，还有学生跟我介绍

怎么样去角质，怎么防晒美白，怎么穿衣打扮。"

如果不看资料，绝对想不到他是 90 后——他顶着一副温带大陆性气候地区标志性长相，有着纯正的少数民族血统，说着一口标准的普通话，"满面沧桑烟火色"，怎么看都是"大叔"。

阿不

一、"当时压力可大了"

"带第一届的时候还是普通班，不全是少数民族学生。因为我不是汉族，跟他们好像不太一样，我就想学生会不会对我有意见，会不会管不过来。"他摇着头摆着手，直呼"第一次学着怎么做一个老师，当时压力可大了"。

他带班第一次遇到的麻烦，是关于班里藏族学生和汉族学生"两个小姑娘宿舍的问题"：汉族学生觉得藏族学生有"暴力"倾向，藏族学生说自己性格就这样大大咧咧，是个女汉子。他和同事就跟宿舍里面的每个学生都谈了一次，也向班级其他同学做了一圈调查，"整个班级谈下来之后，发现班里面其他的小姑娘其实对藏族小姑娘评价还是不错的"。

"那时候我也是第一次因为这种事情接触学生，后来发现每个民族的学生各有特点，每个地方的孩子还真不一样。"在他看来学生们其实蛮纯粹的，藏族孩子很佛系、很纯净，生活上不怎么依赖新媒体，闲不住爱运动；汉族学生各方面很谨慎、很细心，特别会体贴别人，会站在对方的角度去考虑问题；哈萨克学生喜欢喝酒，不受约束，不喜欢条条框框；维吾尔族学生很热情，不会太多去顾虑你是怎么想的，很单纯地就把自己真实的情感流露出来了……

"其实有点矛盾很正常，因为大家都不了解其他民族，所以沟通很重要。"圆满解决"宿舍事件"后，他意识到学生之间相互了解的重要性，自费组织了一次班级郊游活动，带着整个专业 80 多个学生去世业洲烧烤野餐，还设置了很多互动游戏，"很多同学之前不同宿舍好像都不太认识，平时在班里或多或少会存在这个那个问题，一天整个活动下来这种状态就改变了"。

少年老成的他，就这样像模像样地做起了老师来。"下宿舍找学生，那是什么味道都有，桌上床上的摆件、书本、漫画、装饰，也是什么样的都有，这些都是他们生活上的小细节。你看一圈，总能找到一个你懂的，然后就会成为交流切入的话题。"他带的 00 后学生有学机电的、有学人文的，师生年龄相差也不是很大，"我们上学的时候，如果老师聊跟我八辈子搭不上边的，问跟我完全没关系的，我也会很反感。"聊开了，彼此熟悉后，他才跟学生讲讲大学里面的一些生活守则、行为准则，"学生比我们聪明得多，他知道老师在想什么东西，后面大家有啥事情还能互相帮个忙"。

二、"好家伙这怎么弄"

一个班级也是一个小社会。对班级事务，他坚持少数服从多数原则，"跟学生讲你有你的个性对吧，但是在集体利益面前不要太张扬个性。现在有时候逛逛学生的朋友圈、QQ 空间，发现汉族学生和少数民族学生互相留个言、拍个照，之间互动还很 high。"只是，还处于成长期的学生，时不时会给他冒个头、添点乱、找点事。"好家伙，这怎么弄啊？"他耸耸肩摊开手，说自己下意识会有点蒙。

有一次凌晨 3 点多他睡得正香，突然就接到 110 电话，"第一反应还以为是诈骗什么的"，后来确认是班里一个学生因为严重失眠，导致情绪近乎崩溃。他过去接回学生，又在学校附近找了家宾馆，"让他先进去好好睡一觉"。然后，他联系到学生亲属深入了解家庭情况。第二天，他骑上"小电驴"，带着学生从西校区骑行 10 千米到东校区，绕着校园整个走一圈，还去看了电影吃了饭，"我说今天让你累个够，看看你好好累一下，晚上能不能睡得着。"经过多方协商，他又帮学生重新调整了宿舍和室友。情绪稳定下来后，学生状态也逐渐调整了过来。后来有一次开班会，他说自己睡眠也不行，枕头让自己很难受，但是每次住酒店那个枕头就很好，"这孩子他听到了，就买了一个那种很软的枕头一定要给我，让我特别感动，现在我还用着"。

2018 年做辅导员至 2021 年，他感觉最难过的一次，是曾经连轴转地熬夜找人。"每次走进网吧，所有人都看着我，以为来了一个外国人，还有人说外国人进来干什么。"那些天，他白天上班晚上寻人，在城市无边无际的夜幕中来来回回，边走边想："我为什么要这么累啊？"当时，班上一位单亲家庭的同学连续 2 天未参加期末考试，他联合警方找遍镇江所有网吧、宾馆，终于在第 11 天找到这个同学。通过苦口婆心的劝慰和循循善诱的引导，被他找到的学生最终慢慢走出学习和生活的困境，回归到正常学业的学习中。

他说，这种情况下老师的引导很重要，一定要有人帮学生走出来，"后来我也明白了，要让学生自己学会解决问题。关键是你愿意用一颗平常心去对待他，这样办法就总比困难多。只要给他们时间和空间，他们就会成长"。

三、"不要把学生当别人"

他 13 岁就离开家，一直都在学校寄宿，身边没有父母亲人，所有的事情都靠自己，只有老师照顾大家，"那个时候你是想象不到别人愿意帮你。自己当老师带班之后，能帮学生的就帮，就不要把学生当别人了。我们也是从学生一步一步走过来的"。

有一次，班上一个学生全身淋巴结肿了，医生检查一个星期什么毛病都查不出来，然后家长也来不了。因为这个学生是贵州山区贫困家庭的孩子，费用就只能学校和学院先垫付。找不到护工，只有他和班长每天晚上轮流陪护。学生生病吃不下东西，只能吃流食，他就买了保温的饭盒，每天做点儿鸡汤，又买了一个搅拌机，把水果和牛奶搅拌了放在一起，尽量让学生补充一点营养。

到了第二个星期，他看着学生病情没有好转的迹象，四处联系工作合作关系较好的市里几个部门负责人。"那天他们来了之后，找了医院的领导沟通，孩子从普通病房转移到感染科，重新全面彻查，制订新治疗方案，这样病毒就控制下来了。出院的那天学生家长到了，很感谢我还送了个锦旗。但那个时候已经过去 28 天了。"说到这里，原本一脸无奈状的他忍不住又乐了，"那段时间还特别搞笑，我班上事情特别多，后来有人说我是不是应该上山许个愿。"

原来，那段时间他班上有 3 个学生先后住进了医院，除了一个全身淋巴结肿大，还有两个突发神经性耳聋。"真的莫名其妙。你不知道就这么巧。我让3个人都住到康复医院，这样方便每天给他们送饭。当时我和班长也挺不容易的。后来我累得走路也走不动了，上班眼睛都睁不开了……"

担任辅导员最开心的事，他说是走在校园，被学生大呼小叫地叫老师，"我特别自豪!"最喜乐的事，他说是班级群自己一发言，同学们就会发比较有意思的表情，"一看就乐了"。

班里学生做了一套专属他的表情包——一个胖胖的小孩外加一个憨憨的小熊，各种各样跌爬滚打搞怪的动作表情。"每次我一讲话，他们就会发表情。称呼也是啥都有，不哥、小不、小不不、不老师，小阿老师，各种叫法都有。"面对热情四溢的学生，他笑着说也有受不了的时候，"在吃什么东西的时候，他们看到你就会问老师你吃这个吗，你忌口吗？还告诉你班上谁有忌口。到宿舍跟学生聊一聊吧，他们会问老师你知道穿衣打扮吗？你身材这样子，你应该这样穿，你应该那样穿……"

"我不骂学生，但是肯定要管他们。我就觉得他们都像弟弟妹妹，我要像我的老师一样，能帮就帮，该管就管。"三年来，他带的少数民族学生挂科率明显降低，其中阿依努尔如愿以偿考上了研究生，麦热亚木、祖丽胡玛尔等7名维吾尔族学生还光荣地加入了中国共产党。

他是阿不力克木·阿不力米提，柯尔克孜族，中共党员，出生于新疆维吾尔自治区克孜勒苏柯尔克孜自治州乌恰县，现任江苏科技大学少数民族学生专职辅导员，学校辅导员测评学生满意度第一名。

初次见面，他说："哈喽，我是阿不。"

你好啊，阿不!

（作者：谢凌燕、万旻）

第二十一节　我在平凡的岗位上｜追光者吴强

"时间在不断流逝，摄影就像是时间的切片，将一瞬间凝固，定格在相框里，所以镜头里记录的应该是最核心、最重要的画面。能仅通过一个画面展现出生动的故事，这就是摄影的力量。"

——摘自吴强拍摄手记

6月的最后一天，吴强背着20斤重的摄影包从早到晚东奔西走，拍了近千张新闻图片，那天下午持续3小时的庆祝建党百年师生大合唱的照片就有

900 张。吴强和部门摄影摄像团队收拾器材返回编辑室时，已经暮色四合。

"拍摄完成的新闻图片，需要先下载到电脑选片，保留形象构图曝光俱佳的图片。光线不匀、光照不均的图片需要局部修正；构图不好、不水平的图片需要调整；同景别的图片需要甄别，保留取景最佳的一张。"一直到当晚临近 9 点，吴强才将筛选和编目的 400 多张新闻图片存进部门共享盘内，团队后期制作老师接力精选 52 张好图上传审稿平台。

吴强

2021 年是吴强在宣传部工作的第 26 个年头。从最初的美术设计到校园新闻拍摄，他已经数不清完成过多少场次的拍摄任务了，很多印象深刻的场景也需要查阅共享文件，他才能确认拍摄年月。"新闻摄影并非我的专业，但是既然组织分配给我这项工作，我就要把它做到最好。这是大家对我的信任，也是对我能力的挑战。"从三十而立到安知天命，吴强始终执机掌镜活跃在校园四方，神采奕奕风华不减当年。

一、日积月累练就扎实功夫

"从前的条件没有现在便利，学校搞活动，我们需要自己动手做横幅，字是先写在纸上，写好后再裁剪粘贴在红布上，一个字有半个人高，这可是个体力活。"其实新闻摄影也是个体力活，吴强对待每一次拍摄都精益求精，所以直到现在还保持着精干的身形，"作为共产党员，我应该为其他人做出表率。现在我是从事新闻摄影工作，那么首要任务就是拍好照片，把江科大的点点滴滴记录下来，把江科大最美的瞬间留存下来。"

1995 年吴强刚从事新闻摄影那会，还在使用佳能单反胶片机，拍摄完成后要及时送到冲印店冲胶卷，回来后选择照片发新闻。在网络尚不发达的年代，"半路出家"的吴强通过阅读大量摄影书籍，自学掌握了摄影基本理论知识及拍摄技巧，并通过实践不断精进摄影技术。

"大概在 2006 年 5 月上旬，计算机学院组织一个全省学术会议，需要拍合影，人数在 50 人左右。当时，我手中数码相机像素不高，拍合影不适合。为此，与镇江日报摄影部陈大经主任借用一台玛米亚 RZ68 中画幅胶片相机。简单了解如何使用相机后，自信满满地构图、调焦、按下快门。"胶片冲印出来后，吴强发现聚焦不实，一连看了多张底片，发现合影人像的脸部都是焦点虚，心里感到一阵发慌。"这样的照片严格来说，就是一次失败的拍摄。"对于一向追求完美的吴强来说，出现这种情况他无法容忍也无法向对方交代，"经过这次事件，我明白一个道理：对不熟悉的器材，一定要花功夫去实践（熟悉），达到完全能熟练驾驭才行。对待工作不能有一丝一毫地疏忽，成败在于细节。"

此后，吴强养成了对手头使用的摄影器材做到百分百的熟练掌握、使用可靠的习惯。时至今日，吴强仍然在不断学习最新拍摄及后期技术，对各种处理影像的电脑软件都驾轻就熟。但那次事件一直在吴强心里记着，"也是在摄影的道路上给我敲响一次警钟"。

每天上班，吴强都要先看看会表和部门工作安排，根据活动时间和新闻摄影拍摄需求，做好"计划中"和"计划外"的工作任务单。大型演出活动，因为信息量大、内容多，吴强会拍摄 600 到 800 张照片；交流座谈会议，因议程比较单一，新闻照片拍摄量一般在 15 到 20 张。

新闻摄影大多靠抓拍，为了更好地记录现场新闻，吴强往往会提前做足功课。"按下快门的一瞬间需要完成对构图、光线、色彩的综合把控，我必须有所准备才能更好地抓住时机，拍出精彩的照片。"以会议为例，吴强介绍，"首先，我要熟悉会议的主题，了解主要出席人、发言人；然后，需要了解议程，这有助于我把握重要的时间节点，抓住核心镜头；最后，我会提前去场地踩点，找到合适的视角，做到胸中有数，节约时间拍摄不出差错。"

每年 6 月，吴强都要参与江科大毕业典礼的拍摄，"毕业典礼我年年都拍，到现在已经有 20 多年。看着一届又一届学生们拨穗、领取毕业证书、学位证书，我由衷地为他们高兴，这是同学们努力学习获得的成果。"2021 年的6 月 22 日夏至刚过，江苏科技大学 2021 届 3773 位本科同学，927 位博硕士研究生同学以及 199 位来自 35 个国家的留学生同学，身着学位服步入大殿堂，参加人生又一个重要里程碑的典礼仪式。

早上7点，吴强和摄影家协会的老师陆续抵达镇江大学城共享体育馆，兵分3路在多层环形场馆内四处抓取精彩画面。中午12点多吴强结束拍摄任务，背着厚重摄影包顶着骄阳步行返回后，马不停蹄地收集3个摄影组的近2000张照片，开始选片、修图，"在校园环境下，好的照片应该是积极向上的，是真实的情感流露，能展现师生开朗阳光的精神面貌"。当天，学校官网官微同步发布40张新闻图片，生动展示了典礼仪式的前方后方、主场动态、花絮侧记等。

二、方寸镜头记录动人瞬间

在江科大，哪里有活动，哪里就有吴强的身影。他用镜头记录着江科大的光影变幻，也记录下三尺讲台、莘莘学子、故事风云。

"每当有幸见证的时候，我的内心都非常激动。"在江苏科技大学，吴强亲历了学校发展壮大，用影像记录下许多重要阶段、重要时刻、重要新闻事件，"但是在拍摄时也很有压力，因为这对于学校来说是一次很难得的机会，我一定要把最经典的时刻记录下来。"

翻看着图片库，吴强找出了一组拍摄于2001年的新闻图片，那是时任国务院副总理的李岚清同志来校视察。"李岚清同志走进学校食堂查看大家的就餐环境和伙食情况时，我就站在对面拍照，那天食堂的光线不是很充足，我一直担心曝光控制不好或者清晰度不够，也很担心自己不能抓住最好的拍摄时机，心理压力非常大，一直不停地按快门。"吴强在忙碌中很快调整好心态，凭借扎实的摄影功力，及时捕捉到了李岚清同志与大学生互动的精彩画面。

2010年6月13日早上7点多，时任学校组织部部长的韩光范带着吴强驱车到镇江市第三人民医院肿瘤治疗科病房，看望景荣春教授。推开门，景教授消瘦的脸庞映入眼前，与病魔作斗争的勇气和坚毅执着的眼神让吴强"记忆深刻，历历在目"。当景教授在党旗前握拳庄严宣誓"我志愿加入中国共产党……"时，他微弱颤抖的声音让吴强震撼不已，"握着相机的手都有些颤抖"。景荣春教授在病榻前、在生命最后阶段实现个人崇高理想，那一瞬间的影像永远凝聚在吴强的视界中，镌刻进他的心里。

2012年9月28日，在东校区军训演练大操场上，曾经数次拍摄军训演练的吴强经历了最有"神"的时刻。当天，大学生表演剑术，腾跃轻盈如燕，刀剑气势如虹。"在我摄影的潜意识里，预感到能出一张精彩的好片子，脑海中已经预设好画面的大致效果。"吴强走到舞剑学生的左侧，相机贴近地面，等待最佳瞬间出现。当学生剑舞腾空的刹那，吴强连拍数张，定格了最美的身姿。画面中生动活泼的舞剑形象很好地表述了大学生"英勇果断，敢于亮剑"的思想主题，这幅作品在年度全国高校好新闻评比中荣获一等奖。

2016 年 5 月 23 日，南京"2015 感动中国・江苏十大感动人物"颁奖典礼现场，吴强见到了学校研究生张耀笑同学，此次任务是拍摄张同学接受颁奖的镜头。"瘦小单薄的身体，蕴含着伟大的人格力量……"张耀笑面对疾病和困境坚强不屈、乐观积极的状态深深感动了吴强，用多角度摄影记录下现场感人的瞬间。领奖台上娇小的她，在吴强的视界中显得特别高大。

三、如影随心传递唯美真情

吴强是江苏科技大学摄影家协会的创始人之一，"过去，摄影是比较昂贵的爱好，但现在人们生活好了，器材也变得大众化，我希望能将摄影普及起来"。2008 年，江苏科技大学摄影家协会正式成立，吴强任秘书长，参与筹划并且组织摄协师生开展各项活动，同时积极服务于学校发展建设，成为学校新闻摄影工作的有力后援。

2004 年，摄协成员开始参与拍摄学校军训活动，至 2021 年已有 17 年。每年近一个月的军训，都有吴强和摄影老师们跟踪拍摄的身影，很多精彩图片还在江苏省高校国防委员会举办的全省高校军训主题摄影大赛中多次获奖。2019 年 1 月初，吴强组织摄协团队 4 人参与本科教学评估的拍摄工作，全面记录教学评估活动，拍摄新闻图片 380 余张。

在吴强和摄协全体成员的共同努力下，江科大摄协在国家级摄影比赛、省级摄影比赛中获得奖项 110 余项，先后有 7 名成员加入中国摄影家协会，10 名成员加入江苏省摄影家协会。江科大摄协多次荣获镇江优秀摄影社团、优秀教职工社团、优秀群众文化团队等称号。

2019 年，吴强的《如影随心——我眼中的视界》结集出版，收录了他所获天下凤凰全国摄影大展优秀奖、首届邳州美景全国摄影大展银质收藏奖、第二届"红色老区灵秀大悟"全国摄影大展三级收藏奖、第八届中国花博会全国摄影大展铜质收藏奖等，其中有公开发表或未公开展示过的 98 幅摄影作品。

十年春秋风雨寒，独霸孤舟逆行船。作品集是吴强 10 多年摄影"行走"旅程的心灵写照，其中呈现的人文题材丰富多彩，有非遗傩戏、古寨民情、民俗遗风、工匠靓影，用视觉语汇解读社会各个层面，传递出唯美与真情。

吴强善于运用细腻的光影，巧妙多变的构图与和谐的影调，塑造有血有肉的形象，从而赋予作品深层次的内涵。透过他的视界凝聚成影，芸芸众生升华成了生活的艺术。

"行至今日，摄影愈觉艰难，愈感无从下手，摄影创作与创新之路充满挑战。"在自序中，吴强这样写道。对新闻摄影工作之外的"副产品"，吴强认为摄影创作需要通过漫长的时光去磨砺，才能成就摄影人义无反顾的勇气；摄影只有化入创作者自己的内心，才能形成动人的力量。

执着勤勉，追光前行。追光者吴强，江苏科技大学党委宣传部新闻摄影师，中国摄影家协会会员，校摄影家协会常务副主席；校优秀教育工作者，校"三育人"先进个人。

（作者：谢凌燕、程鹏）

第二十二节　我在平凡的岗位上 | 赵勇：
点燃学生心中的星星之火

赵勇，男，副教授，1978 年出生，2016 级焊接技术与工程专业 2 班学业导师，荣获"镇江市十佳教师""江苏科技大学教学名师""江苏科技大学优秀学业导师"。

赵勇指导学生实验

"教育不是注满一桶水，而是点燃一把火"，从教 17 个春秋，赵勇老师一直信奉这样的理念。在平凡的教师岗位上，他甘愿做一名"火炬手"，点燃学生心中的智慧火花，让燎原之火照亮学生们前进的路。

一、为学生成长领航

"赵老师对我大学四年影响深远，对我个人成长非常有益。"谈起赵勇老师，2019届大四的张枫同学很是感激。张枫的专业成绩在班里并不算顶尖的，走到考研和就业的十字路口，他有些拿不定主意。大三下学期，赵勇老师主持召开的一场班会给他吃了"定心丸"。在班会上，赵勇老师对专业考研情况进行了细致的介绍，他还联系了自己已经考上研究生的学生现身说法，为同学们提供专业指导。

对学生成长道路的指引，是赵勇老师从学生入学起就一直倾心关注的。自新生入学后，赵勇老师心里就有了"一本档案"，每一个学生的学习成绩、性格个性，他都了如指掌。"大学是一个微型社会，大学也是一个学习的天堂。"对赵老师班上的学生来说，这样的启发式引导贯穿四年学习生活的始终。对考研的学生，他要求学生在大一和大二必须学好基础课程，大三和大四必须学好专业课程。对准备就业的学生，他要求他们在学习的同时还要培养自己为人处世、待人接物等方面的能力，为以后找工作做好充分准备。

赵勇老师说："很多学生刚进大学时比较迷茫，我希望他们根据自己的兴趣爱好、专业特长、社会发展需求等，确立自己在大学期间的任务和目标，为自己交上一份完美的大学规划书。"大学四年间，赵勇老师也是这样一直与学生在一起为他们的未来努力着。不懈的付出换来累累硕果，赵勇老师所带的班级获得了"五四红旗团支部""暑期社会实践先进班集体"，他带的班级的大学英语四六级和计算机二级通过率，平均学分绩点，在材料学院都名列前茅。

二、为学生成才铺路

赵勇老师不仅关注学习成绩，更呵护那些有创新思想的"新苗"，让学生有更多机会参与科研，使学生在科研的磨炼中成长成才。

班里的学生段宇航同学喜欢动手动脑，大一时赵勇老师就发现了这个"好苗子"，对他进行重点培养。从参与科研实验起步，到独立负责省级的大学生创新创业计划重点项目，到大四成功保送本校研究生，在赵勇老师为他铺就的这条成长之路上，段宇航收获不菲。在赵勇老师的指导下，班级佘阳同学参加第二届全国大学生焊接创新大赛，获得全国一等奖的佳绩。

赵勇老师的科研项目多，他一直鼓励学生参与其中。他班里的同学就参加了由中国中车股份有限公司委托的高速列车转向架激光焊开发项目，班级同学先后两届连续获得全国焊接创新大赛一等奖。赵勇老师说："这些项目与高铁相关，与国之重器相关，教材里是没有的，我给学生参与的机会，这样就会激发起他们学习专业的兴趣。"

更难得的是，赵勇老师还是一个"教学能手"，是名副其实的"教学名师"。他所讲授的《材料连接原理》专业课受到同学们热捧，"以轻松幽默的方式传授复杂抽象的专业知识，生动形象"。多年在教学上的用心琢磨，使赵勇老师练就了这样的"绝活"。他的这门课，学生听课最认真，回答问题最积极，出勤率最高。

三、与学生亦师亦友

在班级 QQ 群里，赵勇老师的群备注名是"赵老大"。"赵老师对我们来说亦师亦友，班上每一位学生都非常喜欢他""幽默、贴近生活、像一个朋友"是班上学生对赵勇老师的一致印象，赵勇老师总是能用他独特的个人魅力征服学生。

平时，赵勇老师办公室的大门随时都向班级同学敞开。"遇到问题，就找赵老师唠一唠"，不管是学习的难题、就业的困惑，还是生活中遇到的问题，在赵勇老师这里总能得到热心的解答。他经常深入学生宿舍，与同学们交流。赵勇说，我本身也是江科大毕业的，其实也是学生的老学长，所以我跟学生们沟通的时候有很多共鸣，我愿意把自己的经验和感受分享给学生。赵勇老师还经常参与学生们的活动，学生的篮球比赛赛场上，也常能见到他的身影。他时刻惦念着班里的学生，每到过节，班级群里总能收到来自赵勇老师的祝福。这样的"亲密接触"，让赵勇与学生真正打成一片。他的学生说："从大一刚入学时的青涩懵懂，到大四时的逐渐成熟，离不开赵老师的培养。赵老师不仅是我们的学业导师，也是我们的人生导师。"

"被学生喜欢，是一件很幸福的事，"赵勇老师说，"我所做的只是点燃学生的激情，和学生一起成长。"

（作者：李巍男）

第二十三节　我在平凡的岗位上丨杨习贝：带着责任和情感育人

杨习贝，计算机学院教授，博士研究生导师，从事粒计算、机器学习等方面的教学科研工作。

杨习贝

一、认真敬业的好老师

"在指导我写毕业论文的时候，杨老师经常和我一起修改论文，一改就是两三个小时，非常认真也非常辛苦。"获得 2018 年江苏省优秀学术学位硕士学位论文，现为南京大学博士生徐苏平，如是评价导师杨习贝。杨习贝老师一直在教学一线，指导学生认真细致，尊重学生个性差异，兢兢业业，受到了学生的一致好评。近年来，他指导了 30 余名硕士研究生，其中 2 名硕士研究生分别获得 2016 年江苏省优秀专业学位硕士论文和 2018 年江苏省优秀学术学位硕士学位论文；4 名硕士研究生不仅获得了江苏省研究生创新计划项目的资助，而且在毕业后选择继续攻读博士学位，其中包括 1 名赴境外攻读博士学位的人员。在本科教学中，杨习贝老师指导 1 名本科生获得 2016 年江苏省普通高校本科优秀毕业设计（论文）；指导 2 名本科生获得江苏科技大学本科优秀毕业设计（论文）；指导 2 名本科生参加"蓝桥杯"全国软件和信息技术专业人才大赛，获得"优秀指导教师"的荣誉称号……研一学生姜泽华告诉记者："暑假期间，杨老师也不休息，一有时间，就会帮我们改论文、讨论学术问题，而且常常是一忙就忙到晚上 10 点多。"说到杨习贝老师，大家最深刻的印象就是认真敬业。

二、严谨细致的好老师

在指导学生进行科研工作时，杨习贝老师强调最多的就是"精准"，要求学生大事小事，务必做到严谨细致。杨习贝说，在本科教学中，主要以启发式教学为主，以提升学生动手实践能力与创新思维能力为主要目标，激发学生的求知欲；在研究生教学中，主要以提升研究生独立思考问题、解决问题的能力为目标，通过学生自己的思维方式提供解决问题的途径，提高研究生的科学研究水平，帮助研究生树立正确的学术观与价值观。在研二学生刘克宇眼中，杨习贝老师就是一位纯粹的科研工作者，"在帮我们修改论文的时候，哪怕是一个标点，一处措辞，杨老师都会与我们一起商量讨论，力求做到完美"。

三、求真求实的好老师

2019 年，杨习贝老师正在主持国家自然科学基金面上项目。2019 年 10 月 21 日，2019 年度第九届吴文俊人工智能科学技术奖获奖名单正式公布，杨习贝、于化龙和束鑫老师共同申报的"复杂数据的多粒度建模与知识获取方法研究"项目荣获自然科学类三等奖，这是江苏科技大学首次获得的该奖项，且江苏科技大学为唯一完成单位。

在荣誉和成果面前，杨习贝淡定从容，他觉得每一个江科大人都肩负着"建设国内一流造船大学"宏伟目标的崇高责任，只有将求真求实与"江海襟怀、同舟共济、扬帆致远"的"船魂"精神结合，与时俱进，以实际行动落实到学习工作中的每一个环节中去，才能真正做到不忘初心。他希望带着责任与感情，通过自己的努力为学校的发展贡献一份力量。

（作者：王琳）

第二十四节　党旗高高飘扬 | 张建：人生须得几回搏

张建，2004 年 6 月加入中国共产党，博士，江苏科技大学机械制造工程系教授、硕士研究生导师；曾获江苏省高校优秀科技创新团队带头人、江苏省"333"工程中青年学术技术带头人、江苏省六大人才高峰高层次人才、江苏省"企业创新岗"特聘专家、江苏省科协青年科技托举人才等荣誉称号。

一、人生须得几回搏

"一边是国旗，一边是党旗。大家带着两面旗子去南海海试，隔几天还会举行党支部活动，这样一直坚持到最后。海试成功返航前印象最深的，就是一大帮人举着党旗合影，我就说要单独再拍一张。"这张照片被张建用心珍藏，不仅因为它为18天海试画上圆满句点，还因为它承载了一名教师党员10多年坚守的初心和使命。

张建指导学生实验

20岁入党、25岁从教，时年37岁的张建言简意赅、行事果断，标准的国字脸上始终面带微笑。这样的他，在学生看来是"解答问题很耐心"的老师，是收获"能力有了很大提高，对未来规划更有信心"的导师；在同事眼中，是"很勤奋、肯钻研"的生力军。

二、做好三大职能是教师的最高境界

"我觉得教师的使命就是人才培养、科学研究和社会服务，这三大职能如果能做好的话，是高校教师最高境界。当然人才培养肯定是首位。"张建曾经响应校党委号召，赴张家港校区工作5年，投身机械制造、机械电子工程、车辆工程 3 个专业的实验室建设和本科教学工作，经常加夜班调试设备、撰写材料、备课，负责并完成了现代制造技术、机械电子、汽车电子等实验室的建设，主动参加各类机床、特种设备操作培训，还承担了大学生实践教学的工作。

那几年，张建养成了凌晨早起进教学楼、夜间加班回宿舍的习惯，每天两点一线、全力以赴。相对纯粹的校园时光，促使张建连年积淀，不断突破，教学、实验、专利、论文、科研、报奖等成果产出丰硕，"我想不能一辈子当实验老师，人还是要进步的。当时比较有成就感的，就是把本科生作为研究生培养，能做出来研究生的成果，本科毕业论文达到了硕士论文水平。"

2014 年 9 月张建回到镇江校区，作为学院学科建设的中坚力量，他开始全面参加博士点建设、学科评估工作。他所在的海工装备数字化团队有 70 多个研究生，每年手把手指导的有 15 个左右。"2015 年、2016 年两年重点把规划做好，比如说研究方向、论文作图、数据分析、实验流程等，学生进来以后只要按照这个套路来，整个一步一步来，就能上一个很好的台阶。"

狄陈阳是机械学院机械工程专业研二学生。一入师门，张建就让他跟着高年级师兄学习基本的软件使用、论文和专利的写作。"遇到问题该怎么解决、审稿意见该怎么回复，这些都是跟着张老师一步步学习过来的。"狄陈阳开始一点儿都没有读博的想法，学着学着就对科研产生了兴趣，"随着写作技巧的掌握、研究层次的逐步深入，发现可以把读博当作未来的规划。"

张建带的学生要出去开学术会，要出国参加论坛，还要经常进入企业。"培养学生不光是做科研，对外交往也很重要。比如横向项目，我主要是跟上层经理、老总沟通，部长那一层就让研究生对接，并且处理一些具体事务。我觉得他们要学会独立，成为一个独立的社会人，这个是很重要的。"

三、始终坚持站在第一线

"坚持自己动手每年写四五篇论文，每年写两三个专利，每年至少写 1 个项目申报书或者是报奖申报书。只有自己坚持站在第一线写，才能指导其他人写。还要坚持上课，留学生一门课、本科生一门课，每个学期我都有。特别是英文课要上，不然最后英文不会说了。另外就是每天早起，早上的时间最宝贵，用来看资料写东西。"张建认为"学者的坚持"，就是"要做有意义的事情"。给研究生上科研导论的时候，和团队青年教师研讨的时候，张建都会指出坚持的重要。

朱华伦是机械学院机械工程专业研三学生，导师和张建同在一个科研团队。他介绍，"张老师学术能力很强，高水平论文、专利方面也有很深的造诣。我的研究方向是浮力调节，张老师正好做的是深海耐压器，我在耐压装置、有限元分析等方面遇到问题找张老师请教，他都会很耐心回答。"

与学生同甘共苦，长期周末加班，共同讨论课题、开展试验、分析数据、撰写论文，这些对张建来说都是"习以为常"。他先后指导 51 名学生（留学生 8 名），获得江苏省微课教学比赛二等奖、校教学成果一等奖，指导研究生获江苏省科研与实践创新项目 7 项、江苏省优秀硕士论文 2 篇，获江苏省研究生培养成果三等奖 1 项，出版研究生教材 2 部。

张建利用课余时间提升外语水平和业务能力，承担了 2 门本科生课程双语授课、2 门留学生课程的全英文授课的工作，负责 2 门研究生双语课程建设的工作。"我觉得自己英语还可以。只要我能上的英文课，我就全部接下来。"他课后跟留学生交流，除了指导学术、分析国情外，还引导他们了解中国"规矩"，"如果上课迟到了，我就不让他进来，还得道歉，上课说话就站到前面来。留学生一开始不适应，后来也基本上适应了。"到 2021 年，张建已经指导了两届留学生本科毕业设计，符合深造条件的留学生，毕业后被他推荐到沙特阿拉伯或者港澳台地区的学校攻读硕士、博士。

四、不忘初心，牢记使命

2021 年是中国共产党建党 100 周年。在课堂上，张建将党史学习教育融入英文教学和双语教学中，通过"课程思政"培养本科生爱党爱国、家国一体的情怀，也向留学生展现人类命运共同体的大国的自信。他觉得"自己就应该是共产党员"，因为外公、大伯、父亲等都是党员，父亲是对越自卫反击战参战老兵，保家卫国、勇于担当、爱岗敬业精神他必须传承；"共产党人的信仰，就是不忘初心、牢记使命，把自己本职工作做好"。

张建秉持共产党人的担当和责任，敢于吃苦、不计得失，利用寒暑假、周末休息时间，组织教师撰写国防特色学科、江苏省重点学科、江苏省重点实验室的申报与立项以及第四轮教育部学科评估材料；3 个学科平台申报成功，顺利通过教育部学科评估，这提升了学校机械工程学科的排名，凝练了学科特色，提高了学科水平。

牢记科学研究服务于国家战略这一大学职能，张建瞄准国家科技攻关目标，开展深海潜水器耐压结构设计制造的理论与方法研究。2015—2017 年，张建进入中国船舶科学研究中心博士后流动站，开展深海潜水器耐压壳设计与分析的工作。2018—2019 年，张建赴日本埼玉工业大学留学，学习日本

Shinkai 6500 深海载人潜水器的研发经验和关键技术，系统开展了深海耐压壳仿生研究，获得日本工学博士学位，学成回国后他把所学知识应用到我国 2 台全海深潜水器研发中。作为核心成员，他参与了国家深潜英雄、"蛟龙号"载人潜水器总体与集成项目负责人崔维成教授发起的挑战深渊极限计划。2020 年 6 月到 7 月，参加了崔维成团队组织的南海海试科考活动，并多次对自己设计的创新试验模型进行下潜考核。同年，他的科研成果《深渊装备耐压舱及核心组件关键技术与应用》获得上海市科技进步二等奖。

天行健，君子以自强不息。张建深谙"人生须得几回搏"，10 余年坚守初心秉持使命，一步步诠释了"生命只有走出来的精彩"。在学校推荐他申报 2021 年江苏省高校优秀共产党员的事迹材料上，最后这样写着——"加入党组织以来，张建同志一直用实际行动向同事、向学生、向群众诠释了什么是教师的使命、什么是学者的坚持、什么是共产党人的信仰。"

（作者：谢凌燕、万旻）

第二十五节　三尺讲台上的万里海疆梦
——记船舶与海洋工程学院教授李志富

"已经把这个问题攻克了，那么下一个突破点在哪呢？"身为 90 后教授、"先锋 90 后"的青年党员，江苏科技大学船舶与海洋工程学院的李志富喜欢和学生交流，他热爱科研事业，痴迷于攀登世界科技高峰，期待"攻破一道道难关"。李志富主持参与了国家自然科学基金项目、工信部高技术船舶项目等前沿基础科学研究与重大科技攻关任务 10 余项，发表高水平学术研究成果 30 余篇。每攻克一个科学难题，他都会选择一张最具有代表性的模型图作为电脑屏保，目前已经攒下 10 余张这样有特殊意义的"屏保"。

一、重燃学生学习激情

"你们要成为怎么样的人？"第一堂课上，李志富总会向学生们提出这样一个问题。课堂上，李志富会结合课程内容，介绍我国近代力学科学与技术领域以及船舶与海洋工程领域的发展简史和代表人物，让学生深入了解科技报国的理想信念，不断形成对先辈的尊敬和认同。"将来我们能不能像这些大师一样，代表国家提出我们自己的理论？"这是他对学生们的殷切期望。学而不思则罔，思而不学则殆，李志富认为学习和思考密不可分。他喜欢通过一个个的提问引发学生的思考，促进学生对学习、对科研的投入。如何培养创新型人才、培养学生创新思维？在课堂上介绍研究方向的前沿内容，布置开放性题目供课后学习整理，这是李志富 2016 年从事本科教学后养成的习惯。"题目会根据所学知识稍微拔高，但学生努力一下，水平就能够提高。"他介绍说。有些学生家长担心学习船舶相关专业就业有困难，导致部分学生在家长的影响下动了换专业的念头。李志富就给学生介绍专业发展前景和科研前沿内容，让学生逐渐了解到"打铁还需自身硬，只要专业知识学得够扎实，无论想进入哪类岗位，都不受行业影响"。这不仅让肯学习的同学对专业的兴趣进一步加深，还让那些对专业兴趣不大的学生，重新燃起学习的激情。

陈永强是 2020 届船舶与海洋工程专业毕业生。他对开放性题目"关于极地破冰船在冰区推进性能和阻力性能会发生怎样变化"非常感兴趣，课后找到李志富继续求教。本科生做理论研究一般需要 2 年时间，可当时陈永强离毕业只有 1 年半，时间比较紧，李志富给他布置了一个开放性作业——针对船在冰区减阻，设计一个破冰船船艏减阻装置。陈永强反应很快，1 个月左右就把发明专利弄好并随后授权了。在李志富的持续指导下，陈永强撰写完成了 3 篇学术论文、6 个专利，其中有 5 个专利获得授权。后来，陈永强被推荐保研至上海交通大学继续深造。

二、亦师亦友教学相长

"在学校，学生一般也喊我老师，平时交流或者出去玩时就直接喊名字了。我就像他们的兄长一样。"作为一名 90 后教授，李志富除了上课做科研，还兼任 2018 级船海 3 班班主任。学生孙浩东接触"船用水冷燃机废气余热回收发电装置"本创项目时刚读大二，专业知识学习还不够深入，思维相对来说也比较局限。同时，本创项目需要团队协力完成，而孙浩东也没有担任过班干部，缺乏相应的锻炼。于是，李志富就有意识地培养孙浩东的组织领导能力。"不要把比赛简单地看成制作模型，要把它看成一个科研项目，要用科学的思维方式，有组织地把其他学院的同学结合在一起，共同将这个项目做得更好。"经过李志富的引导，孙浩东深受启发，5 人团队逐步扩充到 12 人，又于 2021 年申报了两个本创项目。

李志富和研究生年龄相仿，一般也只相差四五岁。他在电脑里为每个研究生建立了一份文档，里面有学生的基本信息和学习情况反馈。研究生一入学，李志富就依据他们的本科专业和兴趣为学生制订研究方向，要求他们每周围绕各自专业方向读 3 至 5 篇中外文献，思考论文运用什么方法、解决了什么问题、总结创新的地方，并提出有没有不足或者没有做到的地方。"这种方式能够让我及时了解，学生有没有脱离研究方向，以及他们的研究深度和广度。"李志富说。

三、瞄准需求深耕前沿

科学研究是高校教师重要职责之一，也是提高课堂教学和研究生培养水平的重要基础。李志富紧密围绕"建设海洋强国""江苏海洋开发"等重大需求，以海洋工程装备与高技术船舶设计研发为服务对象，深耕深海工程与极地工程前沿领域。2016年，李志富来到江苏科技大学，正好赶上国家开发北极航线。李志富认为做研究不能凭空想象，一定要看国家需要什么，同时要与学校本身的特色结合起来。他认为："深海工程和极地工程是我国大力倡导的，研究范围涉及流体力学、结构力学、应用数学等多个学科，在多学科交叉融合的过程中，就逐渐凝练出了学校自己的基础科学问题。"

2018年，在攻克极地海冰动态演化问题的过程中，一项高阶奇异积分导致的问题始终没有合理地解决。李志富通过课堂教学发现，经典教材里存在相关内容。"所以说讲课和科研相互促进。攻克一项科学难题，必然要用到很多基础理论，从数学到专业知识，在科研过程中，加深自己对基础理论的理解。"他说。李志富提到的分析技术和工程装备已应用于我国多型海洋装备的设计研发上，为海洋装备发展提供了重要的理论与技术支撑，产生了良好的社会经济效益，他为海洋强国发展战略贡献了青年党员的力量。

（作者：谢凌燕、万旻　该文刊发于《中国船舶报》）

第四章

江科大贡献

第一节　江苏科技大学无人艇亮相　聚焦船舶智能化感受智慧与速度

2019 年 5 月 8 日至 9 日，第二届中国智能船艇挑战赛在扬州江都举行。江苏科技大学"wolf 号"无人艇在比赛中十分亮眼，该艇搭载自研系统，具有远程遥控、自主巡航和自主避障的功能，可在真实航道中全程自主航行。

该艇是基于龙芯和 RTT 研制的具有完全自主知识产权的、无人艇通导控制系统的无人河道艇，利用先进技术全面、持续巡查监管，无人艇可以自主巡逻，实时监控河道及河岸情况，实时保存巡逻图像。它可随时发现情况并保存证据，有利于后续管理和问题处理。

为了适应复杂的河道水域，无人艇采用轻质材料（玻璃钢、塑料）生产的，方便无人艇的投放和转运。船体采用单体船结构，航行平稳，有利于监控视频质量的提升。无人艇采用电力推进，方便使用，系统采用先进的 BMS，实时监控电力储备情况。驱动采用双桨单舵的方式，可以有效提升能耗效率，又有很强的安全冗余性，在一个螺旋桨不能正常工作时仍能正常巡逻。河道巡逻无人艇采用 4G 公用网进行通信和监控视频的传输，有 4G 信号的地方就可以工作，它采用北斗/GPS 高精度定位系统，可精确标定巡逻中发现问题的位置。

据了解，江科大海装院一直致力于智能无人艇的研发，先后获得江苏高校高技术船舶协同创新中心和省科技厅重点研发计划重点项目的资助，在艇型设计、智能控制、视觉跟踪和决策等方面的技术已较为成熟，具备了市场转化应用条件。目前，海装院正积极推动自主研发的智能无人艇的推广应用，并与部分企业达成了应用合作意向。

据悉，赛事由中国造船工程学会、中国海洋学会、中国航海学会、中国人工智能学会主办，扬州市江都区委区政府承办。来自全国从事智能船艇研发的高校、企业和组织共 23 支船艇代表队进行各项奖项的角逐。

（作者：文轩　该文刊发于《江苏科技报》）

第二节　走向深远海　积极拥抱大海工

全球经济增速普遍放缓，中美贸易摩擦不断升级，在此背景下，海洋工程装备产业未来发展形势如何，成为业界普遍关注的话题。对此，记者专访了长期从事海工装备与船舶产业研究的江苏科技大学深蓝研究院常务副院长、教授陶永宏。在采访过程中，陶永宏提出了发展"大海工"的设想，并就大海工装备及其产业的界定、产业链的构成，以及我国发展大海工装备产业的可行性做了阐述。

近年来，受国际石油价格等诸多因素的影响，国际海洋工程装备产业一直处于极端低迷的状态。2018 年，随着国际石油价格稳步上升，全球海工装备运营市场逐步呈现出温和复苏的态势，海工装备利用率有所提升，我国海工装备产业也加快了"去库存"的进程。国内海工装备产业虽然在缓解产能矛盾方面取得了一定成绩，但面对的库存压力依旧不小，加上近来中美贸易摩擦不断升级，产业的下一步发展前景依然不是很明朗。对此，陶永宏在接受记者采访时表示，在当前的形势下，要想我国海工装备产业更好地走向深远海，我们必须关注大海工装备产业的发展。

一、突破传统认知　海工装备"家族"不断壮大

21 世纪是海洋世纪。海洋被称为地球最后的资源宝库，开发海洋资源已成为历史发展的必然。随着人类逐步走向深远海，持续开发海洋新资源，促使海工装备需要不断更新升级，海工装备"家族"不断壮大，装备范畴也逐渐扩大。

"当前，一提起海工装备，很多人仍然停留在对传统海洋油气开采装备（海洋油气开采平台、海上油气处理装置及各类海工船）的认知上，因此，为了人们更直观地把握海工装备及其产业的全貌，我们提出了大海工装备及其产业。"陶永宏表示，近年来，海上风力发电装备、海洋牧场平台装备、深远海养殖装备、海洋能（潮汐能、波浪能等）发电装备、海水淡化装备、海上核电装备、海上大型浮式结构装置、岛礁建设及近岸工程装备等新型海工装备的不断涌现，就是最好的例证。

不过，陶永宏也指出，从发展的角度来看，大海工装备"家族"远不止现有的海工装备类别，未来，随着技术水平的提升，将会有更多种类的海工装备产生和实现运用。因此，大海工装备产业还有一个不断壮大的过程，我们要用动态和发展的视角去认识大海工装备及其产业。同时，政府和业内人士及相关企业要高度重视和关注大海工装备及其产业的发展，使我们不断走向深远海。

二、打造增长极　新兴海工市场前景可期

海洋经济的发展需要大海工装备产业的支撑。大海工装备产业包括传统海工装备产业和新兴海工装备产业，涵盖各类海工装备制造产业、海工装备配套产业及海工装备生产性服务业。

"虽然近年来我国海洋经济保持高速增长，但是依然面临着产业结构不合理、开发层次较低的问题，未来亟待培育和发展海洋生物产业、海水养殖业、海水淡化业以及海洋能利用业等新兴海洋产业，以提升我国海洋经济发展水平。"陶永宏表示，海洋强国战略已经成为国家层面的发展战略，海洋经济是我国经济领域未来主要的经济增长极之一。

大海工装备产业具有知识密集、技术密集、资本密集、物资资源消耗少、成长潜力大、综合效益好等特点，但同时也存在高投入、高收益、高技术、高风险等特征。陶永宏表示，大海洋工程装备是典型的高技术、高附加值产品，处于海洋产业链的高端。就高技术而言，大海工装备对技术要求非常高，其系统集成度高，工序比较复杂，建造进度不易控制，这就要求企业必须具有很高的技术水平。

"虽然传统海工装备产业需求近期陷入低迷，但是长远来看，海洋油气装备市场具有较大的发展潜力，特别是在深远海油气资源开采方面，具有较好的市场前景。非油气功能海工装备的订单增多、增长稳定，对海工装备产业的稳定起到重要的作用。"陶永宏说，随着人类走向深远海，人类要想开发利用海洋新资源，就需要新兴海工装备做支撑，这使得新兴海工装备市场不断得到拓展。近年来，海上风电装备及其配套设备、海上核电装备及其配套设备、大型深远海养殖装备及其配套设备均保持着高速度的发展。因此，作为为开发海洋资源提供装备保障的新兴海工装备产业，海洋工程装备产业发展前景广阔，潜力巨大。

三、延伸产业链 提升大海工装备配套能力

从产业链角度来说，大海工装备可以分成设计、制造、安装和维护四大主要业务领域。其中，设计领域包括工程设计、海工装备设计和其他海上设施设计；制造领域包括海工装备制造、海工配套制造和其他海上设施的建造；安装领域是指利用海工船舶和其他工具对海工装备或其他海上设施进行海上固定和装配的过程；维护领域是指对海工产品进行检测、保养、维修、拆除和改造，包括码头维护和海上海工装备维护两种方式，一般来说，对勘探开发装置和工程施工装备采取码头维护，对生产装备和其他海上设施采取海上维护。

陶永宏认为，传统海工装备产业链是指以传统海工装备制造业、配套业及相关服务性产业为核心构成的相对完整、层次分明的产业链条。因每类海工装备核心功能不同，尤其是新兴海工装备的具体用途不同、核心功能差异巨大，大海工装备产业链很难统一说明。不过，他也指出，任何一类海工装备，其核心功能都是通过核心配套设备来实现的。因此，大海工装备的研制离不开核心配套设备的研制，而且，核心配套设备的技术含量和制造工艺往往还要高于海工装备结构体本身的技术含量和制造工艺。

"当前，海工产业的共性问题在于海工装备制造强于配套，也强于基础研究，配套能力不足不只体现在传统油气开采平台装备中，深远海装备的配套能力更弱，新兴海工装备的配套能力也很弱。"陶永宏表示，大海工装备产业链不仅要装备好，更要配套强。当前，我国在近海海工装备的配套设备领域中取得了一定的成绩，但是涉及深远海装备和新兴海工装备的关键设备的配套能力严重不足，与当前先进国家相比还有很大差距。

四、快人一步 五大对策支撑江苏走向深蓝

"就全球而言，走向深远海，优先获取地球留给人类最大、最后的资源宝库，是各国现代海洋经济发展战略的主线；就全国而言，江苏率先走向深远海，就能获得开发深远海资源宝库的优先权；就现代海洋经济本身而言，对传统的海洋资源禀赋的依赖度越来越小，更多地依赖先进的海洋装备和海洋科学技术。因此，走向深远海，谋求大发展，优先发展大海工装备产业，应该成为江苏省发展现代海洋经济的优先发展战略之一。"陶永宏提出了他对江苏发展大海工装备及其产业的看法。

　　2012年，江苏省委、省政府从战略高度把海工装备产业作为全省十大战略性新兴产业重点，大海工装备产业步入快速发展的轨道。一方面，骨干企业支柱作用优势显著，已有5家企业进入海工平台总装领域，并接获了海工平台订单，交付的产品基本覆盖从近海到深海的所有种类。其中，"深海高稳性圆筒形钻探储油平台的关键设计与制造技术"荣获国家科技进步奖一等奖、"蛟龙号"7000米载人潜水器成功海试，这都表明江苏省在深海产品和主流产品上的优势正逐步形成。另一方面，江苏省建成了一批高水平的海工装备基础设施，形成了以南通为核心的苏中海洋工程装备建造基地，通过采取差异化竞争和区域间错位发展的措施，取得了显著的基地规模效应、区域集聚效应。此外，江苏省海工配套产业也得到了协调发展。近年来，江苏省依托骨干企业，加强配套合作，延伸产业链条，重点扶持了一批关键配套设备的研发生产，使海工配套设备市场逐步扩大。

　　陶永宏指出，江苏省发展大海工装备产业具有一定的产业优势——经济基础非常雄厚、第一造船大省地位牢固、海工装备产业基础优良，但同时也存在一些先天不足的因素：首先，产品研发设计能力较弱，与美国、挪威、法国等强国相比，江苏省海工装备研发设计能力弱，核心技术依赖国外。除南通中远船务工程有限公司等少数骨干企业具备一定研发能力外，多数海工企业还是"借船出海"，海工装备的基础设计基本上从国外引进。其次，海工配套生产能力不强。目前世界海工装备核心配套产品的研发、设计和生产均被欧洲发达国家少数企业垄断，江苏省海工配套能力严重不足，仅能够生产少部分低端配套设备及系泊链等结构类配套产品。最后，还未形成海工装备产业链。江苏省海工装备产业链尚在构建阶段，虽然在海洋工程船、海洋系泊链、自升式海洋石油钻井平台等产业链方面有较好的基础，但总体而言，只能负责整个产业链的一小部分的亚产业链或关键产品，很多方面（如安装、维护）基本还是空白；海工生产性服务业仅拥有少数几个类别产品的设计能力，检测设备、检验认证工作等基本依赖国外公司。

　　"江苏率先走向深远海，将更多依赖先进的海洋装备和海洋科学技术，建议支持优秀海工装备企业在产业洗牌中脱颖而出。"陶永宏对江苏省大海工装备产业的发展提出了几点建议：一是稳定油气海工产业，做大海洋石油平台，做强海洋工程船，做精海工模块；二是拓展新兴海工产业，鼓励新型海洋资源开发装备及其配套设备、海上大型浮式结构物等的研发；三是发展海工配套产业，做大海工配套产业，做长海工配套产业链；四是推动科技创新和技术服务，扶持海工研发与技术服务企业建设，构筑海工技术服务共享平台；

五是谋划布局涉海高等教育学科专业，以江苏科技大学和江苏海洋大学为重点，形成完整的学科专业教育体系。

（作者：文轩　该文刊发于《中国船舶报》）

第三节　江苏科大学子：在奉献中品出青春的滋味

"在群山环绕的学校中感觉自己好渺小，仿佛用尽了所有力气也只能发出那么一点微弱的光芒，就像萤火虫忽闪忽闪地。"2019年7月14日，江苏科技大学第五届研究生支教团8名成员——团长刘毅鹏，广西分团团长朱大林，成员叶飞、徐彤、李路路、徐青青、王宇航、朱泽星相继从支教地内蒙古克什克腾旗萃英学校和广西平果县第二小学返回。聚首交流"智志双扶"支教历程，团员们感慨："一年很短，支教很平凡，这期间的点点滴滴，体味到了奋斗的青春最美丽。唯有在奉献中青春才能熠熠闪光。"

一、让每个本该有梦的孩子，继续坚持他们的梦

支教对于大多数人来说都有点遥远。放弃繁华的都市，离开温暖的襁褓，忍受异乡的孤独，种种困难似乎都阻碍每一颗想要去奉献的心。2018年8月，当刘毅鹏和团员们真正亲近内蒙古克什克腾旗这块土地，第一次距离家乡1600千米，真正见到萃英学校的孩子们时，"才懂得付出的激情还有执着，对于我们来说是多么的重要"。同期出发的还有广西分团朱大林和3名团员，他们去往的平果县第二小学位于广西壮族自治区百色市平果县，这个县是一个地处祖国大西南边陲的贫困县。

"扶贫先扶志，扶贫必扶智"。这是刘毅鹏、朱大林从第20届中国青年志愿者扶贫接力计划研究生支教团队长培训班领回的艰巨任务。经过3个月的教师上岗培训，第5届研支团成员很快适应角色转换，把培训学到的教师语言艺术、备课与说课、微格强化训练、三笔字等技巧迅速运用到实践中，站上了讲台第一线，缓解了支教学校部分学科教师岗位紧缺的局面。

内蒙古分团刘毅鹏负责九年级5个班的信息课教学工作，兼任党政办干事，叶飞负责七年级1、2班、8年级4、5班的历史课教学工作，李路路负责七年级6个班的政治课教学工作，徐彤负责五年级4班的语文课教学工作，兼任五年级4班班主任（后期调整为负责五年级4个班的科学课教学工作兼任五年级2班班主任）。广西分团朱大林负责四年级5个班的体育课教学工

作，徐青青负责一年级 7 班 9 门课程教学工作，兼任一年级七班班主任，朱泽星负责一、三、四年级 5 个班的体育课教学工作，王宇航负责一年级 8 班 9 门课程的教学工作，兼任一年级 8 班班主任。研支团 8 人始终不忘教学之本，不断摸索学生喜爱的教学方式，定期评价反思教学行为，竭尽所能地推动学校教育质量的发展，致力于学生学习成绩的提高。

第一次上课，刘毅鹏发现支教地的学生绝大多数没有任何计算机知识储备，甚至有些同学在此之前没有接触过计算机。他从如何正确开机、关机开始，由浅入深，一步步将知识教授给学生。在 2019 年赤峰市中考"信实考试"信息技术考试中，萃英学校取得优异成绩，平均得分率达到 84%，满分率达到 24%，较前几年有很大进步。

朱大林和团员在平果县第二小学、榜圩镇中心小学、吉祥小区青少年活动中心积极开展了江苏科技大学深蓝讲坛，以"扣好人生第一颗扣子"为第一课，开展"爱国主义教育""青春自护安全教育""传统诗词文化学习""从大国崛起到树立远大理想""蚕桑文化科普""学会感恩"等系列德育活动。

王宇航坚持上课前一晚备课；叶飞为了丰富教学，给学生买了他们能看的历史书籍，任其自由阅读，提升学生对历史的兴趣和学习的能力；李路路在七年级政治教学中，结合培训技巧创新教学思路，运用开展辩论会、做游戏等方式调动学生学习兴趣，培养学生思辨能力；徐青青对那些父母大多时间外出打工的学生多问候、多谈心、多发上课视频给家长。

朱大林介绍："孩子们最缺乏的是陪伴，需要一个陪伴他们挣脱束缚、打开眼睛看世界的人；需要一个陪伴他们成长、倾听烦恼的人；需要一个亦师亦友、不论是学习还是生活都能够陪伴克服困难的人。如何做好陪伴教育，让孩子们养成良好的学习生活习惯，树立今后生活的奋斗目标，是我们长期努力的方向。"

萃英学校是一所寄宿制学校，很多学生从小学开始就在校寄宿。徐彤每天从早到晚都陪着她的 40 多名学生，不光要抓学生的成绩，还要关心他们的衣食住行。"我们班一名学生，在给低年级学生分饭菜时，把饭菜都分给了别人，自己几乎没剩什么吃的，只因为我告诉过他要照顾好低年级的学生。我真后悔当时没多说一句，让他自己也要吃饱。"

支教是一项爱心接力的事业，在不知不觉中，爱的种子已经生根发芽。支教即将结束时，不论是孩子还是当地老师，他们都表现出浓浓的不舍之情。"本来我不想哭，但是放学的时候那孩子突然抱着我的腿问可不可以不要走，我就再也憋不住了。"王宇航在最后一次放学后，久久不能释怀。

离开前，刘毅鹏在支教日记中写下一句心声：通过我和所有人的爱，去让每个本该有梦的孩子，继续坚持他们的梦。

二、用一年不长的时间，做一生难忘的事情

用一年支教时光开展力所能及的志愿扶贫活动，画好"扶贫+扶智+扶志"的同心圆，用一年不长的时间，做一生难忘的事情，是研支团8位成员的坚定信念。

一年来，他们智志双扶助力脱贫攻坚：扶志，扶思想、扶观念、扶信心，帮助贫困群众树立起摆脱困境的斗志和勇气；扶智，扶知识、扶技术、扶思路，帮助和指导贫困群众提升脱贫致富的综合素质。

内蒙古分团为进一步提升九年级一批家庭贫困、品学兼优学生的学习成绩、综合素质，为了激发他们向上奋斗的精气神，主动向萃英学校申请成立脱贫攻坚夜校，于2018年10月27日萃英成立首期脱贫攻坚夜校。夜校时间在每天20时50分至21时40分。当夜幕降临，整个萃英都安静下来时，成员们依旧坚守岗位，给学生上扶志课、开展主题团课、解决疑难问题、进行心理疏导……下课后，他们打着手电，送学生回宿舍，风雪无阻。

广西分团服务地平果县位于广西西南部。近年来，平果县在扶贫开发中紧紧抓住国家"东桑西移"产业调整的机遇，积极调整农业结构，大力发展蚕桑产业，蚕桑产业已经成为平果县农民脱贫致富的一大特色产业。但是蚕桑优良品种缺乏、养蚕技术落后和蚕农文化水平低等因素一直制约平果县蚕桑产业的发展。广西分团联系母校蚕研所，科技支农、精准扶贫，为当地送去优质蚕种、农药与先进种养技术，亩产增收35%有余，全县新种桑园20000亩。当地蚕农试养研支团带去的"华康2号"新品种家蚕，多数农户从4000元/亩的收入提高到8000元/亩，收入实现翻番。引进的江苏鑫源集团分厂年产白丝500多吨，并以技术入股劳务用工等方式覆盖贫困户3000家以上。

研支团针对当地社情民情，开展并参与蚕桑科技支农、"农村扶贫济困"、助学金捐赠、爱眼护眼、"暖冬行动"、一千零一个心愿活动，以及成立脱贫攻坚夜校、深入易地扶贫搬迁安置点助力脱贫攻坚战等行动，获人民网、中国青年网等报道70余篇次。

三、在祖国需要的地方发挥光和热

2018下半年，内蒙古分团叶飞写的随笔"让平凡成为信仰，时光很匆

忙"在中国青年网发布，受到老师同学的一致好评。叶飞自己寻找素材，为学生上扶志课，致力于帮他们树立远大理想。扶志课上完的日子里，学生的自觉性和学习态度有了明显的改善，"是我本年度做得最成功的事情"。在克什克腾旗，叶飞深深感到自己的使命就是"在基层，在祖国需要的地方，发挥光和热"。

支教一年，自教一身。朱大林说，只有来到支教地，才会知道面临的挑战是什么；只有来到基层，才知道身上的责任有多重；只有现实和理想发生了碰撞，才知道自己最需要成长的是什么。这一年，朱大林遇到了许多未曾想象到的挑战，面临困难咬紧牙关攻坚克难，把理想和爱投入到现实工作中，学会了微信公众号的熟练运营，实现了单反从零到熟练使用的突破，学会了如何管理一个团队，带领大家团结奋进，"奋斗的青春最美丽。未来，我将继续奔跑，在服务中实现人生价值，在新时代的建设中贡献青春力量"。

有很多人问过王宇航"为什么来支教？"他每次的回答都是"为了实现梦想"，医生救人，教师救心，教师引领的是这个民族的未来，只要能从事教师这个行业便是一种伟大。在广西壮族自治区百色市平果县第二小学，朱宇航他们每周19节课，还要面临平均每周顶课2节的情况，同时参与2018年预脱贫、"三创工作"等，经常晚上加班、周末加班。朱宇航很坦然，"这一年知道了高效的重要性，高效的前提便是平常心"。

内蒙古分团的李路路最难忘克什克腾旗纯真可爱的244位学生。徐彤说："很珍惜、很感恩生命里有这样的一年留在了内蒙古。支教的一年让我一直在思考，不断去刺激自己要储存好饱满的激情坚持下去。"

广西分团徐青青蓦然回首，"凌晨祥和的景色深深印在脑海里，孩子们的朝气与童真永远鼓舞着我奋力前进，汗水与泪水都有了惊艳的味道。一年很短，却体味到了奋斗的青春最美丽。"朱泽星一年的支教路走完后，有酸甜苦辣，更有成长和感悟，"无论何时何地回想起，我都坚信自己始终会选择这条路，因为想要肩负使命，到祖国需要的地方，播撒下知识和希望。"

作为研支团团长，刘毅鹏2019年9月将重返母校读研。他说，作为一名学生，自己依旧会坚持"做好本职工作"，在做好科研的同时继续投身所热爱的学生工作和志愿服务工作中，为将来走向更高的平台打下坚实的基础。

如今，第6届研支团8名学生已整装待发，为支教接力做好了准备。他们会继续践行"奉献，友爱，互助，进步"的志愿者精神，在实践中锻炼提高，在服务中实现价值，用一年不长的时间，做一件终生难忘的事情，让青春在奉献中熠熠闪光！

（作者：谢凌燕、李润文　该文刊发于《中国青年报》）

第四节　亚洲首台大型超级金属 3D
打印设备 MetalFAB1 落户江科大

2019 年 10 月 31 日，荷兰 Additive Industries 公司大型增材制造设备交付启用仪式在江苏科技大学海洋装备研究院举行。亚洲首台大型超级金属 3D 打印设备 MetalFAB1 的启动，标志着江科大海洋装备研究院已成为华东地区设备规模最大、工艺最全的增材制造技术服务平台，也是国内船舶与海洋工程领域内规模最大的 3D 打印中心。荷兰埃因霍温市市长约翰·约里茨马（John Jorritsma），市委常委、镇江高新区党工委书记詹立风，江苏科技大学副校长俞孟蕻教授等致辞。镇江高新区管委会常务副主任肖敬东，江苏科技大学海洋装备研究院院长蒋志勇，船舶海工业界、合作企业的有关专家，镇江相关企业的负责人，江科大设备管理处，招投标办负责人以及部分师生代表等参加启动仪式。

海洋装备研究院是由江苏科技大学全资注册成立并与镇江国家级高新区合作共建的事业法人单位，是进行海洋装备研究、设计和开发的专职科研机构，也是面向海洋装备产业进行科技成果培育和转化的公共技术服务平台。

目前，海洋装备研究院汇集了国内一流的高技术船舶与海工人才队伍。2017 年，海洋装备研究院建立了 3D 打印中心，是国内较早开展 3D 打印服务的单位之一，目前建有大型金属 3D 打印设备 2 台，大型先进非金属设备 2 台，金属和非金属配套后处理设备若干，总价值 4000 多万元，为高效、优质、专业的金属和非金属 3D 打印服务提供保障。他们积极拓展增材制造在船舶海工产业、航空航天、汽车产业等多领域的运用，与 20 余家企业院所进行了卓有成效的合作，承担了国家重大科研专项任务，开发出一系列海工产品和技术成果。

亚洲首台大型超级金属 3D 打印机 MetalFAB1 落户江科大海装院并正式启用，为学校增添了新的"神器"。据悉，此次由荷兰 Additive Industries 公司提供的 MetalFAB1 打印设备，产品具有明显优势，打印生产流程一体化，自动化程度高，配备先进的管理系统，产品制造品质好，特别是模块化架构设计让一台设备可同时使用多种材料，提高了生产效率，拓展了功能配置。

（作者：夏纪福）

第五节 江科大一参研项目荣获 2019 年度
国家科技进步特等奖

2020 年 1 月 10 日上午，中共中央、国务院在北京人民大会堂隆重举行 2019 年度国家科学技术奖励大会。习近平、李克强、王沪宁、韩正等党和国家领导人出席大会并为获奖代表颁奖。

江苏科技大学参研项目"海上大型绞吸疏浚装备的自主研发与产业化"获得 2019 年国家科技进步特等奖。这是学校自 2014 年度参研项目"海洋石油 981 深水半潜式钻井平台"获特等奖以来再次获奖。

"海上大型绞吸疏浚装备的自主研发与产业化"项目是上海交通大学联合中交疏浚（集团）股份有限公司等行业主力单位组成产学研用团队攻克挖掘破碎、可靠定位、远距输送、集成监控、总装设计制造等难题，为我国建设海洋强国贡献的"大国重器"，推动了我国疏浚技术、装备产业和应用体系的跨越发展。

江苏科技大学是项目的重要参研单位，联合镇江亿华系统集成有限公司持续攻关20年，研制了海上大型绞吸疏浚装备综合控制和信息化系统，构建了多区域多系统协同运行和疏浚作业集成监控与管理一体化平台，实现了实景智能可视操作、精确疏浚和功率平衡自动调节功能，解决了疏浚装备在复杂多变工况条件下智能、高效疏浚作业的难题。

俞孟蕻

据悉，国家科学技术奖是中国在科学技术方面设立的国家级奖励，包括国家最高科学技术奖、国家自然科学奖、国家技术发明奖、国家科学技术进步奖、国际科学技术合作奖5个奖项。国家奖评审从推荐制到提名制，提名数量增加，定额定标评审，获奖难度加大。2019年度共评出国家科学技术进步奖185项，其中特等奖3项。

（作者：张志生、夏纪福、王琳）

第六节　俞孟蕻：研发疏浚装备　打造疏浚强国

近年来，江苏科技大学积极推进船海科技研究，取得了显著成绩，其参研项目"海上大型绞吸疏浚装备的自主研发与产业化"获得2019年国家科技进步奖特等奖。这是该校自 2014 年度参研项目"海洋石油 981 深水半潜式钻井平台"之后再次获国家科技进步奖特等奖。

"这不是对我个人的褒奖，而是对学校和合作团队长期坚守海上疏浚装备综合控制系统研发的鼓励和鞭策。"江科大副校长俞孟蕻在获奖后表示。

一、长期坚守　相互协作

江科大作为"海上大型绞吸疏浚装备的自主研发与产业化"项目的重要参研单位，联合镇江亿华系统集成有限公司持续攻关 20 年，研制了海上大型绞吸疏浚装备综合控制和信息化系统，构建了多区域多系统协同运行和疏浚作业集成监控与管理一体化平台，实现了实景智能可视操作、精确疏浚和功率平衡自动调节功能，解决了疏浚装备在复杂多变工况条件下智能、高效疏浚作业的难题。

谈及获奖感受，俞孟蕻说，首先要感谢这个伟大的时代。改革开放以来，我国经济高速发展，综合国力日益提升，知识分子有了报效国家的机会。其次，该项目研发成功得益于各级政府和主要完成单位的相互协作。海上大型绞吸疏浚装备综合控制和信息化系统从无到有，从简单到复杂，从最初的一片空白到后期不断优化升级并打破国外垄断，每一点成绩的取得均源于产业链上各个单位及团队的努力奋斗和执着拼搏。

二、攻坚克难　抢抓机遇

"当年刚进入疏浚装备综合控制系统领域时，大家还都是 30 岁出头的小伙子，20 多年一路走来，很多人都已两鬓斑白。"俞孟蕻深有感触地说。

海上大型绞吸疏浚装备即绞吸挖泥船，挖掘海底岩土并同步远距输送，不仅要"站得稳、挖得快、排得远"，而且要具备抗风浪、高强度、高可靠、高效率的连续作业能力。其中，挖掘技术、定位技术、输送技术及系统集成是绞吸挖泥船四大核心技术，攻克这四大难关，等于我们掌握了海上大型绞吸疏浚装备的"命门"。1998 年，我国在这一领域还处于摸索阶段。2000 年，国家基础设施建设进入快速发展时期，航道、港口、临港工业园区建设亟须疏浚装备"开路"，由江苏科技大学、上海交通大学、中交疏浚（集团）股份有限公司等单位组成的产学研用团队就此成立。江科大与团队其他单位该团队攻坚克难、坚持不懈，在挖泥船系统操作及设计过程中做出了较大贡献。

后期，随着我国大力开展基础建设，特别是"一带一路"倡议的实施，从近海到远海的港口、航道、临海基地等疏浚工程量快速增长，我国对大型疏浚装备的需求急剧增加。我国大型疏浚装备快速发展，逐渐具备远海作业能力，我国实现了疏浚技术、装备产业和应用体系的跨越式发展。

俞孟蕻表示，党的十八大提出"建设海洋强国"的战略目标，对江苏科大而言是一个契机，只有抢抓机遇，潜心钻研，才能一步一个脚印地踏实向前。未来，随着我国综合国力提升及"一带一路"倡议实施，"生态疏浚""智能疏浚"将成为疏浚行业的关键词，疏浚装备也将呈现智能化、节能环保等发展趋势。江科大在加快大型挖泥船综合控制系统升级换代的同时，还将在智慧海洋建设、海洋工程装备自动化系统研发等方面不断延伸产业链，助力我国成为疏浚强国。

（作者：吴秀霞 该文刊发于《中国船舶报》）

第七节 青年科技杰出贡献奖获得者余永建： 构建食醋智能化酿造体系

食醋酿造属于传统行业，由于工艺复杂，程序烦琐，年轻人不愿从事食醋行业；且食醋品质受操作人员技能水平的影响，产品质量标准化摇摆不定。可喜的是，一种固态酿造食醋关键技术与智能化装备已经问世，该项目完美解决了上述问题，其研发人是江苏科技大学粮食学院学术带头人余永建，他也获得2020年青年科技杰出贡献奖。

20多年前，余永建进入食醋酿造领域研究。多年来，余永建一直在构想建造一套食醋智能化酿造体系。"传统食醋发酵受环境的影响大，气候季节变化和操作人的操作技巧经验，都会很大程度影响食醋的品质。"余永建说，研制一套全封闭、可控制式的发酵系统，可实现高品质食醋酿造自动化，既减少人工成本，又提高劳动效率。

研制一套全封闭、可控制式的发酵系统不是件容易的事，研究人员需要有广泛的微生物知识基础和对传统酿造工艺的高度解析。毕业于食品工程系生物化工专业的余永建脑里有一套菌种库，对各种食用菌种了如指掌。研究前期，余永建通过一次次工艺试验，对食醋生产过程长期进行检测，汇集大量数据后对成品品质进行分析，最终得到在哪种工艺条件下会获得高品质食醋的方法。

"掌握微生物基础和工艺解析数据后，下一步就是设计全自动发酵罐。"

余永建说，刚开始设计的发酵罐问题不断，失败多次。经过一次又一次的改进提升和优化罐体设计，现在已研发出成熟技术装备，可量产高品质食醋。除生产高品质食醋外，这套技术装备系统还可生产特型产品，通过调节优势菌种，生产桑葚果醋及功能性食醋。

"这次获得青年科技杰出贡献奖，也是对我从事20多年食醋领域研究的肯定。"余永建表示，他非常感谢江苏省政府和科技厅设立该奖项；科技部门关心支持科技工作者，他感到非常荣耀。

去年，余永建离开深耕多年的食醋酿造企业进入江苏科技大学粮食学院担任学术带头人。"在企业工作离不开管理和运营，到了大学可以潜心做专项研究，除了教学任务之外，可专业从事食醋领域进行研究，可以扩展到料酒、酱油领域。"余永建说，酿造行业的研究方法理念相通，他将继续深耕食醋领域进行深度研究，研发出更多高品质食用香醋及系列产品。

（作者：张宣　该文刊发于《交汇点》）

第八节　江苏科技大学获批高校国家
知识产权信息服务中心

2020年7月13日，国家知识产权局、教育部10日联合公布第二批高校国家知识产权信息服务中心名单，江苏科技大学成功获批高校国家知识产权信息服务中心，且是此次江苏省入选的唯一省属高校。

据介绍，推进高校国家知识产权信息服务中心的建设，是国家知识产权局和教育部贯彻落实《国务院关于新形势下加快知识产权强国建设的若干意见》的要求，以及《"十三五"国家知识产权保护和运用规划》《国家教育事业发展"十三五"规划》的重要举措。同时，这为高校知识产权的创造、运用、保护和管理提供全流程服务，支撑高校双一流建设，促进高校科技成果的转化。

江苏科技大学高度重视知识产权工作，2015年12月学校发起成立中国船舶与海洋工程产业知识产权的联盟，并担任联盟理事长和秘书长。2016年学校成立知识产权研究中心（简称"中心"），充分发挥学校的信息资源和人才资源优势，通过专利分析导航、高价值专利培育、专利运营转化全流程服务学校重大科研项目的申报、立项研究、成果保护、产业化应用，支持高校优势学科的建设。

中心作为中国船舶与海洋工程产业知识产权联盟秘书处，围绕联盟内企事业单位的重大产品、重大核心技术开展专利导航；提供专利检索、专利布局、侵权分析和规避设计等高端服务；协助企业构建核心技术的专利池，为重大科研成果市场化保驾护航。从 2018 年起，中心开展船舶与海洋工程行业专利奖评选和中国专利奖推荐工作，推荐参评项目累计获评中国专利奖银奖 1 项，优秀奖 2 项。

此外，中心还是江苏省知识产权人才培训基地。中心立足江苏、服务行业、辐射全国，面向高校学生开展专利分析与检索培训等系列化培训；面向行业企业开展中国专利奖培育与申报培训；面向镇江企业开展企业高管知识产权培训、全国专利代理人资格考试考前培训等相关培训，切实发挥知识产权培训基地的主阵地作用。

2020 年 3 月开始，国家知识产权局、教育部组织开展高校国家知识产权信息服务中心遴选工作。鉴于江科大知识产权研究中心成立以来取得的成绩，学校积极申报。最终，经过初步筛选、专家初评、复评答辩、名单公示等遴选流程，江科大成为 37 家之一的第二批高校国家知识产权信息服务中心。

（作者：吴娟、吴洁　该文刊发于《紫牛新闻》）

第九节　江苏科技大学教授获中国专利奖银奖

2020 年 7 月，国家知识产权局公布第二十一届中国专利奖授奖决定，江苏科技大学副校长王加友教授发明的专利获中国专利奖银奖。

该专利为"窄间隙焊缝偏差的红外视觉传感检测方法及装置"，属于基础型专利，有效解决了现有技术存在的焊缝偏差传感检测精度低、工程实用性不强等问题。

该专利已许可江苏金陵船舶有限责任公司、中建钢构江苏有限公司等企业实施，应用于船舶、海洋工程、桥梁钢结构、建筑钢结构、大型机床等制造领域。据介绍，该技术将提高焊接自动化程度，降低生产成本和劳动强度，提高焊接生产效率和产品质量。

（作者：吴娟、吴洁　该文刊发于《江苏教育报》）

第十节　江苏科技大学嵇春艳教授获批国家杰出青年科学基金

2021 年 11 月，江科大嵇春艳教授申请的项目"海洋工程结构水动力学理论与可靠性评估方法"获得国家杰出青年科学基金项目资助，资助总经费 400 万元。据悉，这是江科大承担的第一个国家杰出青年科学基金项目，由此实现了零的突破。

记者了解到，国家杰出青年科学基金是国务院于 1994 年批准设立的专项基金，由国家自然科学基金委员会负责组织实施与管理。该基金资助已取得突出成绩的 45 周岁以下青年学者自主选择研究方向开展创新的研究，旨在促进青年科学技术人才的成长，吸引海外人才，培养造就一批进入世界科技前沿的优秀学术带头人。

嵇春艳，教授，博士生导师，2003 年 6 月毕业于中国海洋大学，获博士学位，2003 年 7 月至今，就职于江苏科技大学。嵇春艳教授长期从事船舶与海洋工程结构动力特性分析和结构安全性评估方面的研究工作，主持国家优秀青年科学基金等国家自然科学基金项目 6 项、江苏省杰出青年基金等省部级项目 10 余项；发表学术论文 100 余篇，授权发明专利 11 项，出版学术专著 2 部，研究成果获省部级科技进步一等奖 2 项、二等奖 2 项、三等奖 1 项。

此外，嵇春艳教授担任国际船舶与海洋工程结构大会（ISSC）委员会专业委员、中央军委科技委专家等学术兼职；获国务院政府特殊津贴专家、镇江市人民奖章等荣誉称号。

（作者：万凌云　该文刊发于《紫牛新闻》）

第十一节　江苏制造！我国首台 5MW 吊舱推进器
通过新产品鉴定

2020 年 12 月 30 日，由江苏科技大学、南京高精船用设备有限公司等单位共同研制的我国首台 5MW 吊舱式电力推进器，顺利通过江苏省工业和信息化厅组织的新产品鉴定。

这是我国自主研制的最大功率吊舱式电力推进器，此次研制成功标志着我国吊舱式电力推进器的研制取得了重大突破，具备了大中型永磁电力吊舱推进器的自主设计、高精度制造和检验测试能力，填补了国内大中型永磁电力吊舱推进器研制的空白。研制的全过程严格按照国际船级社规范的要求进行，5MW 吊舱式电力推进器取得中国船级社产品证书和型式认可。鉴定委员会的专家们认为，此次自主研制的国内最大规格吊舱式电力推进系统，总体技术处于国内领先，达到国际同等水平。

作为世界造船大国，我国在船舶配套产业上仍面临着研发设计能力薄弱、核心配套国产化率低、关键技术长期依赖进口等问题，这已成为发展的主要瓶颈。吊舱式电力推进器被称为船舶推进器中"皇冠上的明珠"，是豪华邮轮、海洋科考船、海洋平台、极地破冰船等高端船舶与海工装备的首选推进器，具有高效节能、绿色环保、操纵性好、振动噪声低及舱容利用率高等优点，市场前景良好。此前我国吊舱推进器因为技术指标高，涉及专业多，研制难度大等原因一直处于起步阶段，多数依赖国外产品，所以提升吊舱式电力推进器的自主研制能力已经成为补短板中一项紧迫的任务。

南京高精船用设备有限公司一直为全球高技术船舶和海工平台研制各种关键核心的传动和推进设备，江苏科技大学与该公司共同出资、联合研发了NEPod 系列吊舱式电力推进器。江科大海洋装备研究院姚震球教授与吴百公和凌宏杰两位博士深入企业，帮助企业解决研发过程中遇到的难题。在此次产业链协同创新过程中，他们突破极地船舶吊舱推进装置适配性研究、吊舱推进装置总体设计研究、吊舱推进装置可靠性设计技术研究、高转矩抗过载吊舱推进电机及驱动装置设计技术研究、吊舱推进装置水动力与载荷特性研究和吊舱推进装置实验验证技术研究。先后发表论文 9 篇，申请专利 40 多件，其中发明专利 21 件，目前已经获批专利 15 件；形成专题研究报告 12 份。他们对标国际领先水平的永磁吊舱推进器，完成了电机效率≥97.5%、绝缘等级 H 级、温升<80K、转舵精度≤±1°、极地冰级 PC3 的 5MW 级永磁吊舱推进器样机的设计、制造和船检认证等工作。在国内构建了吊舱推进器研制产业链，形成年产 20 套自主品牌的 NEPod 系列 10MW 以下吊舱推进系统的设计、高精度制造和检验测试的能力。

此次吊舱式电力推进器自主研制的重大突破，顺应市场需求，提升了我国吊舱研发与高精度制造技术水平，也为我国高技术船舶提供了自主可控的先进推进装备。

（作者：夏纪福 该文刊发于"荔枝网"）

第十二节 江苏科技大学蚕研所 2 对家蚕新品种通过国家审定

2021 年 1 月 11 日，从农业农村部种业管理司传来喜讯，由江苏科技大学蚕业研究所徐安英研究员团队选育的抗血液型脓病家蚕新品种"华康 2 号"和"华康 3 号"通过国家畜禽遗传委员会审定，取得了国家级品种审定证书。

据了解，家蚕新品种"华康 2 号"以目前长江流域及长江以北广大蚕区使用量最大的夏秋用品种秋丰、白玉为育成亲本，采用导入抗病主效基因，再回交多次亲本恢复经济性状，然后用 1 雄与 2 种雌交配的方法，实现抗病显性主基因纯合固定与抗性检测同时进行，将抗家蚕核型多角体病毒基因高效导入目标品种，育成对血液型脓病具有高度抵抗且抗性稳定遗传的实用品种。"华康 2 号"是我国首对抗脓病夏秋用种，其育成与推广解决了我国夏秋蚕业生产中最大的难题。该品种曾于 2013 年通过贵州省农作物品种审定委员审定，2016 年通过广西壮族自治区农作物品种委员会审定，2017 年通过河南省蚕桑品种委员会审定。

"华康 3 号"则是以当前经济性状优异的春用多丝量蚕品种菁松、皓月为育种亲本，采用与华康 2 号选育相同的方法，育成的抗脓病新品种。该品种兼具当家品种菁松、皓月优良的茧丝质量，同时抗脓病能力提高 1000 倍以上，具有强健好养、优质高产等特性，适宜长江流域及长江以北地区的广大蚕区饲养；华康 3 号兼具的优良丝质和高度抗病性使之成为我国最优质的原料茧基地储备品种，可大幅提升我国的生丝品质，促进蚕桑产业的可持续发展。该品种曾于 2018 年通过四川省家蚕品种审定委员会审定。

徐安英研究员介绍说，"华康 2 号"和"华康 3 号"这 2 对家蚕新品种，性能突出，特色鲜明，品质优良，它们的育成丰富了我国蚕品种的结构，目前已经在我国部分蚕区推广应用，也出口到乌兹别克斯坦及阿塞拜疆等中、西亚国家，受到了当地蚕种场、蚕农及茧丝绸企业的欢迎。它们此次通过国家级品种审定，必将为新品种的推广应用提供更广阔的市场前景，对我国茧丝绸行业品牌创建、优质茧基地建设以及"一带一路"合作倡议等具有重要的推动作用。

（作者：夏纪福 该文刊发于《江苏教育报》）

第十三节　国家重点研发计划！"中国—古巴蚕桑科技创新合作"项目启动

2021 年 10 月 29 日上午，国家重点研发计划"中国—古巴蚕桑科技创新合作"项目启动会在江苏科技大学长山校区举行。

在会上，江苏科技大学校长周南平介绍了学校历史沿革、办学特色和发展现状，并介绍了学校蚕业研究所在科学研究、中外合作项目等方面取得的重要成果以及中古蚕桑科技创新合作项目的背景。

他说，学校将以此合作项目为契机，尽快开启中古双方在蚕桑技术研发、人才培养、平台建设和成果转移方面多领域、深层次的广泛合作交流，为深化中古农业合作、巩固和发展中古友谊做出新的、更大的贡献。

项目负责人、江苏科技大学研究员李龙从项目背景、研究内容、目标设置及技术路线、任务分解和进度安排、研发团队及工作基础、成果与效益分析等六方面对项目做了详细情况的介绍。

周南平校长向邢继俊博士颁发兼职教授聘书

启动会上，中国科学技术交流中心正司级参赞邢继俊博士受聘为江苏科技大学兼职教授，周南平校长向邢继俊博士颁发了兼职教授聘书。

（作者：姚伟、何清、国正）

第十四节　江苏科技大学入选"全国舰船科普特色学校"

2021 年 11 月，江苏科技大学被中国造船工程学会授予"全国舰船科普特色学校"的称号，该荣誉是中国造船工程学会首次面向全国各高校公开选拔评定的"舰船科普类"奖项，旨在进一步推动舰船科普特色学校建设，探索并推行创新型教育方式与方法，激发并培养高校大学生的科学精神、创造思维与创新能力。

近年来，江苏科技大学不断加强舰船科普工作，始终坚持"加大投入，积极整合，形成合力"的工作原则，积极参与国家舰船领域的科普工作，致力于舰船科普特色学校的建设。

记者了解到，该校目前拥有船舶与海洋工程实验教学中心、船舶模型馆、航海模型协会以及社区接力项目等多个舰船领域科普教育基地与活动平台。其中，船舶与海洋工程实验教学中心是国家级实验教学示范中心。

船舶模型馆是江苏省科普教育基地和镇江市全民科学素质教育基地。馆内主要展示我国最具代表性的船舶模型，有船舶外观模型 46 条、船体结构教学模型 15 件，并有海洋"981"、蛟龙号、辽宁舰等大国重器模型。船舶模型馆一直是学校及镇江市向社会宣传船舶文化的窗口，省教育厅、全国兄弟高校以及镇江市各中小学等机构多次到访参观。该校还面向西部地区少数民族学生积极宣传海洋文化，打造志愿服务特色品牌；航海模型协会成立于 1963 年，该社团始终秉持"崇尚科学、追求真知、迎接挑战"的原则，连续多年参加省大学生科技创新创业类比赛，2 次获得"省大学生科技创新成果交流最具活力社团"的称号。此外，学校还积极将舰船知识科普与招生宣传及志愿服务活动相结合，依托"大学生社区接力计划"向社会普及舰船海洋知识。例如，船舶与海洋工程学院在盐城地区生源基地举办的"传播新思想，助力新时代文明实践""青言青语，沸腾青年心"等主题活动，将船舶模型送进高中校园，带领中学生探索"深蓝世界"。

据悉，中国造船工程学会将为舰船科普特色学校开展科普教育工作提供各项资源支持，并对"全国舰船科普特色学校"进行统一考核与管理。江苏科技大学将始终牢记"海洋强国"的伟大使命，坚持"国内一流造船大学"的目标，不断发扬"船魂"精神，发挥办学特色，为舰船科普教育做出新的贡献。

（作者：夏志平、胡宇飞、洪智超）

第十五节　江苏科技大学船海提案首次入选 IMO 文件库

2021 年 9 月 25 日，由江苏科技大学牵头，镇江海事局、扬州海事局等江苏海事部门共同完成的《船舶光伏驱动脱硫技术体系结构及实施经验》提案获得国际海事组织（IMO）海上环境保护委员会（MEPC）的采纳，入选 IMO 文件库。江苏科技大学为本提案的第一完成单位，李阳副教授（能源与动力学院）为本提案第一作者，任南、温华兵为本提案专家负责人与通讯人。

本提案提出了创新性的光伏废气脱硫装置，即采用光伏驱动 EGCS 来实施船载尾气中含硫污染物去除的技术。此技术具有经济效益高、节能环保、应用成本低等显著优势，2021 年 9 月 26 日被《人民网》专题报道（http：// js. people. com. cn/n2/2021/0926/c360302-34932214. html）后，相继被扬子晚报、腾讯网、新浪网、凤凰新闻等媒体报道。

本提案成功入选 IMO 议题与文件库，充分展示了江苏科技大学在船舶与海洋、能源与动力领域的特长与优势，同时也彰显了学校高质量科研人才培养、产学研相结合的长足进步，也为学校打牢了国内专业领域的基础、打开国际知名度奠定了良好的基础。

（作者：江苏科技大学能源与动力学院　该文刊发于《中国船舶报》）

第十六节　江苏科技大学、中国农业科学院蚕业研究所 获批成立江苏省蚕桑技术标准创新基地

由江苏科技大学牵头筹建的"江苏省蚕桑技术标准创新基地"获江苏省市场监管局批准，成为江苏省十大技术标准创新基地之一，也是学校首个获批的江苏省技术标准创新基地。该基地由农业农村部蚕桑产业产品质量监督、检验测试中心（镇江）承建，至此以质检中心为依托，陆续建成农业农村部蚕桑产品与食用昆虫风险评估实验室、农业农村部农产品地理标志检测机构、全国名特优新农产品营养品质评价鉴定机构、全国农产品质量安全与营养健康科普基地、国家蚕品种审（鉴）定主持单位、全国桑蚕业标准化技术委员会秘书处、国家桑蚕标准化区域服务与推广平台等 8 个科研或管理平台。

创新基地主要是服务省委省政府重大发展战略和改革创新举措的实施，

重点在技术优势明显、技术创新活跃、产业发展前景良好、技术标准需求旺盛、有利于培育新业态和新的经济增长点领域建设创新基地。自收到《省市场监管局关于组织申报 2021 年江苏省技术标准创新基地的通知》以来，学校高度重视此项工作，科技处根据创新基地建设要求，指导并推荐"江苏省蚕桑技术标准创新基地"进行申报。在立项答辩阶段，科技处、蚕业研究所领导出席立项答辩会议。

基地建设以中共中央、国务院印发的《国家标准化发展纲要》为纲领性指导文件，将围绕江苏蚕桑产业特点，根据蚕桑经济发展和蚕桑建设的需要，以桑树栽培、桑蚕养殖为重点，以产业发展需要为目标，来助力创新发展、协调发展、绿色发展、开放发展、共享发展。基地将建立蚕桑标准专家库，组建标准科研团队、标准技术咨询培训团队，紧密联系江苏蚕桑优势区域，根据蚕桑产业发展需要，建立江苏省桑蚕标准体系表，着力将科技成果转化为标准，助力蚕桑产业高质量发展。

江苏科技大学将以江苏省蚕桑技术标准创新基地建设为契机，以蚕桑特色为抓手，广泛开展标准技术创新研究与交流的活动，将先进科学技术与蚕桑产业发展深度融合，为申报国家级技术标准创新基地提供技术支撑。

（作者：陈涛）

第十七节　坚持四个面向，江科大科技工作全面提质增速实现高质量发展

江苏科技大学科研经费总量突破 4 亿元，获各类科技奖励 34 项；位列"中国高校专利转让排行榜（TOP100）"第 20 名，江苏高校第 8 名；科技部重点研发计划项目再获立项，产学研合作取得新进展，产品研发取得新突破，江科大品牌效应逐步显现……2021 年，江苏科技大学科技工作紧密围绕国家海洋强国战略和地方经济产业发展需求，坚持需求牵引和问题导向，推进以团队建设和平台载体为核心的科研模式创新，进一步优化科技管理机制，激发科技创新活力，实现了科技工作的持续健康发展和稳步提升。

2021 年 12 月，江科大牵头的国家重点研发计划"船载无人潜水器收放系统"顺利通过规范化海上试验，项目重点研发的新型装置及其联合收放方式，为业界首次创新与尝试，可实现对海中各种无人潜水器装置的高效收放，解决了在恶劣海况下无法回收的难题。另一由江科大牵头的国家重点研发计划

重点专项项目——"基于增材制造技术研制用于 FLNG 装置的紧凑高效换热器",掌握了超低温、超高压、多介质试验环境及模拟海况的试验方法,完成了具有完全自主知识产权的紧凑高效换热器,打破了国外技术垄断。目前,这2项牵头的国家重点研发计划完成结题验收准备。

学校在长期发展积淀中形成了"船舶、海洋、蚕桑"这三大特色。围绕服务海洋强国的国家战略,学校科研聚焦"深海、绿色、安全"国家重点需求任务,在自主产品、重大项目、关键技术等方面取得突破性和标志性的成果,全力打造船舶海工"大国重器"。学校通过跟踪国家战略和海洋装备技术需求,凝练培育学校优势学科的重点科研方向,同时鼓励开展新型装备系统及新产品的创新性研究与开发工作。

国家重点研发计划"船载无人潜水器收放系统"顺利通过规范化海上试验

2021 年 10 月 18 日,由上海外高桥造船有限公司承建,被称为中国船舶集团"一号工程"的中国首制大型豪华邮轮,实现了全船贯通,并全面转入全船内装工程,学校为上海外高桥造船有限公司提供 8 套高频薄板矫正装备,矫平面积近 10 万平方米,设备采购和维护成本仅为进口设备的约 40%,使采购和维护周期大大缩短,保障了项目建设进度,为国产首艘大型豪华邮轮的建设做出了重要贡献,上海外高桥造船有限公司专门发来感谢信,致谢学校的大力支持。

学校围绕新时代强军目标,服务国防和军队现代化建设,坚持产品导向,强化质量管理,深入开展军工科研领域的前沿基础研究、应用技术研究和装备研制，传承军工传统，彰显国防特色。学校参与了两栖舰船的技术开发工作，学校牵头研制的升空回收系统通过了装备定型，救生筏、异种金属连接、特种电源、点火安控装置等装备系统实现了产品列装，初步形成"基础理论有突破、关键技术有创新、装备产品有列装"的科研格局。

随着科技创新能力的显著增强，截至目前，2021 年度江科大科研经费总量 4.16 亿元，首次突破 4 亿元；获批科技部重点研发计划政府间重点专项 1 项，这也是继 2018 年以来学校再次牵头获批科技部重点研发计划项目，同时参与获批科技部重点研发计划项目 2 项（其中课题牵头 1 项）；获批军委科技创新项目 1 项。本年度学校共获各类科技奖励 34 项，其中以第一单位获省部级科技进步奖二等奖 3 项，中国专利奖优秀奖 1 项，中国造船工程学会科学技术奖一等奖 1 项、二等奖 1 项；参与项目获社会力量奖特等奖 2 项、一等奖 5 项。2 个国际科技合作平台"中国—乌克兰船舶海工装备国际科技合作基地""中国—古巴蚕桑科技国际联合研究中心"首次纳入科技部国际科技合作基地信息管理系统中；获批江苏省发改委工程研究中心 1 个，江苏省技术标准创新基地 1 个，江苏省专利转化运营中心 1 个。学校获批江苏省产学研项目 38 项（其中揭榜挂帅项目 4 项），位列全省高校第 1 位，同时获批江苏省成果转化项目 4 项（参与）。授权国家发明专利 436 件，累计许可转让专利 673 件，学校位列"中国高校专利转让排行榜（TOP100）"第 20 名，江苏高校第 8 名。

（作者：文轩）

第十八节　江科大获全国农科研究生乡村
振兴志愿者实践活动成果一等奖

全国农业专业学位研究生教育指导委员会（以下简称"全国农业教指委"）公布了 2021 年全国农科研究生志愿者暑期实践活动优秀成果评选结果，从全国联盟各成员单位推荐的候选成果中评选出一等奖 9 项、二等奖 26 项。江苏科技大学生物技术学院的"创新蚕桑科技　助力乡村振兴"研究生志愿活动成果荣获一等奖。

本次活动由全国农业教指委秘书处、全国农科研究生志愿服务联盟秘书处联合联盟成员单位共同开展的。江苏科技大学作为联盟成员单位之一，积极落实、组织开展 2021 年全国研究生乡村振兴志愿者暑期实践及实践成果申报工作。

"创新蚕桑科技 助力乡村振兴"科技支农实践团

江苏科技大学始终坚持以"立德树人，服务社会，提高质量"为工作主线，不断深化研究生培养机制改革，发挥人才培养和地域资源等优势，鼓励研究生走进社会、关注区域农业经济和社会发展，共同推动研究生教育服务国家乡村振兴战略，打造服务乡村、服务农业、服务三农的高层次实用型人才队伍。为推动活动见实效、创成效，研究生院、党委研工部和生物技术学院前期进行了全面动员和周密部署，积极鼓励广大研究生用实践展现研究生学史爱农的精神风貌，以志愿服务为契机，引导广大研究生进一步了解社会、增长才干和增强社会责任感，努力促进研究生自身全面发展和健康成长。

生物技术学院的"创新蚕桑科技 助力乡村振兴"科技支农实践团坚持学用结合，结合专业特色，先后于广西德保、平果和江苏东台等地举办"蚕桑科技支农"的实践活动，举办线上线下技术培训讲座30余场，推广优质蚕种2万余张，发展合作社社员800户。该科技支农实践团对口帮扶的蚕农每亩桑园产值从3500元/亩提高到6500元/亩，帮助蚕农增产增收、脱贫致富，推动当地蚕桑产业规范化发展，实现科技支农实践助力乡村振兴的目标。活动先后获国家、省市级媒体报道20余次，该团队多次获省市级社会实践优秀团队，使该活动形成了良好的传统和品牌效应，成效显著。

（作者：邹金城）

第十九节　江苏科技大学获批江苏省工程研究中心

由江苏科技大学能源与动力学院和环境与化学工程学院联合申报的"江苏省绿色船舶能源动力及排放控制研究中心"，经评审论证，获江苏省发展和改革委员会批准成为江苏省工程研究中心。

自收到《省发改委关于开展2021年江苏省工程研究中心申报工作的通知》以来，江苏科技大学高度重视此项工作。科技处根据江苏省工程研究中心建设的要求，指导并推荐"江苏省绿色船舶能源动力及排放控制研究中心"进行申报。该中心积极响应国家海洋强国、"双碳"战略，围绕绿色船舶产业发展中的清洁能源动力设计及排放污染控制技术的问题，依托江苏省优势学科、轮机工程国防特色学科、动力工程及工程热物理江苏省"十四五"重点学科，能源化学工程交叉硕士点、能源动力专业硕士点等学科，以及江苏省船舶绿色动力及节能减排国际合作重点实验室、江苏省能源动力领域外国专家工作室、CCS船舶振动噪声检测中心、镇江市船舶动力设备性能重点实验室等平台的支撑，开展绿色船舶动力装置设计，构建绿色船舶清洁能源系统，创造绿色船舶污染物控制技术，开展绿色船舶涂装关键技术与装备研究，突破船舶发动机碳捕集与封存技术、氢能源动力系统设计等关键技术，开发高能效船舶压载水处理装备等产品。

能源与动力学院、环境与化学工程学院将围绕工程研究中心建设内容和建设目标，持续加强江苏省工程研究中心的建设投入，推动产学研结合的自主创新体系建设，形成校企之间、学院之间合作互动、优势互补、互利共赢、共同发展的新格局，努力建设省内一流的行业特色工程研究中心。

据悉，江苏省工程中心的宗旨是围绕国家和省创新驱动战略，全面推进产业链、创新链融合，着力解决产业发展中的关键技术与装备的瓶颈问题，提高产业链整体水平和竞争力，促进技术进步和结构调整，推动经济高质量发展。2021年全省有223个工程研究中心通过认定。

（作者：王蛟、葛慧林）

第二十节 国家重点研发计划"基于增材制造技术研制用于 FLNG 装置的紧凑高效换热器"工业化试验顺利 通过现场验收

2022 年 3 月 3 日，由江苏科技大学牵头的国家重点研发计划"深海关键技术与装备"重点专项"基于增材制造技术研制用于 FLNG 装置的紧凑高效换热器"的项目，工业化试验顺利通过专家组现场验收。

国家重点研发计划"基于增材制造技术研制用于 FLNG 装置的紧凑高效换热器"工业化试验现场验收合影

海洋装备研究院院长谷家扬教授汇报了项目总体进展的情况、取得的突出进展、试验指标完成的情况；陈育平教授向专家组详细介绍了紧凑高效换热器工业化系统主要设备参数、运行状态、性能测试、指标完成情况等，本项目研制成功，标志着我国不仅可以自主研发紧凑高效换热器，而且换热器具备在超低温、超高压、多介质试验环境及模拟海况的试验测试能力，获得评审专家的一致认可。

（作者：江苏科技大学海洋装备研究院）

第二十一节　江苏科技大学首次荣获江苏省
技术转移工作先进单位

2022年4月21日上午，江苏省科技厅在南京召开2021年度技术转移工作会议，会议全面总结2021年度全省技术转移工作，表彰先进。江苏科技大学首次荣获2021年度江苏省技术转移工作先进单位，此外，还获得J-TOP创新战优秀项目二等奖。

近年来，江苏科技大学积极实施与行业、地方融合发展的战略，以服务行业及地方经济社会发展为宗旨，充分发挥自身科技资源优势，加快推动科技成果向企业转移，不断探索技术转移工作新机制，提高技术转移工作水平和服务质量，在产学研、科技副总、横向科研、专利转化等方面，均取得显著的业绩。2021年度，江苏科技大学获批江苏省产学研合作项目38项，位列全省高校第1；获批江苏省科技副总61名，位列全省高校第5；民品横向科研到款突破1亿元，同比增长40%；民品横向科研合同额突破1.6亿元，同比增长90%；累计专利转让673件，位列全国高校第20名，江苏高校第8名。

（作者：许为强）

第二十二节　江苏科技大学牵头的国家重点研发计划
项目完成综合绩效评价验收

2022年4月27日，中国21世纪议程管理中心采取线上方式组织专家组对江苏科技大学牵头的"基于增材制造技术研制用于FLNG装置的紧凑高效换热器"项目进行了综合绩效评价。项目负责人王自力教授、校党委常务副校长俞孟蕻教授、海洋装备研究院院长谷家扬教授、海洋装备研究院科技委主任蒋志勇教授、各参研单位负责人、研究骨干及财务人员共36人参加了视频验收会议。

海洋装备研究院院长谷家扬教授代表项目牵头单位江苏科技大学汇报了专项总体情况、任务书指标完成情况、成果水平及创新性、应用示范及推广情况、组织管理及档案归档情况。专家组严格按照项目任务书的约定，对项目目标和考核指标完成情况、研究成果水平及创新性、成果示范推广及应用前景、项目组织管理及内部协作配合、人才培养进行了综合绩效评价。经验收专家组审核，该项目高质量完成了任务书规定的研究内容和考核指标。

"基于增材制造技术研制用于FLNG装置的紧凑高效换热器"项目于2018年8月正式获科技部批准立项，是江苏科技大学首次主持的两个国家重点研发计划项目之一。该项目由江苏科技大学牵头，联合中国船舶工业集团第七〇八研究所、西北工业大学、上海交通大学、沪东中华造船（集团）有限公司、惠生（南通）重工有限公司、上海惠生海洋工程有限公司共7家单位共同承担。

项目研制了紧凑高效型微通道换热器3台，设计图纸获得中国船级社审批，工程样机获中国船级社产品认证。该项目自主研发了实验室测试系统、工业化试验系统和实船模拟测试系统各1套，发表/录用论文68篇，申请发明专利43件（授权11件），制定标准3项，获得软件著作权3项。

"基于增材制造技术研制用于FLNG装置的紧凑高效换热器"项目的顺利完成，打破了国外的技术垄断和封锁，实现了用于FLNG装置的紧凑高效换热器自有知识产权的目标。该项目的验收标志着我国可自主研发紧凑高效换热器，同时具备在超低温、超高压、多介质试验环境及模拟海况的试验测试能力，为深海油气开发提供技术装备，保障我国油气开发关键装备自主可控。

（作者：张忠宇、焦晨）

第二十三节　江苏科技大学在江苏省科技计划
重点类项目申报中喜获佳绩

从江苏省科技厅网站获悉，江苏科技大学在2022年省科技计划专项资金重点类项目公示中取得佳绩。

省科技计划专项资金重点研发计划包含"产业前瞻与关键核心技术""现代农业""社会发展"三类。此次学校牵头获得"产业前瞻与关键核心技术"的重点类项目1项——全省共25项，其中高校牵头的仅9项；获得社会发展类项目2项，与省内其他高校排名并列第7位；获得现代农业项目1项。江苏科技大学重点研发计划项目共4项，位列省内科研单位11名，与省内其他高校并列第7名。此外，学校还获得省科技计划专项资金（创新支撑计划国际科技合作/港澳台科技合作）项目1项。

学校一直为提升科技创新能力，为全力服务国家、地方重大战略需求而努力。此次省重点研发计划等项目的获批公示是学校聚焦国家、江苏省重大战略需求，凝练科研特色、加强科研团队建设与国际化合作的重要成果体现，这将有力地支撑学校相关学科的建设与发展。

（作者：张忠宇、焦晨）

第二十四节　江苏省通泰扬海工装备与高技术船舶先进制造业集群项目通过验收

2022 年 6 月 16 日至 18 日，江苏省工业和信息化厅组织对通泰扬海工装备和高技术船舶集群发展促进机构项目进行验收。由江苏省内船舶与海工装备、财务等 5 位专家组成的专家验收组，先后深入项目实施单位南通惠生重工有限公司、中天科技有限公司、江苏兆胜空调有限公司、江苏现代造船技术有限公司、江苏科技大学海洋装备研究院江苏船协秘书处等进行现场实地验收。

专家们认为江苏省海工装备和高技术船舶先进制造业集群项目在实施期内的各项建设内容、实施目标及成果达到了工信部 2020 年海工装备和高技术船舶先进制造业集群合同阶段性的要求，在阶段性任务完成后，该项目将产生一定的经济和社会效益，对该集群的发展具有促进和提升的作用。

2019 年工信部启动了先进制造业集群竞赛活动，目标是培育一批世界级先进制造业集群，参与国际竞争。江苏是制造业大省，在全国具有一定的影响力。江苏省船舶工业行业协会作为集群发展促进机构，发挥了"织网器、代言人、助推器"的作用，围绕建设世界级船舶海工先进制造业集群的目标，主动对先进集群，加大集群培育力度，加强船舶产业技术与装备自主创新能力的培训，推动创新平台载体建设，加快关键核心技术攻关的速度，为把江苏建设成为世界一流的海工装备和高技术船舶集群做出了新贡献。

江苏省船舶工业行业协会自 2004 年成立以来，一直设立在江苏科技大学。学校享有"中国造船工程师摇篮"的美誉，是江苏高水平大学建设高校，已为船舶工业、国防建设和经济社会发展培养了 18 万余名人才，涌现出国防、海军现代化建设一系列大国重器以及 LNG 船、豪华客滚船、邮轮、极地邮轮、科考船的总建造师、总工艺师等行业精英。江苏船协将与南通、泰州、扬州工信局通力合作，在人才培养、科技创新上加大力度，为企业提供源源不断的人才和科技支撑，努力实现江苏海工装备和高技术船舶先进制造业集群高质量发展。

（作者：夏纪福）

第二十五节 江苏科技大学举办第 11 届全国冰工程会议

2022 年 7 月 10 日至 13 日，由中国水利学会水力学专业委员会主办，江苏科技大学及东北农业大学联合承办的第 11 届全国冰工程会议在镇江国际酒店召开。来自大连理工大学、中国水利水电科学研究院、哈尔滨工程大学、中山大学等全国各地 47 家高校、科研院所、企事业单位的 180 多位专家学者和研究生参加了会议。

本届会议以"冰工程与寒区环境"为主题，聚焦湖冰、河冰、海冰、积雪、冻土的科学与工程问题，开展了相应的学术研讨和成果交流。本届会议共收到学术论文 150 篇，交流报告 90 个，设置了 12 个分论坛，包括 19 个研讨主题。通过分会场的专题报告，各位专家学者"碰撞思想，分享智慧"，精彩地呈现了当前冰工程领域相关研究现状和发展趋势。

会议期间，大会学术委员会和组委会授予杨开林先生全国冰工程会议"突出贡献奖"，并评选出 8 篇优秀学生论文和 8 个优秀学者报告。

会议邀请了《中国造船》《水利学报》《湖泊科学》《船舶工程》等近 30 个学术期刊的编辑代表，多家期刊组织会后与大会专家学者深度交流，主动约稿。

本次会议的成功举办为全国冰工程领域学者建立了一个良好的学术交流平台，各位专家学者达成共识，立志聚力共为，将我国的冰工程事业推向新的高度。

（作者：刘仁伟）

后　记

　　且歌且行，奋进路竞显风华。值江苏科技大学即将迎来办学 90 周年暨上海船校成立 70 周年之际，《铸魂育人·兴船报国：江苏科技大学之"大思政课"育人实践》一书付梓出版，为学校校庆献上一份厚重朴实的礼物。

　　回望近年来学校的发展历程，江科大人初心不忘，接续奋斗，镌刻下江苏科技大学在高水平大学建设、高质量发展征程中的一串串坚实足迹。这是一本集中展示江苏科技大学近年重大办学成果的新闻辑录。编者将近年来学校在重要媒体、学校新闻网、校报等平台刊发的数千篇新闻稿件挑选、分类，精选百余篇汇编成册。

　　一年年同心奋进，一岁岁春华秋实。本书收入的文稿，分为"江科大精神""江科大故事""江科大人物""江科大贡献"四个篇章，内容涵盖学校党建思政、学科建设、人才培养、科学研究等中心工作，从不同侧面生动地呈现了江苏科技大学高质量发展的坚实步伐。辑录保留了新闻报道原貌，真实记录了江苏科技大学近年的奋斗历程与发展中取得的卓越成绩，同时也是一本珍贵的学校发展史料集。重读这些新闻稿，江苏科技大学发展足迹犹在眼前。希望读者能够从中探看这一新中国第一所造船中等专业学校栉风沐雨、薪火相传的历史积淀，寻根"兴船报国""铸魂育人"的坚定信仰之基，感受"江海襟怀、同舟共济、扬帆致远""船魂"精神的豪迈内蕴。

　　本书由江苏科技大学汤建、周春燕等编著。其中，汤建对全书的提纲结构、章节内容进行总体指导；周春燕负责全书总体设计；张强、毛晖负责全书统稿；壮丹丽、王琳参与江科大精神，李巍男参与江科大故事，谢凌燕参与江科大人物，万昊、王文强参与江科大贡献等相关章节的编写。书中收录的文稿，有的是各大媒体记者的作品，有的是学校宣传部工作人员采写的稿件，也有学校各学院、各部门师生、通讯员供稿，还有退休老同志、校友等撰写的回忆文章，在此向各位作者表达诚挚敬意。本书编撰工作在学校党委领导下，得到了许多前辈、历届领导、校友、老师们的悉心指导，全校各学院（所）、各职能部门对书稿编写工作也给予了大力支持。另外，大学生通讯社的张薯云同学也在收集资料、整理文稿等方面做了大量工作，在此一并表达深深谢意。

凡是过往，皆为序章。当下有为，未来可期。站在新的历史起点，江苏科技大学将坚守兴船报国使命，积极响应建设海洋强国、高等教育强国的时代召唤，矢志不渝、奋发有为、求真务实，建设高水平大学，推进高质量发展，为党和国家的教育事业接续奋斗，书写时代崭新篇章！